프롤로그

저의 인생토큰에
투자하지 않으시겠습니까?

　창의력과 실행력, 근면함까지 갖춘 대학생 A씨. 스타트업 설립에 필요한 자금을 확보하기 위해 꼼꼼하게 작성한 사업계획서를 들고 은행에 방문한 그는 은행 대출 심사에서 번번이 고배를 마신다. 이유는 간단했다. 아직 사회 경험이 부족하다는 은행의 평가. 준비된 청년 인재라도 담보나 신용과 같은 전통적인 평가 잣대를 넘지 못하면 기회를 잡지 못하는 것이 오늘날의 현실이다.

　블록체인의 세상에서는 사뭇 다른 이야기가 펼쳐질 수 있다. A씨는 블록체인에 기록한 자신의 이력과 계획을 기반으로 '인생 토큰'을 발행한다. 여기에는 A씨의 미래 수익 분배권이 담겨 있어 일정 수익 구간에 도달하면 토큰 구매자는 배당을 받을 수 있다. 구매자 입장에서는 초기 스타트업에 투자하는 일과 유사하지만 모든 계약과 조건이 블록체인 위에서 위변조 없이 자동으로 실행되어 유리하다. 이렇듯 A씨는 자신의 가능성과 미래 수익을 담보로 자금을 유치하고, 투자자는 신뢰를 기반으로 한 스마트 계약을 체결하여 투자에 임하는 구조가 형성된다.

　위에서 언급한 사례는 지금의 블록체인 기술로도 충분히 시도할 수 있는 가상의 이야기다. 이미 세계적으로 Personal Token이나 Creator Coin이라는 이름으로 비슷한 사례가 등장하고 있다. 예컨대 미국의 롤(Roll), 랠리(Rally), 비트클라우트(BitClout)

같은 플랫폼에서는 크리에이터나 창업자가 자신의 영향력과 미래 수익을 기반으로 토큰을 발행할 수 있게 지원하는 등 개인을 자산화하는 일을 조심스럽게 시작하고 있다.

과거에는 극소수만이 벤처캐피털의 문을 두드릴 수 있었다. 오늘날 블록체인 기술은 사회적 자본이 부족한 개인에게 자신의 잠재력을 자산으로 바꿀 기회를 제공한다. 이는 단순히 창업 자금을 마련하는 데 그치지 않는다. 교육, 창작, 노동 등 지금껏 수치로 표현되지 않은 삶의 가치를 디지털 자산으로 전환할 수 있는 새로운 시대의 문이 열리고 있다는 의미다.

블록체인이 만들어 낼 변화는 단순히 기술의 진보만이 아닌 사회 시스템 전반의 재편에 관한 문제다. 누군가는 스스로가 자산이 될 세상에 적응하고, 그 구조에서 새로운 기회를 찾을 것이다. 다른 누군가는 기성의 틀에 갇혀 뒤처지게 될지 모른다. 여기서 우리는 다시 한번 질문하지 않을 수 없다.

'당신의 인생 토큰을 발행할 준비를 마쳤는가?'

블록체인 입문 가이드

블록체인을 처음 접하시는 독자들을 위한 핵심 질문 7가지를 정리했습니다. 이 내용을 먼저 읽어두시면 책의 내용을 훨씬 쉽게 이해하실 수 있습니다.

1. 블록체인이란 무엇인가요?

블록체인은 쉽게 말해 '장부를 공동으로 기록하는 기술'입니다. 우리가 은행에 만 원을 맡기면 그 정보는 해당 은행의 컴퓨터에만 기록됩니다. 하지만 블록체인을 활용하면 수많은 컴퓨터(노드)가 같은 내용의 장부를 각자 보관하고, 서로 대조해가며 검증할 수 있습니다. 이처럼 단 하나의 기관에 의존하지 않고(탈중앙적) 여럿이 동시에 검증(투명성)하는 방식 덕분에 위변조가 어려운 신뢰 기반 디지털 기록 시스템으로 주목받고 있습니다.

2. 블록체인은 왜 중요한가요? 꼭 알아야 하나요?

블록체인은 비트코인을 통해 '디지털 돈'의 개념으로 먼저 알려졌지만 이제는 금융, 행정, 인터넷, AI 등 다양한 분야에서 활용되고 있습니다. 마치 스마트폰을 다룰 줄 모르면 앱을 활용할 수 없는 것처럼 미래에는 블록체인을 이해하지 못하면 디지털 사회에서 불편을 겪을 수 있습니다. 지금 기초를 알아두는 것은 그래서 중요합니다. 특히 코인 투자자라면 해당 코인이 어떤 문제를 해결할 수 있는지, 수익 구조는 어떻게 설계되었는지, 누가 개발했는지 정도는 이해하고 투자하는 것이 현명한 투자자의 자세입니다.

3. 블록체인은 여러 종류가 있는 것인가요?

블록체인은 하나가 아니라 매우 다양하게 존재합니다. 최초의 블록체인은 비트코인이며, 이후 이더리움, 리플, 솔라나, 카르다노 등 수많은 블록체인이 서로 다른 철학을 바탕으로 고유한 기술을 적용하여 개발되었습니다. 각 블록체인 위에서 발행된 다양한 코인들이 존재하며, 우리가 흔히 투자 대상으로 삼는 암호화폐들이 여기에 포함됩니다.

4. 사람들이 투자하는 '코인'이 곧 블록체인인가요?

엄밀히 말하면 코인은 블록체인 위에서 작동하는 디지털 자산입니다. 일부는 자체 블록체인(예: 비트코인, 이더리움)을 가지고 있고, 그 외에는 기존 블록체인 위에서 발행된 형태입니다. 초보자 입장에서는 코인을 '블록체인 기술로 만들어진 디지털 화폐' 정도로 이해해도 무방합니다.

5. 코인은 어떻게 만들어지나요? 비트코인 채굴이란?

비트코인은 채굴 프로그램이 설치된 컴퓨터로 복잡한 암호 계산(수학 연산 작업)을 수행하면 보상으로 지급됩니다. 이를 채굴(mining)이라고 합니다. 각 코인의 설계 철학과 기능에 따라 처음부터 일정량을 미리 발행해 유통하는 코인도 일부 있습니다.

6. 블록체인의 '기능' 과 '코인' 은 각각 어떤 역할을 하나요?

비트코인은 처음 만들어졌을 때부터 '화폐'로 기능할 가능성에 주목받아 왔습니다. 하지만 이후 등장한 이더리움부터는 화폐 기능을 넘어 스마트 계약과 같은 기능이 직접 구현되기 시작하는 등 중요한 전환이 일어났습니다. 이 시점부터 블록체인은 단순히 돈을 전송하는 수단이 아니라 특정 조건에 따라 어떤 작업을 자동으로 실행하는 플랫폼으로 확장되었습니다. 그렇다면 여기서 말하는 기능과 코인은 어떻게 구분해서 이해할 수 있을까요? 쉽게 말해 이더리움이라는 블록체인이 제공하는 스마트 계약 기능을 사용하려면 '이더리움(ETH)'이라는 코인을 수수료로 지불해야 하는 것입니다. 책의 앞부분에서 이를 설명하는 이유는 우리가 거래소에서 사고파는 코인이 단순히 시세 차익만을 노린 투기 대상이 아니라 기술적 기능을 지닌 디지털 자산이라는 점을 강조하기 위해서입니다. 이러한 맥락을 이해하면 블록체인 기술과 코인 투자의 관계가 한층 더 명확해질 것입니다.

7. 블록체인(코인) 지갑이란 무엇인가요?

우리는 평소 지폐나 동전을 실물 지갑에 넣고 다니며 필요할 때마다 꺼내 사용합니다. 물론 자산 규모가 커지면 은행에 보관한 뒤 스마트폰 앱을 통해 계좌 이체나 결제를 하기도 합니다. 블록체인 지갑은 실물 지갑과 은행 앱의 기능을 모두 갖추면서도 기존 금융 시스템과는 전혀 다른 방식으로 작동하는 디지털 지갑입니다. 디지털 지갑의 가장 큰 특징은 중개 기관을 거치지 않아도 개인 간에 직접 자산을 주고받을 수 있다는 점입니다. 마치 지갑에서 현금을 꺼내 친구에게 건네듯 블록체인 지갑을 이용하면 제3자가 개입하지 않아도 코인을 직접 전송할 수 있습니다. 동시에 이 지갑은 송금, 결제, 거래 내역 확인 등 은행 앱과 유사한 기능도 제공합니다. 스마트폰 앱 스토어나 플레이 스토어에서 블록체인 지갑 앱을 내려받아 사용할 수 있으며, 인터넷 웹사이트에서도 다양한 지갑 서비스를 이용할 수 있습니다.

차례

프롤로그
블록체인 입문 가이드

1부   모든 시스템의 벽을 허무는 블록체인의 시대

1편_ 경제 시스템의 대전환

블록체인으로 내다보는 돈의 미래 ·········· 13
NFT가 개척한 자산 시장의 신세계 ·········· 22
블록체인이 구현한 중간 없는 세계 ·········· 28
국제 송금의 족쇄를 푼 새로운 송금 시스템의 등장 ·········· 31
경제 흐름에 신뢰를 불어넣은 블록체인 ·········· 35

2편_ 인터넷의 자유화

블록체인이 여는 새로운 인터넷 질서 ·········· 49
커뮤니티 참여를 위한 실전 가이드 ·········· 52

3편_ 사회 시스템 전반의 진화

행정 시스템의 격변, 모든 행정이 스스로 작동하는 시대 ·········· 56
인사 혁신을 불러오는 힘, 스마트 계약 ·········· 60
환경 지킴이 블록체인, 지속 가능한 지구 환경을 꿈꾸다 ·········· 66
당신의 아이디어를 보호합니다 ·········· 70

4편_ 인공지능과 손잡은 블록체인

제로섬을 넘어선 새로운 투자 시장의 법칙 ·········· 75
AI가 골라준 맛집은 과연 맛있을까 ·········· 77
자율 주행과 전장의 완벽한 방화벽 ·········· 80
AI 수사관의 눈은 어디까지 볼 수 있는가 ·········· 83

5편_ 자본을 끌어당기는 코인의 미래 가치

어째서 사람들은 디지털 코드에 불과한 코인에 투자하는가 ·········· 88

6편_ 블록체인의 동반자, 스테이블코인

스테이블코인, 왜 필요한가 ·········· 101
코인 위의 화폐 ·········· 104
인플레이션의 늪에서 벗어나지 못하다 ·········· 107
세계 통화의 왕좌에 군림하려는 미국의 승부수 ·········· 111
지니어스 법이 몰고 온 후폭풍에 대처하다 ·········· 117
알곡과 가라지를 갈라놓을 불타는 장 ·········· 123

7편_ 디지털 화폐의 조율자, 브릿지코인

국제 금융구조의 변화 ·········· 126
브릿지 자산의 역할 ·········· 127
브릿지 자산의 범용성 확장 ·········· 129
브릿지 코인의 가치 상승 메커니즘 ·········· 131

8편_ 누가 리셋의 주인이 될 것인가

지금 당장 코인을 이해하지 않으면 안 되는 이유 ·········· 135

격변의 시대, 한국이 지닌 부의 승부수 ·········· 136

미래를 준비하는 사람들 ·········· 140

9편_ 블록체인의 그림자

당신의 평판이 영구 보존되는 사회가 온다면 ·········· 146

블록체인의 맹점, 개인키 ·········· 148

과도한 에너지 소비: 작업증명의 그늘 ·········· 151

탈중앙화의 허상 ·········· 152

블록체인은 투기의 수단인가 ·········· 154

디지털 배제와 소외되는 사람들 ·········· 155

규제에서 벗어나고 싶은 블록체인 ·········· 157

2부 시스템 리셋을 주도할 18가지 코인 프로젝트

비트코인(BTC)과 도지코인(DOGE): 인간 본연의 욕망이 깃든 코인 ·········· 164

이더리움(ETH): 알트코인계의 비트코인 ·········· 168

리플(XRP): 내가 왕이 될 상인가 ·········· 173

스텔라루멘(XLM): 누구나 쓸 수 있는 글로벌 송금망을 갖추다 ·········· 181

폴리곤 에코시스템 토큰(POL): 이더리움의 한계를 넘어서다 ·········· 185

체인링크(LINK): 외부 정보를 블록체인에 연결하다 ········ 189
에이다(ADA): 속도보다 완성도에 집중하다 ········ 193
아발란체(AVAX): 수천 개의 블록체인을 동시에 운영하다 ········ 197
테조스(XTZ): 업그레이드가 쉬운 블록체인 ········ 200
파일코인(FIL): 남는 하드디스크 공간으로 용돈 벌기 ········ 204
스택스(STX): 비트코인 위에 구현한 웹3 ········ 208
니어프로토콜(NEAR): 손쉬운 앱 개발 환경에 빠른 속도를 더하다 ········ 211
크로노스(CRO): 세계적 규모의 코인 거래소가 만든 블록체인 ········ 216
루나(LUNA): 블록체인의 실패는 어떻게 시작되는가 ········ 220
수이(SUI): NFT와 찰떡궁합인 블록체인 ········ 224
헬륨(HNT): 집에서 무선 통신망을 만들어 수익을 창출하다 ········ 230
더그래프(GRT): 블록체인의 구글을 꿈꾸다 ········ 233
트론(TRX): 탈중앙 인터넷은 과연 성공할 수 있을까 ········ 236

에필로그

참고자료

1997년 IMF와 2008년 세계 금융위기,
스마트폰 확산, AI 시대 도래

기술과 경제의 변혁기마다 누군가는 이를 발판 삼아
새로운 부를 창출하는 기회로 삼았고,
기회를 흘려보낸 대다수는 가난의 멍에에서 벗어나지 못했다.

이제 당신 앞에 마지막 기회가 도래했다.
당신은 어떤 선택을 할 것인가?

1부

모든 시스템의
벽을 허무는
블록체인의 시대

경제 시스템의 대전환

| 일러두기 |

1. 본서는 정부 규제나 제도적 제약을 잠시 배제하고, 지금 당장 구현할 수 있는 기술적 조건을 전제로 블록체인이 사회와 경제에 가져올 변화를 쉽게 이해할 수 있도록 서술하였다. 제시된 사례는 실현 가능한 기술과 현실에 기반한 상상이며, 독자가 블록체인의 본질과 파급력을 실감할 수 있도록 돕는 것을 목표로 한다.

2. 본서에 언급된 모든 코인 명칭은 2025년 9월 기준으로 작성되었음을 밝힌다.

3. 본문에 나오는 전문 용어, 외국 인명 등은 일일이 원어를 병기하지 않는 것을 원칙으로 했다.

블록체인으로 내다보는 돈의 미래

'30억짜리 강남 아파트를 보면 어떤 생각이 드는가?'

강남의 한 아파트가 30억 원에 거래되었다는 뉴스는 더 이상 새삼스럽지 않다. 중산층이라 불리던 사람들조차 이제는 서울 외곽에 집 한 채 마련하기 위해 긴 시간 빚을 짊어진 채 살아가야 하고, 청년들은 아무리 월급을 모아도 평생 내 집 마련은 불가능하다는 계산 앞에서 절망을 배운다.

그렇다. 30억 원짜리 아파트는 소수만이 누릴 수 있는 특권, 계층 고착의 현실 그리고 빈익빈 부익부 구조의 지속을 다시금 우리에게 각인하는 상징이 되었다. 지금 그 모든 것을 리셋하고, 새로운 시스템에서 경제를 이끌어갈 기술과 제도가 태동하기 시작했다.

지금껏 발생한 모든 불합리는 비단 자산 가격 때문만은 아니다. 돈이라는 시스템 자체가 기형적으로 작동하고, 그 결과 왜곡이 누적되어 모순적인 경제 구조가 형성된 탓이다. 돈의 가치는 자산 가격의 상승 속도를 따라가지 못하고, 정부가 공급한 막대한 유동성은 일부 자산에만 몰리며, 시민의 노동은 자본 시장에서 그 가치를 제대로 인정받지 못하고 있다. 그 오래된 게임의 규칙을 완전히 뒤엎는 새로운 시스템이 바로 블록체인(block chain)이다.

블록체인은 컴퓨터나 가상화폐에 국한된 기술이 아니다. 그것은 돈의 정의를 다시 쓰는 프로토콜이며, 소유 방식, 가치 이전, 계약과 보증, 국가와 은행의 역할을 새롭게 설계하는 구조 혁명이다.

　당신이 살고 있는 집, 일하는 회사, 받는 월급, 가입한 보험, 소비하는 모든 물건이 토큰으로 분할되고, 스마트 계약으로 연결되며, 유동적인 네트워크 속에서 실시간으로 재평가되는 세상이 도래하고 있다. 그 변화는 더 이상 먼 미래가 아니라 이미 우리 눈앞에서 조용히 시작되고 있다. 누군가는 그 변화를 눈치채고 새로운 시대를 대비하고 있지만 사람들 대부분이 막연한 미래 또는 복잡한 기술 혁신 정도로 치부하고 있는 것이 현실이다. 이렇게 미리 준비한 사람에게는 부를 리셋할 기회가 되겠지만 그 흐름을 놓친 사람들은 화폐개혁으로 모든 자산을 잃고 빈곤층으로 전락한 제3세계의 국민들처럼 영문도 모른 채 소유 자산의 가치를 완전히 잃고 살아가게 될지도 모른다.

　현재 2만 종이 넘는 암호화폐(코인과 토큰)가 존재한다. 그중 대부분은 사라지고, 일부는 정부나 기업과 결부되어 거대 시스템의 핵심이 될 것이다. 극소수는 실물 가치에 연동된 통화 역할을 하며 미래를 지배할 가능성이 크다.

　이 책의 목적은 단순히 어떤 암호화폐가 세상의 지배자가 될지를 예측하는 데 있지 않다. 가상화폐의 홍수 속에서 많은 이들이 미래를 상상하길 멈추고 있다. 지금이야말로 준비를 철저히 하고, 함께 새로운 질서를 상상할 때라는 메시지를 전하고 싶었다. 이에 현재 시장을 주도하는 주요 가상화폐가 어떤 논리와 구조를 갖추고 우리의 자산과 노동을 바꿔나가는지 그 기저에 깔린 철학과 기능을 들여다보며 앞으로 실현될 미래를 제시해보고자 한다.

　20여 년 전만 해도 우리는 인터넷을 그저 신문을 대체할 기술 정도로만 상상했다. 하지만 인터넷은 이후 스마트폰과 결합하여 게임·쇼핑·통신·교통·금융·여가·교육 등 사회 전반을 완전히 바꿔놓았다. 그 흐름을 일찍이 읽고 플랫폼과 인프라를 장악한 소수의 선도자들이 지금의 세상을 움직이고 있다.

　지금의 블록체인이 만들어 갈 흐름도 그와 다르지 않다. 당장은 많은 사람들이 그 쓰임새를 체감하지 못하지만 10년 뒤 우리의 일상은 대부분 블록체인 위에서 작동하고 있을 것이다. 그때 당신은 지금처럼 누군가가 만들어놓은 플랫폼과 인프라 위에서 지배당하며 살 것인가? 아니면 기술을 이해하고 활용하여 자신의 노동 가치를 배가하고, 더 많은 수익을 누리는 삶을 택할 것인가? 지금 당신의 미래를 결정할 수 있는 절호의 기회가 잠깐이나마 열려 있다.

블록체인 기반의 새로운 세상이 어떤 식으로 기존 자산 질서를 무너뜨려 새로운 게임의 법칙을 만들어낼지, 그 안에서 어떻게 생존하고 부와 영향력까지 획득할 수 있을지 눈을 뜨고자 하는 소수에게 통찰을 전하고자 한다. 미래는 더 이상 과학자들의 책상 위에 놓인 개념이 아니다. 바로 당신의 선택에 달려 있을 뿐이다. 뒤이어 소개할 '만 원어치 강남 아파트'도 더 이상 상상 속의 무언가가 아닌 지금도 기술적으로 실현 가능한 선택지 중 하나일 뿐이다.

스마트폰으로 구입하는 만 원어치 강남아파트

당신이 갖고 있는 현금이나 통장 잔고를 한번 들여다보라. 그 돈으로 새로운 가치를 만들어 내기 위해 할 수 있는 일들을 떠올려보자. 얼마나 많은 목록이 나오는가? 직장인 대부분은 주식, 코인, 부동산 투자 등을 먼저 생각할 것이다. 자산 관리에 조금 더 관심이 많은 사람이라면 펀드, ETF 그리고 금이나 은과 같은 실물자산까지 떠올릴 수도 있다. 하지만 최근 들어 우리가 익히 알고 있던 금융 시스템에 중요한 변화가 일어나고 있다. 당신이 생각하는 돈의 개념 자체가 변화하고 있으며, 가치를 만들어내는 방식 역시 근본적으로 바뀌고 있다.

우리는 오랫동안 돈을 지갑 속 지폐, 스마트폰의 숫자, 은행 통장에 찍힌 잔고로 인식해왔다. 그리고 그 돈을 당연하게도 자신의 것이라 믿어왔다. 하지만 우리가 가진 돈의 실제 가치는 정부와 중앙은행에 대한 신뢰라는 보이지 않는 기반 위에 위태롭게 놓여 있다. 2008년 글로벌 금융위기 이후로 미국 연방준비제도(Fed)를 비롯한 주요국 중앙은행은 대규모 양적완화(QE)를 단행해오며 자신들이 쌓아온 신뢰를 스스로 갉아먹고 있다. 2020년 코로나19 팬데믹 이후 미국은 단 1년 만에

3조 달러 이상을 추가 발행하며 유동성을 공급했고, 이는 미국 전체 통화 공급량(M2*)의 20%에 달했다. 이런 식의 무분별한 유동성 증가는 인플레이션, 거품 경제, 부의 양극화 등 다양한 사회 경제적 문제를 초래했다.

금융 시스템이 흔들리는 가운데 정부나 중앙은행에 대한 신뢰가 없어도 거래를 할 수 있게 해주는 기술인 블록체인이 등장했다. 이는 단순히 하나의 기술이 아니라 기존 금융 질서를 개편할 새로운 패러다임이다. 그 흐름은 지금도 조용히, 그러나 매우 빠르게 세상을 바꿔가고 있다.

───────── 누구나 고가의 자산을 소유하고 수익을 만들어 낼 수 있는 세상

오늘날 대한민국에서 서울 강남 아파트 한 채를 구매할 수 있는 사람은 극히 드물다. 한 채 가격은 수십억 원에 달하며, 직장인 평균 월급으로는 평생을 저축해도 현실적으로 도달하기 힘든 금액이다. 그러나 아이러니하게도 부풀어 오른 자산 시장은 새로운 부자들을 낳는 토대가 되기도 한다. 부동산, 주식, 가상자산 등에 종종 '거품'이라는 비판이 따라붙지만 그 속에서 일찍이 기회를 포착한 사람들의 자산은 큰 폭으로 불어났다. 문제는 그 기회가 소수의 자본가에게 편중되어 있었다는 점이다.

그러나 그 구조가 서서히 무너지며 누구나 자산시장에 참여할 수 있는 새로운 기회가 열리고 있다. 그 문을 연 것은 바로 자산의 토큰화(tokenization)이다. 이는 실물 자산을 디지털 형태로 작게 쪼개어 분할하고, 누구나 그것을 사고팔 수 있게 하는 블록체인 기반 기술이다. 예를 들어 강남 중심에 있는 아파트 한 채 시세가 30억 원이라고 가정해보자. 이를 디지털 토큰 100만 개로 나누어 거래소에 상장하면 토큰 하나의 가격은 3천 원이 된다. 만 원만 있어도 아파트 지분 약 3.33개를 소유할 수 있는 셈이다. 토큰은 단순히 소유권을 넘어 아파트를 임대하고 얻은 수익이나 향후 가격 상승에 따른 차익까지도 정기적으로 배분받을 수 권리가 된다. 모든 정산은 블록체인에 기록된 스마트 계약(smart contract)**을 통해 자동으로 처리되며, 관리자가 중간에 개입하지 않더라도 투명성과 신뢰성이 보장된다.

---

* M2는 시중에 유통되는 현금과 이에 준하는 유동성이 높은 자산을 포함하는 통화 지표로, 중앙은행이 측정하는 광의통화 개념이다.
** 스마트 계약이란 휴대폰 앱으로 토큰을 구입기만 하면 주민센터에 소유자를 등록하고, 수익금을 분배하며, 세금을 납부하는 등 모든 절차를 자동으로 처리하는 블록체인 기술을 말한다.

토큰화로 달라질 미래를 조금 더 극적인 사례를 통해 알아보자. 2024년 이탈리아 정부는 관리 비용과 유지 예산 부족을 이유로 일부 문화유산을 민간에 매각하기 시작했다.[1] 중세 수도원이나 성곽, 저택 등이 수천억 원에 달하는 가격으로 시장에 등장했지만 실제 이를 매입할 수 있는 이들은 극소수의 부유층뿐이었다. 하지만 블록체인이 상용화된 미래라면 이야기는 달라진다. 고가의 유적지를 수십만 원 단위의 디지털 토큰으로 나누어 판매하면 일반 개인도 지분 일부를 소유하고, 관광 수익이나 콘텐츠 수익에 따른 배당을 받을 수 있는 구조가 가능해진다.

주식이나 펀드와 달리 코인은 전 세계 어느 거래소에도 쉽게 전송하여 거래할 수 있고, 심지어 개인 간 거래도 가능하기에 이 같은 분산 소유 모델은 자산의 유동성을 폭발적으로 증가시킨다. 기존에는 은행 대출 없이는 접근조차 어려웠던 고가의 부동산 시장도 누구나 참여할 수 있는 열린 시장(open market)으로 재편되는 것이다. 만약 자산 거품이 다시 일어난다고 해도 이번에는 '모두를 위한 거품'이 될 수 있다.

전 세계 부를 재분배할 자산의 토큰화

자산 토큰화는 개인뿐만 아니라 정부에도 전환점을 만들어낼 전략 카드가 될 수 있다. 지금까지 부동산, 주식 등은 상당히 비유동적인 자산이었다. 장기 보유를 전제로 매매나 처분이 쉽지 않아 자본이 고착되는 문제를 유발했다. 이는 경제 전반의 순환을 막는 장애물이기도 했다. 하지만 블록체인 기반의 자산 토큰화는 이러한 비효율적 구조를 근본부터 뒤흔들고 있다.

모든 자산이 디지털 토큰으로 분할되고 실시간 거래가 가능해진다면 유동성은 상상 이상의 속도로 폭증할 것이다. 자산의 디지털 전환은 내수 시장의 자금 흐름을 원활하게 하고, 해외 자본 유입을 가속화할 수 있다. 정부 입장에서는 세수 기반을 새로이 확보하고, 자산 토큰 거래를 위한 세율 설계나 금융정책 수단으로 확장도 꾀할 수 있다.

실제로 2023년 프랑스, 아랍에미리트(UAE), 싱가포르 등은 정부 주도로 국채나 부동산을 토큰화하는 실험을 시작했으며, 이는 글로벌 자산 디지털화 경쟁의 신호탄으로 해석된다. 무엇보다 시장이 폭발하기 전에 생태계를 선점한 국가가 글로벌 기준을 정하고, 플랫폼을 설계하며, 자본과 인재를 흡수하는 압도적 이점을 확보할 수 있다. 이를 위해서는 규제 완화를 넘어 기술 표준화, 데이터 보안 강화, 거래 투명성 확보, 디지털 자산 세제 체계 정비 등 구체적인 준비가 병행되어야 한다.

한편, 기존 금융산업—특히 은행권—에도 이러한 변화는 위기가 아닌 새로운 기회의 창이 될 수 있다. 그들은 오랜 기간 자산 보관, 신원 검증, 거래 인프라 구축 등에서 쌓아온 운영 노하우와 신뢰 자산을 바탕으로 디지털 자산 시대의 핵심 인프라 제공자로 거듭날 수 있다. 예컨대 자산의 디지털 소유권을 등록하고, 검증하며, 연결하는 중추 역할을 수행하여 생태계에서 중요한 지위를 확보할 수 있는 것이다.

하지만 그 기회란 결코 그냥 주어지지 않는다. 기술 변화에 적응하지 못하거나 민첩하게 움직이지 못하는 금융기관은 그 역할을 맡기도 전에 시장에서 도태될 수도 있다. 이미 해외의 여러 핀테크·웹3(Web3)* 기업들은 빠른 속도로 핵심 역할을 선점하고 있으며, 우리가 뒤처질 경우 플랫폼과 표준을 선점한 국가나 기업들로부터 가격이 폭등한 토큰을 비싼 값에 사야 하는 불리한 처지에 놓일 수 있다. 따라서 기존 금융권 역시 민관 협력 체제 안에서 신속하게 역할을 재정립하고 기술 기반을 확보하는 대응이 절실하다.

---

* 웹3란 현재 우리가 사용하는 인터넷의 다음 세대를 의미하며, 거대 기업이 아니라 사용자 스스로가 데이터와 자산을 소유하고, 직접 참여하여 보상받는 구조라는 특징이 있다.

토큰화? NFT?

블록체인이라는 단어조차 생소한 독자라면 토큰화나 NFT 같은 용어를 접했을 때 '이건 내가 이해하지 못할 영역이야'라며 지레 단념하기 쉽다. 하지만 블록체인은 생활 속 사례를 통해 쉽게 이해할 수 있다.

먼저, 토큰화란 어떤 자산의 권리를 디지털 토큰의 형태로 전환하는 기술적 과정을 말한다. 예를 들어 당신이 직접 그린 원숭이 그림 한 점이 있다고 해보자. 그것을 블록체인 기반 소프트웨어를 이용하여 디지털 토큰 1,000개로 분할 발행할 수 있다. 이때 만들어지는 토큰은 각각 고유한 디지털 기록을 갖고 있으며, 블록체인에 영구히 저장된다. 모든 토큰이 저마다 그림의 소유권을 나타내는 증서 역할을 하는 것이다. 비록 손에 쥘 수 없는 디지털 코드일 뿐이지만 위변조가 불가능한 블록체인 구조 덕분에 조작 위험 없이 자산 소유권을 안전하게 대표할 수 있다. 그렇게 디지털화한 토큰을 NFT라고 한다.

NFT는 Non-Fungible Token의 약자로, '대체 불가능한 토큰'이라는 뜻이다. 우리가 일상에서 사용하는 돈이나 일반적인 암호화폐(예: 비트코인, 이더리움) 모두 서로 바꿔 쓸 수 있는 대체 가능 자산이다. 만 원짜리 지폐 두 장은 같은 가치를 가지므로 서로 교환할 수 있다. 그러나 NFT는 각 토큰마다 고유성이 있으므로 절대 서로 대체될 수 없다. 그래서 NFT는 하나의 디지털 그림, 특정 음악 파일, 한정판 게임 아이템 등 '세상에 단 하나뿐인 디지털 자산'을 증명하고 거래하는 데 가장 적합한 기술로 주목받고 있다.

이쯤에서 오해의 소지를 없애기 위해 미리 밝혀 둘 것이 있다. NFT는 자산 그 자체를 디지털화하는 기술이 아니라 해당 자산의 소유권을 증명하는 고유한 인증서에 가깝다. 따라서 누군가가 동일한 그림을 기반으로 여러 개의 NFT를 발행하는 방식으로 사기를 치는 일도 충분히 발생할 수 있다. 이러한 부작용을 막기 위해서는 NFT의 원본을 공식적으로 인증해주는 제도적 장치가 반드시 필요하다. 즉, 정부나 공신력 있는 기관이 NFT의 진위를 확인하고 등록하는 시스템을 갖추는 것이 향후 NFT 시장의 투명성과 안정성을 위해 매우 중요하다. 이미 유럽연합(EU)과 싱가포르, 일본 등 일부 국가는 NFT의 진위 확인 및 소비자 보호를 위한 규제 도입을 논의 중이며, 우리 정부도 이에 대응을 서두를 필요가 있다.

알기 쉽게 설명하는 블록체인

비트코인과, 이더리움 같은 알트코인 모두 블록체인 기술 위에서 작동한다. 이들은 블록체인을 기반으로 코인이라 불리는 디지털 자산을 발행하고 유통시킨다. 대체 블록체인이 무엇이기에 비트코인 한 개 가격이 1억 5천만 원을 넘나들고, 수많은 알트코인이 전 세계 금융시장에서 유동성을 흡수하고 있는 것일까?

사실 블록체인이 고도의 기술 집약체이긴 하지만 일반인이 그 원리를 이해하지 못할 만큼 어려운 분야는 아니다. 시야를 조금 넓히면 오히려 블록체인이 매우 직관적인 시스템이라는 사실을 알 수 있다. 쉽게 말하자면 블록체인은 장부를 쓰고 보관하는 방식을 근본적으로 바꾼 기술이다. 우리가 대한은행이라는 가상의 은행에 1만 원을 예금하면 은행은 장부(현재는 디지털 서버에 저장되는 전자장부)에 '김대한 씨에게 예금 1만 원 수령'이라는 기록을 남긴다. 나중에 김대한 씨가 그 돈을 인출하려 하면 은행은 장부 기록을 확인한 후 돈을 지급한다. 이것이 바로 현대 금융 시스템의 기본적인 작동 방식이다. 즉, 중앙기관(은행)이 장부를 관리하고, 우리는 그 기관을 신뢰하며, 장부 기록을 기준으로 돈을 입출금하는 구조다.

하지만 그 방식에는 치명적인 취약점이 있다. 장부가 불에 타거나 도난당하거나 삭제된다면 어떻게 될까? 은행 내부자가 고의로 기록을 조작하거나 해커가 시스템을 공격하여 거래 내역을 바꾸면 어떻게 될까? 이러한 위험 요소들은 디지털 시대로 접어들면서 더욱 다양하고 교묘해지고 있다.

블록체인은 현대 금융 시스템의 취약점을 보완하는 새로운 장부 시스템이다. 이 기술은 하나의 장부를 특정 기관이 관리하는 것이 아니라 수많은 컴퓨터가 동시에 장부를 복사하여 저장하고, 서로 비교하고 검증함으로써 전체 시스템을 유지한다. 즉, 장부가 '분산'되어 있고, 모든 참여자들이 동등하게 장부 기록에 참여하는 것이다. 분산된 장부에 어떤 거래 기록을 추가하려면 장부 기록 네트워크 참여자들(노드)의 합의가 필요하다. 예를 들어 '김대한씨가 1만 원을 입금했다'라는 새로운 정보가 생기면 여러 대의 컴퓨터가 그 거래가 정당한지 검증하고 나서야 기존 장부에 '블록' 형태로 연결된다. 이 블록이 이전 블록에 연결되어 마치 체인처럼 시간 순으로 기록이 이어지는 구조가 바로 '블록체인(block + chain)'이다.

블록체인 시스템의 가장 큰 장점은 바로 조작이 불가능하다는 점이다. 하나의 은행 장부를 조작하는 것은 충분히 가능한 일이지만 수천수만 대의 컴퓨터가 기록을 보관하고 있는 상태에서 모든 장부를 동시에 조작한다는 것은 거의 불가능하다. 실제로 블록체인을 해킹하려면 전체 네트워크에서 컴퓨팅 파워의 과반수를 장악해야 하는데, 이를 '51% 공격'이라고 부른다. 현재의 비트코인 네트워크를 기준으로 보면 공격을 성공시키기 위해서는 수십억 달러 이상의 장비와 전력이 필요하며, 그조차도 단기간에 막대한 리스크를 감수해야 하기 때문에 현실성이 매우 낮다.

비트코인은 바로 이 블록체인 기술을 기반으로 한 최초의 디지털 자산이다. 총 발행량이 2100만 개로 제한된 비트코인은 네트워크 참여자들이 연산을 통해 장부 기록에 기여한 만큼 보상이 주어지는 방식(채굴)으로 분배된다. 각각의 비트코인은 수많은 장부에 동시에 기록되어 있기 때문에 복제나 위조가 불가능하다.

누군가 비트코인을 복사한다고 가정해보자. 비트코인 하나에는 그간의 사용 기록과 현재 소유자 정보가 그대로 남아 있다. 이 기록은 오랜 시간 축적되어 수만 대의 컴퓨터에 저장된 내용이다. 외형만 복사한 가짜 비트코인을 누군가 자신의 소유라고 주장하더라도 블록체인 네트워크는 '개인 키(private key)'라는 수단으로 실소유주가 누구인지 확인할 수 있다. 개인 키는 디지털 자산을 보관하거나 보낼 때 사용하는 고유한 비밀번호로 자신이 코인을 소유하고 있다는 것을 증명하는 데 사용하는 도구이다. 이에 코드의 외형만 복사한 자산은 아무런 효력을 갖지 못하며, 개인키 없이 코인을 이동시키거나 사용할 수 없다. 결국 블록체인은 코드가 아닌 신뢰 속에 작동하는 시스템이며, 소유권을 입증할 수 있는 열쇠를 가진 사람만이 진짜 자산을 사용할 수 있는 구조라 할 수 있다.

이처럼 블록체인은 단순히 코인을 만들어내는 기술이 아닌 전통적인 금융·행정 시스템을 근본부터 뒤흔드는 신뢰 기반 인프라를 구축하는 기술이다. 이어지는 장에서 블록체인이 어떻게 부동산, 증권, 예술, 심지어 정부의 행정 시스템까지 바꾸어 가는지 하나씩 살펴보자.

NFT가 개척한
자산 시장의 신세계

일상에서 완성한 보이지 않는 소유

앞서 설명한 바와 같이 NFT는 자산을 디지털화하여 고유한 소유권을 부여하는 수단이다. 과거에는 디지털 파일이 비교적 복제가 자유로워 그 자체로 소유권을 주장하기 어려웠다. 지금은 디지털 자산에도 고유한 지갑 주소와 소유 기록을 부여할 수 있고, 블록체인 네트워크를 통해 누구나 검증 가능하다. 1장에서 다룬 강남 아파트 토큰화 사례 역시 궁극적으로는 NFT 기술로 실현되는 것이다.

그렇다면 NFT를 실제로 어떻게 검증할 수 있을까? 여러 방법이 있지만 가장 간단한 방법 몇 가지를 소개한다.

- NFT 고유 주소 확인

  : NFT를 보유하고 있는 지갑(앱)에 접속, 해당 NFT 클릭하면 먼저 ① 고유한 계약 주소(contract address)와 ② 토큰 ID(token ID) 확인이 가능하고, ③ 확인 요청자는 이더스캔(Etherscan) 등에 접속해 소유자의 지갑에 디지털 서명을 요청한다. 만약 서명이 가능하다면 증명이 완료된다.

- 블록체인 탐색기 사용(예: Etherscan)

  : 이더리움 기반 NFT의 경우, Etherscan.io에 접속해서 해당 NFT의 계약 주소나 소유자의 지갑 주소를 입력하면 실제 NFT의 소유자가 누구인지, 언제 누구와 거래하였는지 확인할 수 있다.

- NFT 거래소 플랫폼 검색

  : 오픈씨(OpenSea), 매직에덴(Magic Eden) 같은 NFT 마켓플레이스에는 NFT가 어떤 지갑에 귀속되어 있고, 어떤 거래가 언제 이루어졌는지 투명하게 보여주는 이력(history) 탭이 있다. 이를 통해 진위 여부나 소유 상태를 누구나 검증할 수 있다.

NFT를 만드는 과정은 의외로 간단하다. 그림, 음악, 영상뿐만 아니라 부동산 권리 증서, 심지어 문장 한 줄도 NFT로 만들 수 있다. 사용자는 해당 파일을 블록체인 플랫폼(웹사이트)에 전송한 뒤 민팅(minting)* 절차를 거치면 된다. 이더리움, 솔라나 같은 대표적인 블록체인을 선택해 NFT를 생성하고, 오픈씨(OpenSea), 매직에덴(Magic Eden), 파운데이션 등 NFT 거래소(웹사이트)에서 바로 사고팔 수 있다. 주목할 점은 NFT가 예술 작품에만 국한되지 않는다는 것이다. 실물 자산과 연동된 NFT―예컨대 아파트 등기권, 금 보관 증서, 기업의 주식 증명서 등―가 실제로 발행되고 있으며, 자산 시장에 본격적인 변화를 일으키고 있다.[2]

2021년부터 2022년까지 열풍을 일으킨 NFT는 이후 거품이 꺼지며 빠르게 식었다. 원숭이 이미지를 내세운 디지털 토큰 하나가 수억 원에 거래되는 광경은 대중의 눈에 난해하게 비쳤고, 실제로 많은 프로젝트가 사업성을 갖춘 수익모델 없이 사라졌다. 그러나 NFT의 본질은 이미지 판매가 아니라 디지털 자산의 소유권을 공식적으로 인증하는 데 있다. NFT가 실물자산의 소유권과 수익권, 계약 조건까지 포괄하는 순간 그것은 유행이 아닌 경제 인프라가 될 수 있다.

---

* 민팅이란 코인이나 토큰 같은 디지털 자산을 NFT로 생성하는 과정을 말한다.

──────── NFT 발행 가능한 예시

이제 NFT가 실물과 어떻게 연결되는지 구체적인 예시로 알아보자. 고흐의 실물 작품을 전시하는 세계적인 미술관에서 해당 작품에 대한 NFT를 발행한다고 상상해보자. 이 NFT는 실제 그림 지분을 나누는 소유권이 아니라 전시 수익을 분배받을 수 있는 디지털 주주의 지위를 의미한다. 작품은 미술관 측에서 보관하고 있지만 NFT 보유자는 입장료와 라이선스 수익 일부를 나눠 받는다. 이는 예술 자산의 금융화, 대중화, 분산화를 동시에 실현하는 강력한 모델이다.

자동차 역시 마찬가지다. 앞으로 중고차는 중고차 센터가 아니라 NFT 마켓에서 거래될 가능성이 크다. 자동차 NFT에는 소유권뿐 아니라 제조일, 수리 이력, 보험 내역, 주행 거리 등이 스마트 계약에 따라 자동으로 기록된다. 이 데이터를 기반으로 AI가 차량의 성능과 가격을 평가하며, NFT를 스마트폰으로 결제하는 순간 실제 거래가 자동으로 완료된다. 소유권 이전, 세금 신고, 보험 등록까지 한 번에 이루어지는 구조다.

심지어 전세 계약조차 NFT로 체결할 수 있다. 예를 들어 강남 아파트 전세 계약을 맺기 위해 부동산 중개업소를 방문하고, 계약서를 쓰며, 확정일자를 받는 모든 절차가 전세권 NFT를 거래소에서 구입하는 것으로 대체될 수 있다. 클릭 한 번으로 전입 신고와 계약 등록은 물론 전세 기간 종료 후 보증금 반환도 처리될 수 있다. 이러한 변화는 부동산 중개인의 역할마저 다시 정의하게 한다. 계약 중개자가 아닌 현장 자산 평가자로서 역량이 더 중요해질 수 있다.

이 외에도 금, 주식, 부동산 같은 자산도 모두 NFT로 만들어질 수 있다. 예를 들어 1그램 단위의 금을 토큰화하면 천 원으로도 금 투자를 시작할 수 있다. 이 토큰은 실물 금고에 저장된 금과 연동되어 실시간 거래가 가능하다. 주식도 블록체인상에서 소수점 단위로 거래되어 전 세계인이 글로벌 플랫폼에서 쉽게 접근할 수 있다. 금, 주식, 부동산이 같은 지갑 안에서 동일한 포맷으로 저장되고 운용되는 시대가 열리고 있는 것이다. 상상해보라. 당신이 지닌 블록체인 지갑 하나에 주식, 금, 아파트, 자동차, 심지어 고흐 작품의 소유권까지 넣고 다니는 모습을 말이다.

모든 자산이 코인거래소를 중심으로 동일하게 거래되는 환경이 조성되고 있다. 거래를 위해 더 이상 금은 금 시장, 주식은 증권사, 부동산은 공인 중개소를 따로 찾을 필요가 없다. 모든 자산이 디지털 토큰으로 통합되고, 하나의 인터페이스와 계좌에서 동등하게 거래된다. 우리는 이제 무엇을 사는지보다 그것이 얼마나 유동적이며 수익성이 있는지를 기준으로 자산을 판단하는 시대로 진입하고 있다.

새로운 패러다임은 중앙은행과 정부가 지닌 금융 통제권에 도전장을 내민다. 민간이 발행한 스테이블코인*(예: USDT, USDC)과 스마트 계약 기반의 다양한 디파이(DeFi) 플랫폼이 이자율을 자율적으로 조정하고, 대출이나 송금과 같은 금융 서비스를 중앙기관 없이 운영한다면 중앙은행의 역할은 점차 약화될 것이다. 통화정책의 중심축이 민간으로 옮겨가는 전환기가 시작된 것이다. 그러나 은행의 역할이 사라지는 것은 아니다. 오히려 '자산 신뢰 검증'과 '플랫폼 구축'이라는 강점을 가지고 새로운 중심축이 될 수 있다. NFT 거래소, 디지털 지갑 인프라, 자산 연동 시스템, 보험·세금 자동 정산 구조 등 신뢰 기반 디지털 자산 생태계에서 은행이 가진 경험과 인프라는 가장 강력한 무기가 될 수 있다.

우리가 알고 있던 돈의 개념이 바뀌다

앞서 언급한 사례를 다시 들여다보자. 당신이 만 원으로 구매한 강남 아파트 디지털 토큰 3.33개는 그 자체로 돈의 역할을 수행하고, 실시간으로 자본 수익을 만들어낼 수 있다. 아파트를 임대하고 얻은 수익이 매초 단위로 정산되고 귀속되며, 심지어 편의점에서 물건을 살 수 있는 유동성마저 지닌다. 현금, 신용카드 같은 전통적 결제 수단이 아니라 당신이 소유한 아파트 지분 자체가 현금화 가능한 자산이자 지불 수단이 되는 시대가 열리고 있다. 이는 단순히 기술적 변화만을 의미하지 않는다. 우리가 알고 있던 돈의 개념이 근본적으로 달라지고 있기 때문이다.

돈은 더 이상 지갑 속 지폐나 동전, 은행 앱 속의 숫자가 아니다. 교환 수단에 불과했던 과거와 달리 돈은 이제 실물 자산에 대한 소유권과 거기서 발생하는 수익권을 포함한 디지털 자산의 형태로 진화하고 있다. 이러한 변화의 중심에는 블록체인 기술이 자리하고 있으며, 이제는 어떤 자산을 가지고 있는지보다 그 자산을 얼마나 쉽게 사고팔고, 수익을 만들어내며, 전 세계와 연결할 수 있는지가 더 중요하다.

---

* 스테이블코인이란 블록체인 거래에서 사용할 수 있도록 디지털 형태로 만든 달러 또는 원화를 의미한다.

이것이 바로 토큰화 시대의 새로운 경제 질서이며, 그 중심에는 블록체인 시대를 맞이할 당신의 선택과 준비가 놓여 있다.

준비된 자가 기회를 잡는다. 디지털 자산 생태계를 이해하고, 토큰화된 자산에 투자하여 새로운 부의 흐름 속에서 자신의 자리를 확보해야 한다. 변화를 놓치고 과거에 의존하는 자는 점점 더 뒤처지고 소외될 수밖에 없다. 역사적으로 화폐 개혁과 자산 재편은 늘 있어 왔다. 그 모든 순간에 정보를 선점하고 대비한 자는 부자가 되었고, 그러지 못한 다수는 자산 격차라는 벽에 가로막혀 멈춰 설 수밖에 없었다. 지금 이 거대한 전환의 시대를 맞이하며 당신에게 한 가지 질문을 던진다.

'당신은 과연 준비된 사람인가?'

디파이 시장? 은행 없이도 돈을 운용한다고?

디파이(DeFi)라는 단어는 얼핏 들으면 금융 전문가들이 사용하는 복잡한 언어처럼 느껴질 수 있다. 그러나 어원을 알면 전혀 어렵지 않다. 디파이는 탈중앙화 금융(Decentralized Finance)의 줄임말로, 은행 같은 중앙기관 개입 없이 금융 기능을 수행하는 블록체인 기반 시스템을 말한다. 다시 말해, 은행 없이도 돈을 운용할 수 있는 구조라 할 수 있다.

예를 들어 당신이 이더리움(ETH)을 보유하고 있다고 가정해보자. 이를 보관해두기만 하면 아무런 수익이 발생하지 않는다. 하지만 이더리움을 디파이 플랫폼에 예치하면 그 코인은 누군가에게 자동으로 대출되고, 당신은 이자를 받게 된다. 이 모든 과정을 사람이 아닌 스마트 계약—일종의 자동화된 컴퓨터 프로그램—이 수행한다. 만약 당신이 돈을 필요로 한다면 스마트 계약을 통해 다른 사람의 코인을 빌릴 수도 있다. 이때 신용등급은 필요하지 않고, 은행 심사나 복잡한 서류 절차도 거치지 않는다.

기존 금융 시스템의 심사 없이 누구든 대출을 받을 수 있는 플랫폼이 실제로 여럿 존재한다. 대표적인 디파이 플랫폼으로 에이브(Aave), 컴파운드(Compound) 같은 서비스가 있으며, 이들 모두 웹사이트를 기반으로 운영된다. 사용자는 스마트폰이나 컴퓨터에 메타마스크(MetaMask) 같은 암호화폐 지갑 앱을 설치한 후 해당 디파이 사이트에 접속해 지갑을 연결하기만 하면 된다. 굳이 은행 계좌를 개설하거나 회원가입을 하지 않아도 된다. 단지 블록체인 지갑 하나만 가지고 있으면 누구라도 금융 서비스를 이용할 수 있는 구조다. 예를 들어 당신이 에이브에 접속해 이더리움 하나를 예치하면 연 3~4% 수준의 이자를 받을 수 있다. 반대로 보유 코인을 담보로 필요한 만큼 다른 코인을 대출받을 수도 있다. 어떤 거래든 블록체인 상에 투명하게 기록되며, 스마트 계약을 통해 자동으로 실행되기 때문에 사람이 개입할 여지가 거의 없다. 따라서 신뢰성과 효율성이 동시에 보장된다.

디파이의 가장 큰 장점은 중개자가 없다는 점이다. 은행이나 증권사 같은 기존 금융기관이 개입하지 않기 때문에 수수료가 낮고, 처리 속도가 빠르며, 서비스 이용에 물리적 장벽이 존재하지 않는다. 기존 금융시장에서 소외된 사람들이 전 세계 어디서든 금융에 참여할 수 있게 되는 것이다.

물론 디파이는 아직 초기 단계에 머물러 있으며 보안상 허점, 가격 변동성 등 여러 리스크가 존재한다. 실제로 2021년부터 2023년까지 발생한 디파이 해킹 사례가 수백 건에 이르고, 수십억 달러 규모의 자산이 유실되기도 했다. 하지만 기존 금융시장이 지니지 못한 투명성과 개방성을 제공한다는 점에서 디파이는 지금 이 순간에도 급속도로 성장하고 있다.

'사람이 아닌 코드가 돈을 움직이게 하는 세상', 그것이 디파이의 지향점이다. 이러한 금융 패러다임은 블록체인 기술 덕분에 중앙 통제 없이도 신뢰할 수 있는 구조를 만들며 현실이 되고 있다. 미래 금융의 모습이 궁금하다면 디파이가 그 가능성을 가장 선명하게 보여주는 사례라 할 수 있겠다.

블록체인이 구현한
중간 없는 세계

중간 없는 세계란 무엇인가?

많은 직장인들은 매월 "월급이 있었는데요, 없었습니다"라는 자조 섞인 표현이 현실이 되는 순간을 맞이한다. 우리는 월 1회 급여를 받는 구조에 너무나도 익숙하다. 이러한 구조 속에서 금융기관은 다양한 방식으로 우리의 소득을 잠식해 왔다. 신용카드, 대출, 할부 결제 등으로 우리가 미래 소득을 사용하게끔 유도하고, 그 대가로 수수료와 이자를 취하는 구조다.

만약 당신이 오전 9시부터 오후 6시까지 일하고 버는 소득이 매초마다 당신의 지갑에 입금된다면 어떤 일이 벌어질까? 당신이 보유한 디지털 지갑에 실시간으로 돈이 쌓이는 모습을 눈으로 확인할 수 있다면 말이다. 초 단위 자동 정산이 가능한 이유는 바로 블록체인과 스마트 계약 덕분이다. 회사는 급여를 특정일에 일괄 정산하지 않아도 된다. 스마트 계약이 실시간으로 직원들의 근무 시간과 성과를 감지하고, 그들에게 자동으로 보상을 지급하는 시대가 열린 것이다.

새로운 시대가 불러온 변화의 바람은 단순히 급여 수령 방식에만 머무르지 않는다. 소득을 실시간으로 수령한다면 신용카드로 미래 소득을 끌어다 쓰는 일은 현저히 줄어들 것이다. 오늘 번 돈으로 소비를 하고, 내일 벌어들인 돈으로 그날 아침 커피를 마시는 삶이 가능해진다. 과소비는 줄어들고, 재정 건전성도 향상된다. 무엇보다 세금, 건강보험료, 연금도 매초마다 자동으로 공제되기 때문에 해마다 번거롭게 연말정산을 하지 않아도 되고, 건강보험료 폭탄을 맞을 일도 사라진다. 이것이 바로 '중간 없는 세계'가 만들어내는 구조적 혁신이다.

블록체인 기반의 분산 지급 시스템은 각 중개자들의 수익 구조를 해체하여 소비자 물가를 소폭 안정시키는 효과마저 줄 것으로 기대된다. 하지만 블록체인 기술 혁신의 흐름은 단지 '돈'에 그치지 않는다. 이력서, 자격증, 졸업장, 주민등록증 같은 증서도 블록체인 지갑에 보관하는 시대가 오고 있다. 지금까지 취업 준비생들은 지원할 때마다 이력서와 여러 자격증 사본을 제출해야 했다. 채용 기업은 대학과 자격증 기관에 일일이 확인 전화를 돌리며, 때로는 2주가 넘는 시간을 들여 진위를 검증해야 했다. 그러나 블록체인 기반의 디지털 신원증명 시스템(DID)이 상용화되면 모든 과정이 단 몇 초 만에 끝날 수 있다. 지원자는 검증된 기관에서 발행한 자신의 경력과 학력 데이터를 블록체인 지갑에 보관하고, 채용기업은 링크 하나만 받아 지원자에게 열람 허가를 요청하면 된다. 위변조는 원천적으로 불가능하며, 데이터 소유권은 본인에게 있다.

이 외에도 정치인 청문회, 공무원 채용, 공공입찰 심사 등 높은 투명성과 공정성이 요구되는 공공 영역에서 위조, 조작, 허위가 발붙일 틈도 없게 하며, 사실 여부를 확인하기 위한 복잡한 절차를 단순화할 수 있다. 신뢰성 검증을 중앙기관이 아닌 블록체인 기술로 대체하는 시대. 우리는 신뢰를 사람에게 묻는 것이 아니라 '시스템'에 기반해 판단하게 되는 것이다.

이제 우리는 질문을 던져야 한다. 은행 없이 금융 거래를 할 수 있고, 공인 중개사 없이 임대계약을 체결할 수 있으며, 증명서 없이도 경력을 입증할 수 있는 세상에서 '중개자'는 어떤 의미를 가질 것인지. 이는 단순히 기술의 진보만이 아닌 기회의 재배분, 권력의 재구성을 의미한다. 지금까지 사회는 신뢰와 정보가 집중된 특정 기관이 권력을 장악했지만 블록체인 사회에서는 모든 참여자가 동등한 데이터를 기반으로 거래할 수 있는 구조를 지향한다.

실시간 들어오는 소득, 클릭 한 번으로 체결되는 계약, 위조 불가능한 경력 인증, 중개자 없이 작동하는 신뢰 기반 시스템은 더 이상 미래에 있음직한 일이 아니다. 우리는 이미 '중간 없는 사회'를 살아가고 있으며, 그 변화의 흐름을 타는 자만이 새로운 질서에서 중심에 설 수 있다.

국제 송금의 족쇄를 푼
새로운 송금 시스템의 등장

국제 송금 체제의 역사

현대 금융 시스템이 자리 잡기 이전, 국제무역에서 가장 널리 쓰인 결제 수단은 금과 은이었다. 이들 귀금속은 희소성과 내구성 덕분에 어느 나라에서나 통용되는 '보편 화폐(universal currency)'로 기능했다. 특히 시간이 지나도 가치가 훼손되거나 소멸되지 않을 것이라는 신뢰를 보장해 주었기 때문에 상인들은 금과 은을 공통의 교환수단으로 하는 거래를 이어갔다.

그러나 귀금속을 담보로 한 거래는 보안, 운송, 처리 속도 등 여러 면에서 한계가 명확했다. 이에 따라 17세기 영국 런던에서 발전하기 시작한 은행 시스템은 금 보관증, 어음, 수표 등 간접 결제 수단을 만들어 국제 무역의 효율성을 높여 나갔다. 이는 1694년 설립된 영란은행(Bank of England)을 중심으로 점차 확산되었고, '신용 기반 화폐 시스템'의 기초가 되었다.

20세기 중반까지 브레턴우즈 체제(1944년~1971년) 아래 미국 달러가 금과 연동된 기축통화로 자리 잡았고, 각국 통화는 미국 달러에 고정되어 거래 안정성을 확보했다. 하지만 1971년 닉슨 대통령의 조치로 금태환이 중지되면서 본격적으로 신뢰가 가치 기반이 되는 법정화폐 시대로 진입하게 된다.

국제 무역이나 송금은 이제 더 이상 금이나 실물을 기반으로 하지 않으며, 은행 간 거래 메시지와 신용에 의존하게 되었다. 그 핵심에는 스위프트(SWIFT)라 불리는 국제 은행 간 통신협회가 있었다. 1973년 벨기에에 설립된 스위프트는 오늘날 약 200개국, 11,000개 이상의 금융기관이 가입한 국제 금융통신망의 표준이다.[3]

하지만 스위프트 체제는 느리고 복잡한 기술적 한계 탓에 현 시대의 요구사항을 따라가지 못하고 있다. 은행 간 송금은 직접 이루어지지 않고, 메시지만 주고받으며 각 중개은행이 송금을 승인하거나 중개하는 식으로 처리된다. 예를 들어 한국의 은행에서 케냐의 소규모 지역 은행으로 송금한다고 가정하면 최소 2~3개의 중개은행을 거쳐야만 하며, 그 과정에서 수수료와 시간 지연이 불가피하게 발생한다.

특히 2023년 세계은행(World Bank)에서 발표한 보고서에 따르면, 개발도상국으로 송금할 때 드는 평균 수수료가 6.2%에 이른다고 한다.[4] 이는 유엔 지속가능발전목표(SDGs)에서 제시한 3% 이하 권고 기준을 여전히 초과하는 수준이며, 세계은행은 송금이 개발도상국 가계에 중요한 생계 수단으로 작용한다고 강조했다.[5] 이처럼 전 세계가 디지털화되는 지금, 아직도 수십 년 전 메시지 중계망에 의존한다는 사실은 아이러니하다. 인터넷은 실시간 소통과 거래를 가능하게 했지만 돈의 이동은 여전히 느리고 복잡한 옛 방식에서 크게 벗어나지 못하고 있는 셈이다.

앞으로 이어질 내용에서는 블록체인 기술이 기존의 국제 송금 구조를 어떻게 혁신하는지, 현실적으로 어떤 구조적 이점을 제공하는지 다룰 예정이다. 블록체인은 단순히 돈을 디지털로 바꾸는 기술이 아니라 전 세계 자금 흐름 자체를 바꿀 수 있는 전환점이 될 수 있다.

블록체인을 활용한 혁신적인 송금 방식

액수가 얼마든, 상대가 어디에 있든 이제는 단 몇 초 만에 국제 송금이 가능한 시대가 되었다. 이미 기술적으로 구현할 수 있는 단계에 이르렀고, 일부 국가에서는 실제 블록체인 기반 송금 시스템을 도입해 사용하고 있다. 일례로 리플(Ripple)의 XRP 레저를 기반으로 한 리플넷(RippleNet)은 국경을 초월한 결제를 수 초 이내에 가능하게 하며, 실제로 일본의 SBI 리밋이나 필리핀의 Coins.ph, 태국의 SCB[6] 같은 금융기관에서 리플넷을 활용하고 있다.

블록체인 기반 송금 시스템을 이용하면 수수료가 몇 십 원에서 몇 백 원 수준에 불과하다. 또한 기존 금융 시스템을 전혀 거치지 않으므로 빠르고 저렴하게 해외로 송금할 수 있다. 이처럼 장점이 뚜렷한데도 블록체인 기술이 지금까지 널리 쓰이지 않은 이유에 대해 많은 사람들이 의아해한다. '인터넷으로 영화는 몇 초 만에 내려 받는데 어째서 돈을 보내는 데는 며칠씩 걸리는 거지?'라는 질문을 누구나 한 번쯤 해 봤을 것이다. 그 답은 앞서 살펴본 스위프트 시스템의 태생적 한계에 있다. 스위프트는 애초에 송금이 아닌 은행 간 메시지를 중개하는 시스템이기 때문에 실제 돈이 이동하는 데 시간이 걸릴 수밖에 없다. 특히 중개은행이 많아질수록 절차는 복잡해지고 수수료도 증가한다.

물론 스위프트는 불법 금융 거래와 테러 자금 흐름을 추적하고 막는 데 중요한 역할을 수행해 왔다. 오랜 기간 축적된 노하우와 정교하게 구축된 감독 체계로 글로벌 금융 질서의 안전판 역할을 해왔다고 할 수 있다. 하지만 블록체인 기술로도 얼마든지 같은 역할을 수행할 수 있다. 스마트 계약을 이용하면 특정 조건을 만족할 때만 자동으로 송금되도록 설정할 수 있다. 또한 자금 출처, 이동 경로, 사용 시점을 실시간으로 추적할 수 있어 보다 투명한 송금 환경을 구축할 수 있다. 예컨대 송금 시 '이 자금은 교육비 외의 용도로는 사용할 수 없고, 필리핀에 등록된 학교 계좌에만 이체할 수 있다'라는 조건을 설정해두면 해당 조건에 맞지 않는 자금은 자동으로 반환되거나 대기 상태에 놓이게 된다. 이는 블록체인 기반 국제송금의 가장 큰 장점으로 기술 자체에 신뢰와 통제 메커니즘을 내장하고 있어 별도의 감시 기구나 중개인이 필요 없다.

다만 정부나 특정 기관의 통제를 받지 않는 블록체인 기술에 대해 일부 국가들은 그 확산을 경계하고 있다. 통화 주권이 위협받을 수 있고, 범죄나 자금세탁에 악용될 가능성도 있기 때문이다.

리플(Ripple) 등 일부 블록체인 기업은 정부 및 금융기관과 협력하여 규제를 준수하면서도 통제가 가능한 송금망인 리플넷(RippleNet)을 운영 중이다. 리플넷은 참여 기관 간 사전 약정에 따라 송금을 취소하거나 돈을 회수할 수 있는 기능을 갖춘 구조를 마련한 바 있다.

그렇다고 해서 블록체인 기술 전체를 '범죄를 위한 도구'로 낙인찍어서는 안 된다. 오히려 앞으로는 정부가 블록체인 기술을 적극 활용해 '합법적이고 안전한 디지털 송금 시스템'을 설계하는 방식으로 진화할 가능성이 더 높다. 실제로 유럽연합(EU)은 MiCA 규제 체계[7]로, 미국은 스테이블코인 법안과 Genius Act 등[8]으로, 싱가포르는 디지털 결제 토큰 허가제[9]로 블록체인 기술 활용을 구체화하고 있다.

블록체인은 중앙의 감시가 없는 위험한 기술이 아니라 오히려 중앙 없이도 감시가 가능한 기술이다. 여기에 보안과 유연성이 맞물릴 수 있다면 지금의 국제 송금 시스템을 대체할 가장 유력한 후보는 이미 정해진 셈이다.

경제 흐름에 신뢰를 불어넣은 블록체인

결제와 동시에 정산이 이루어지는 시대

　한때 한국 사회를 떠들썩하게 한 뉴스가 있다. 대형 온라인 쇼핑몰이 납품·입점 업체에 판매 상품의 대금을 정산하지 않아 수많은 소상공인이 파산 위기에 내몰린 사건이다. 이런 안타까운 사례는 결코 드문 일이 아니다. 온라인 쇼핑몰을 포함한 사업체 대부분이 물건을 제공하고도 대금을 제때 받지 못하는 구조에 놓여 있다. 금융 선진국에서는 찾아보기 힘든 '약속어음'이라는 지불 수단이 우리나라에서는 여전히 유통되고 있다는 사실은 수많은 소상공인이 대금 미지급 위험에 노출되어 있는 현실을 단적으로 보여주는 사례라 할 수 있다.[10]

　이처럼 대금 지급이 지연되는 건 어디에서 비롯된 것일까? 이는 소비자에게 물건이 최종적으로 전달되어야만 수익이 확정되기 때문이다. 따라서 소비자가 돈을 지불한 이후에야 제품 공급에 관여하는 여러 주체가 수익을 분배받을 수 있다. 최종 소비자가 물건을 구매하는 순간까지 어느 누구도 자신의 수익을 확정할 수 없는 것이다.

　중간 유통업자들은 부족한 자금을 메우기 위해 보유 자금을 활용하거나 은행 대출 혹은 약속어음처럼 미래 수입을 담보로 한 신용 거래에 의존한다. 그러나 이는 어디까지나 임시방편일 뿐이다. 실제로 상품 대금을 온전히 회수하는 시점은 소비자의 구매가 완료되고 매출로 확정된 이후에도 상당한 시간이 지난 뒤다. 이처럼 판매 대금을 받기까지 오랜 시간이 소요될수록 중소기업과 소상공인의 유동성 위기는 심화된다.

블록체인 기술은 이를 근본적으로 바꿀 수 있다. 만약 소비자가 블록체인을 기반으로 한 디지털 화폐나 스테이블코인으로 결제한다면 결제한 즉시 제품 공급에 관여하는 주체들이 스마트 계약에 따라 수익을 자동으로 배분받는 시스템을 구축할 수 있는 것이다.

반품 리스크 역시 블록체인 시스템을 통해 해결할 수 있다. 스마트 계약에 따라 일정 기간 해당 상품 금액을 '락(lock)' 상태로 보관하고, 소비자가 구매를 확정하는 순간에만 자금이 분배되도록 할 수 있다. 스마트 계약이 구매 확정 여부를 감지하고 자동으로 정산하는 구조이기 때문에 수동으로 처리하는 기존 방식보다 훨씬 안전하고 효율적이다.

무엇보다 중요한 차이는 확정된 수익을 판매자가 지체 없이 경영에 투입할 수 있다는 점이다. 단순히 대금이 언제 들어온다는 막연한 기대에서가 아닌 스마트 계약으로 보장되므로 신용도 면에서 큰 의미를 지닌다. 블록체인 기반 정산 시스템은 판매자의 사업에 안정성을 높이고, 자금 흐름을 예측할 수 있게 하는 실질적 수단이 될 수 있다.

자동 정산으로 회계 처리에 효율을 더하다

지금까지 기업의 회계 처리는 대부분 수작업에 의존해왔다. 회계팀은 카드 매출, 현금 수납, 송장 발행, 세금계산서 처리 등을 위해 시스템에 정보를 직접 입력하여 장부를 관리해야만 했다. 특히 전문 회계 인력을 고용하기 쉽지 않은 소규모 자영업자나 중소기업은 재무제표작성이나 신용 평가를 위해 막대한 시간과 비용을 소비해야 했다.

그러나 블록체인 기반 정산 시스템에서는 소비자의 결제 정보가 판매자의 회계 시스템에 즉시 반영되고, 수익, 비용 등의 항목도 자동으로 처리된다. 모든 기록은 블록체인에 안전하게 저장되므로 누구도 조작이나 수정을 가할 수 없으며, 외부 감사나 세무조사, 투자자 보고 시에도 높은 신뢰를 제공한다.

그렇다면 블록체인이 불러온 변화는 중소기업이나 소상공인에게 어떤 의미로 다가갈까? 기존에는 대출 한 번을 받기 위해 증빙 서류 수십 장을 준비해야 했지만 앞으로는 블록체인에 기록된 입출금 내역과 매출 흐름만으로도 신용을 증명할 수 있다. 예를 들어 스마트 계약 기반 결제 시스템에 사업자의 월간 매출, 반품률, 재방문율, 평균 결제 금액 등이 자동으로 기록되는 것이다. 그 데이터는 조작이 불가능하기에 투자자와 금융기관은 훨씬 더 정확한 판단을 내려 신뢰할 수 있는 결과를 낼 수 있다. 이제는 '검증된 기록'만이 사업성을 증명하는 시대가 열린 것이다.

기존 방식(복잡한 흐름)
1. 종이영수증 모음 → 2. 엑셀 수기 입력 → 3. 회계 프로그램 수동 입력 → 4. 증빙자료 출력 → 5. 대출서류 묶음 작성 → 6. 담당자 수동 검토

블록체인 방식(자동화 흐름)
1. 스마트 계약 결제 → 2. 자동 입출금 기록 → 3. 매출·반품·고객정보 자동 집계 → 4. 블록체인 저장(위변조 불가) → 5. 신용평가 자동 생성

무역 시스템의 핵심을 뒤흔들다

무역이라 하면 흔히 수입과 수출을 떠올리지만 실제로는 복잡한 절차와 수많은 서류 작업이 중심을 이룬다. 선적부터 검역에 이르기까지 절차상 필요한 각종 문서는 대부분 이메일, 팩스 혹은 수기로 처리되고 있다. 이 과정은 느리고 비효율적이며, 위조와 분쟁의 위험도 항상 내포하고 있다.

블록체인을 활용하면 모든 절차가 자동화되고 간소화될 수 있다. 물품이 생산되는 즉시 원산지 인증서가 자동으로 발급되고, 운송 중에는 IoT 기기와 GPS로 실시간 위치·온도·습도 등이 블록체인에 기록된다. 세관, 은행, 운송사 등 모든 관

련 기관은 데이터를 실시간으로 열람할 수 있고, 결제와 통관은 자동으로 연계된다.[11] 블록체인이 제공하는 불변성과 신뢰성 덕분에 수출입 업무 전반이 빠르고 정확하게 진행될 수 있는 것이다.[12]

─────────자유무역협정(FTA)의 적용 역시 블록체인 위에서 자동화될 수 있다.[13]

현재 전 세계 국가 대부분이 세계무역기구(WTO)에 가입하여 무역을 개방하고 있지만 개별 국가들은 국가 간 또는 지역 간 다양한 형태의 자유무역협정을 체결하고 있다. 문제는 자유무역을 위한 국가 차원의 정책적 노력과는 별개로, 일반 무역업자들은 복잡하게 얽힌 자유무역협정을 스스로 숙지하고 활용해야만 한다는 점이다. 이에 따라 각국 통상 당국은 'FTA 활용률'을 조사하여 특정 협정이 실무 현장에서 얼마나 활용되고 있는지를 분석하기도 한다.

FTA를 활용하는 경우, 수출자는 자사 제품이 해당 협정의 원산지 기준을 충족하는지 여부를 분석한 후 원산지 증명서를 포함한 관련 증빙서류를 직접 준비해야 하며, 경우에 따라 세관에서 진행하는 사전 심사 및 사후 검증도 감수해야 한다. 반면 FTA를 활용하지 않는 경우, 복잡한 과정 없이 일반 관세(MFN)로 통관되며, 애초부터 관세를 매기지 않는 특정 품목처럼 협정을 적용할 실익 자체가 없는 경우도 존재한다.

이처럼 FTA 활용률이 저조한 이유는 단순히 정보 부족 때문만은 아니다. 빠른 납기가 중요한데도 FTA 서류 검토에 상당한 시간이 소요된다면 오히려 FTA를 사용하지 않는 쪽이 실무적으로 유리한 경우도 있다.

복잡한 절차를 간소화하고자 최근에는 블록체인 기반의 FTA 자동 검증 플랫폼이 도입되고 있다. 예컨대 관세청 등이 시범 추진한 'FTA 원산지 자동검증 시스템'[14]은 기업의 생산 공정 데이터를 블록체인에 기록함으로써 각 부품의 원산지 비율과 누적 기준을 자동으로 판정하고, 필요한 즉시 원산지 증명서를 발급하거나 세관 검증에 대비하기 위한 자료를 제출할 수 있도록 지원한다.

이러한 기술은 여러 중소기업에 특히 유용하다. 전문 인력이나 무역 지식이 부족한 기업도 시스템이 제공하는 자동 분석과 원산지 인증 기능을 통해 FTA 혜택을 손쉽게 누릴 수 있다. 또한 관련 자료는 모두 블록체인 위에 저장되어 위조나 누락의 우려가 없고, 필요 시 수입국 세관에도 신속하게 검증 자료를 전송할 수 있다.

이처럼 블록체인은 단순히 효율성과 안전성을 높이는 수준을 넘어 실제로 FTA의 실효성을 극대화하는 도구로 진화하고 있다. 궁극적으로는 국가 간 무역 정책과 민간기업의 업무 현장을 연결하는 '디지털 신뢰 인프라'로 자리매김할 것이다.

블록체인이 만들어내는 신뢰의 무역 혁신

한국에서 재배한 딸기를 싱가포르의 프리미엄 마켓에 진열하기까지는 4000km가 넘는 거리를 이동해야 하며 최소 네 단계 이상의 검역 및 통관 절차도 거쳐야 한다. 장거리 운송 과정에서 딸기의 신선도를 유지하려면 온도 0~2℃, 습도 90% 내외를 일정하게 맞춰야 한다. 단 한 번이라도 조건에서 벗어나면 눈에 보이지 않는 미세 곰팡이가 생겨 상품 가치가 급격히 떨어질 수 있다.

만약 운송 과정 전반을 블록체인과 사물인터넷 기술을 활용해 감시할 수 있다면 어떨까? 예를 들어 딸기 상자에 사물인터넷 센서(IoT 센서)를 부착하여 수확한 직후부터 배송이 완료된 때까지 온도, 습도, 진동과 같은 핵심 정보를 측정하고, 이를 블록체인에 실시간 기록하는 것이다.[15] 소비자는 그저 딸기 한 팩을 구매하는 것이 아니라 딸기가 언제 수확되었고, 어느 농장에서 출하되었으며, 어떤 경로를 따라 도착했는지 모두 확인할 수 있게 된다. 스마트폰으로 QR코드를 스캔하면 수확일, 이동 경로, 검역 통과 시점, 현지 마트 진열 시간까지 한 눈에 확인할 수 있다.

이러한 이력 추적 시스템[16]은 단순히 마케팅 요소가 아니라 소비자의 구매 결정을 좌우할 수 있는 중요한 정보가 된다. 실제로 일부 유통업체는 이력 정보가 투명하게 공개된 프리미엄 농산물을 일반 제품보다 더 높은 가격에 판매하고 있으며, 소비자들은 '눈에 보이는 신뢰'에 기꺼이 비용을 지불한다. 게다가 이 시스템은 국제무역에서 비관세 장벽을 감지하는 도구로도 활용될 수 있다. 예컨대 블록체인에 기록된 전체 물류 흐름 중 유독 검역·통관 과정에서 반복적으로 지연이 발생한다면 이는 의도적 지연 혹은 기술적 장벽 때문일 가능성이 있으며, WTO나 양자 협의 절차에서 문제를 제기할 수 있는 근거가 된다. 블록체인은 유통 기술을 넘어 국제 통상에서 공정성을 감시하는 도구로서도 기능할 수 있는 것이다.

이력 추적 시스템은 비단 농산물에만 적용되는 것이 아니다. 의약품, 냉장 수산물, 고가 전자부품 등 '정밀 물류(Temperature-sensitive Logistics)'가 필요한 산업 전반에 응용될 수 있다. 특히 의약품처럼 단 1℃ 차이로도 품질이 손상될 수 있는 경우, 실시간 물류 데이터 인증 시스템은 매우 효과적이다. 실제로 여러 글로벌 해운사가 참여한 GSBN(Global Shipping Business Network)이나 제품 출처를 인증하는 VeChain과 같은 플랫폼이 실무에 활용되고 있다.[17]

우리 일상에서도 이력 추적 시스템이 활용되는 사례를 쉽게 찾을 수 있다. 대표적인 예가 커피 원두다.[18] 여러분도 한 번쯤은 스타벅스 같은 유명 카페에서 니카라과산 원두를 접해본 적이 있을 것이다. 고산지에서 재배되는 니카라과산 원두는 향과 풍미가 좋아 전 세계 바리스타들에게 인기가 많다.

만약 한국에서 카페를 운영하는 김대한 씨가 니카라과의 커피 농장주인 훌리오 씨에게 원두를 수입하고 싶을 경우, 어떻게 그를 믿고 거래할 수 있을까? 중개인을 통하지 않고서는 그가 실제로 커피 농장을 운영하는 사람인지, 품질은 믿을 만한지, 배송은 제대로 이루어질지 확인하기 어렵다. 하지만 블록체인 기반 무역 시스템이 도입되면 이런 걱정은 상당 부분 줄어들 수 있다.

훌리오 씨가 보낸 원두 샘플을 받은 김대한씨는 블록체인상에 기록된 원두의 거래 이력과 생산 정보를 열람한다. 훌리오 씨의 원두에는 수확 전 니카라과의 날씨 정보부터 수확·건조·가공 과정 그리고 지난 몇 년 동안 한국까지 평균 배송 시간이 자동으로 기록되어 있다. 게다가 판매 이력, 소비자 만족도, 재구매 여부까지도 확인할 수 있다. 이것이 가능한 이유는 생산 과정과 거래 내역 모두 수정 불가능한 형태(immutability)로 블록체인에 남기 때문이다.

구매자는 대금 지급 문제로 걱정할 필요가 없다. 스마트 계약 기능을 통해 사전에 설정한 조건—예를 들어 '제품이 한국 세관을 통과한 뒤 품질검사까지 무사히 완료되었을 경우'—이 충족되면 자동으로 훌리오 씨에게 대금이 지급된다. 심지어 시스템이 더욱 발전한다면 원두가 최종 소비자에게 판매되는 순간에 맞춰 홍보비와 유통비를 제외한 순이익이 훌리오 씨에게 실시간으로 입금되도록 설정할 수도 있다. 이는 단지 거래를 자동화하는 데 그치지 않는다. 신용이 부족하더라도 작은 거래를 꾸준히 이어가며 스스로 신용을 쌓아갈 수 있는 구조를 제공한다는 점에서 더욱 주목할 만하다.

예를 들어 훌리오 씨가 사업을 시작한지 얼마 되지 않은 소규모 농부라 하더라도 원두 전달 과정과 평가 점수를 투명하게 기록함으로써 기존 금융기관이나 중개업체를 통하지 않고도 신용 기반을 쌓아갈 수 있다. 소규모 거래라도 정해진 조건을 충실히 이행하고, 스마트 계약을 통해 대금을 정확히 수령하면 그 기록이 훌리오 씨의 디지털 실적(on-chain reputation)으로 남게 되는 것이다.

만약 수입업체나 중개자가 원두의 품질이나 납기 이행에 우려를 표한다면 스마트 계약을 통해 최종 소비자의 구매가 확정된 이후에만 대금이 자동으로 분배되도록 설정할 수 있다. 이렇게 하면 생산자는 최종 품질과 납기 이행에 책임을 지고, 수입자는 대금을 미리 지급했을 때 감당해야 할 리스크를 줄일 수 있어 양측이 위험을 일정 부분 나누는 구조가 된다. 즉, 소비자의 만족이 입증되는 순간에만 결제가 이루어지므로 거래의 신뢰성과 안정성 모두를 확보할 수 있는 구조다.

이러한 방식은 단순히 개인 사업자의 리스크를 줄이는 데 그치지 않는다. 블록체인 기반 무역 시스템이야말로 소규모 거래를 반복하여 신뢰를 형성하는 새로운 비즈니스 모델을 구축한다는 점에서 무역의 문턱을 획기적으로 낮추고 경제 참여의 기회를 넓히는 강력한 도구가 될 수 있다.

즉, 블록체인은 자본보다 '신뢰'를 기반으로 무역과 비즈니스를 재편하고 있는 셈이다. 자본이 부족하거나 사업 경험이 전무해도 투명하고 정직한 거래로 신용을 쌓고 시장을 넓혀갈 수 있다면 그것만으로도 강력한 경제 활성화 수단이 될 수 있다. 이처럼 블록체인은 경제 구조를 근본부터 다시 설계하는 플랫폼으로서 기능하고 있다.

블록체인이 무역과 비즈니스의 판을 바꾸고 있다는 사실은 실제 수치로도 확인할 수 있다. 세계은행(World Bank)은 2024년 말 보고서[19]를 통해 스마트 계약 기반 무역 시스템이 전체 국제 무역의 약 17%를 대체하게 될 경우, 글로벌 교역 규모가 연간 1조 1천억 달러 이상 증가할 수 있다고 전망했다. 특히 기존 방식에 비해 거래 시간을 평균 70% 이상 단축하고, 비용을 최대 30% 절감할 수 있다는 분석도 더했다.

하지만 해결해야 할 과제 또한 명확하다. 우선, 국가 간 데이터 이동, 개인 정보 보호, 전자서명 및 전자계약 법적 효력 인정 등 법·제도 인프라가 제대로 정비되어야 한다. 또한 국가 간 데이터 연계를 위해 관세청, 무역 통계기관, 품질 인증기관 등 관계 기관 간의 기술 표준화와 국제 협력이 필수적이다. 무엇보다 직접 얼굴을 맞대지 않아도 서로를 믿고 거래하는 비대면 신뢰 구조에 대한 사회적 수용성을 높이기 위해 정부와 국제기구, 민간이 함께 참여하는 공공 파일럿 프로젝트가 병행되어야 할 것이다.

블록체인 기술이 무역을 연결하는 새로운 표준이 된다면 상품 출처와 품질은 물론 거래 조건과 신용까지도 실시간으로 공유되는 진정한 투명 무역시대가 열릴 것이다. 그 출발은 우리가 마트에서 고르는 딸기 한 팩, 카페에서 마시는 니카라과 커피 한 잔일 수 있다.

흐름을 주도하는 시스템 설계자

여태까지 소개한 블록체인 기반의 쇼핑, 결제, 회계, 무역 시스템은 더 이상 이론에 머무르지 않는다. 이미 일부 정부와 기업에서는 시범적으로 도입하여 운영 중이고, 그중 일부는 상용화 단계에 진입했다. 그럼에도 여전히 많은 사람들이 블록체인을 코인 투기용 기술 정도로만 생각한다. 그 잘못된 인식이 오히려 누군가에게는 기회의 문이 되기도 한다.

여기서 중요한 질문은 블록체인 기술은 과연 실현 가능한가가 아니라 블록체인 기술이 일상에 자리했을 때, 우리가 시스템 사용자에 머무르지 않고 설계자가 되려면 지금 당장 무엇을 해야 하는가이다. 당신이 소상공인이라면 정산 지연을 없애는 블록체인 결제 시스템을 누구보다 먼저 도입할 수 있다. 당신이 소비자라면 투명성과 안전성을 보장하는 플랫폼을 일찍이 선택하여 블록체인 생태계에 기여할 수 있다. 만약 당신이 정책 설계자라면 기존 시스템을 넘어서는, 효율적이고 자동화된 블록체인 행정 인프라를 고민해야 할 시점이다.

시장은 당신을 기다려주지 않는다. 누가 먼저 문을 열고 들어가느냐에 따라 중심이 바뀌고, 기회는 새로운 손에 넘어간다. 지금 이 책을 읽고 있는 당신 앞에 그 문이 열려 있다면 당신은 어떻게 하겠는가?

지금 당장 어디서부터 시작할 수 있을까?

이제부터는 하나하나 쉽게 풀어보자. 당신이 작은 쇼핑몰을 운영 중이라면 블록체인 시스템을 아래 순서대로 하나씩 적용해볼 수 있다.

내 가게에 스마트 계약 도입하기

블록체인 기술은 이제 개발자만의 영역이 아니다. 디지털 지갑 생성부터 자동 정산 시스템 연동까지 블록체인 기반 결제 시스템을 누구나 자신의 비즈니스에 적용할 수 있다. 지금부터 블록체인을 실전에 적용하는 방법을 단계별로 알아보자.

Step 1. 내 손안의 은행, 암호화폐 지갑 만들기

블록체인을 활용하려면 가장 먼저 '지갑'부터 만들어야 한다. 지갑은 블록체인상에서 돈을 보관하거나 주고받는 공간으로 일종의 디지털 은행 계좌라 할 수 있다. 지갑은 앱 형태로 제공되며, 대표적으로 카카오에서 제공하는 클립(Klip), 글로벌 표준으로 통하는 메타마스크 그리고 국내 거래소 기반 업비트, 코인원, 빗썸 앱이 널리 사용되고 있다. 클립을 사용할 경우 스마트폰에 앱을 설치하고 간단한 인증만 거치면 곧바로 지갑 주소가 생성된다. 은행 계좌를 만드는 것보다 훨씬 쉽고 빠르다.

Step 2. 내 가게에서 블록체인 결제를 받으려면?

지갑을 만들었다면 이제 손님이 블록체인으로 결제할 수 있는 환경을 구축해보자. QR코드를 활용한 암호화폐 결제가 가장 보편적인 방식이다. 이를 위해선 결제 게이트웨이 서비스가 필요하다. 코인플러그나 클립페이(Klip Pay) 같은 서비스를 연동하면 된다. 설정도 어렵지 않다. 서비스에 가입하고 결제용 QR코드를 생성해 매장에 부착하면 끝이다. 손님이 QR을 찍고 코인으로 결제하면 금액만큼 가맹점 지갑으로 입금된다.

Step 3. 수작업 없이 자동 정산, 스마트 계약 도입하기

결제로 끝이 아니다. 택배비, 세금, 공급업체 대금 등 각종 정산 업무가 뒤따른다. 이를 자동으로 처리해주는 것이 바로 스마트 계약이다. 이미 여러 플랫폼에서 스마트 계약 템플릿을 제공하고 있다. Klaytn IDE,[20] Unibright, Chainlink Functions 등이 대표적이며, 하이퍼레저 패브릭[21] 기반 한국어 플랫폼도 존재한다. 이런 도구를 활용하면 사전에 조건을 설정할 수 있다. 예를 들어 '고객이 100코인을 결제하면 판매자에게 80%, 물류업체에 10%, 세금 예치금으로 10% 자동 분배' 같은 식이다. 여기서는 블록체인 컨설팅이나 자동화 패키지를 제공하는 기업의 도움을 받는 것도 좋다.

Step 4. 회계 프로그램과 연결하여 전 과정을 자동화하기

정산 기능이 아무리 잘 구현되어 있다고 하더라도 기업 내부의 회계 프로그램이나 ERP(Enterprise Resource Planning)[22] 시스템과 제대로 연동되지 않으면 손수 데이터를 옮기고 정리해야 한다. 이러한 문제는 ERP 시스템과 블록체인을 통합하면 해결될 수 있다. 현재 대표적인 글로벌 ERP 소프트웨어인 SAP[23]는 '유니브라이트(Unibright)'[24]와 연동되어 자동화 기능을 지원한다. 국내 사례로는 NHN이 운영하는 '두레 ERP' 시스템이 있다. 두레 ERP 시스템은 회계 및 자원 관리의 효율화를 위해 외부 시스템과의 연동 기능을 지원하고 있다. 이를 활용하면 블록체인 기반 자동 정산 시스템과 통합도 가능하다. 또한 카카오의 기업용 IT 서비스인 카카오엔터프라이즈나 블록체인 기술 회사 람다256의 플랫폼 역시 서로 다른 시스템 간 데이터나 기능을 주고받을 수 있는 방식인 API(Application Programming Interface) 연동[25]을 폭넓게 지원하고 있다. 기업은 자신이 사용하는 회계 프로그램이 API 연동을 지원하는지 먼저 확인한 다음, 해당 회계 시스템과 연동되는 스마트 계약을 중개 플랫폼에 문의한다. 그러면 매출, 비용, 세금 등 모든 정보가 자동으로 블록체인에 기록되고, 정산되는 시스템을 구축할 수 있다. 이는 특히 중소기업이나 자영업자에게 회계의 정확성과 효율성을 동시에 제공할 수 있는 큰 전환점이 될 수 있다.

Step 5. 개별 구축이 어렵다면 '통합형 쇼핑몰 플랫폼' 활용하기

단계별로 자체 시스템을 구축하기 어렵거나 시간이 부족한 경우에는 블록체인 결제 기능이 탑재된 외부 결제 플랫폼을 활용하는 방법도 있다. 대표적으로 '페이코인(Paycoin)'과 '빗썸페이(Bithumb Pay)'[26]는 QR코드 또는 바코드를 통해 암호화폐 결제를 지원하며, 실제 여러 쇼핑몰과 오프라인 매장에서 연동되어 사용되고 있다. 상품 등록 후 이들 플랫폼의 결제 모듈을 연동하면 별도의 개발 과정 없이도 암호화폐 결제 환경을 구현할 수 있어 소규모 사업자에게 실용적인 대안이 될 수 있다.

사업자가 아니라도 경험해볼 가치가 있는 블록체인 인프라

한때 전문 개발자만이 다룰 수 있던 블록체인 기술을 이제는 누구나 사용할 수 있게 되었다. 스마트폰 앱으로 몇 가지 기본 설정만 마치면 코인으로 결제를 받고, 자동으로 정산까지 하는 시스템을 손쉽게 갖출 수 있는 시대다. 위에서 소개한 절차는 단지 사업자만을 위한 것이 아니다. 블록체인이 신뢰를 기반으로 한 디지털 화폐 시스템으로 자리를 잡아가는 만큼 개인 간 거래에도 얼마든지 활용할 수 있다. 예를 들어 프리랜서 간 용역 대금 정산이나 중고 거래, 소규모 투자 수익 분배 등에도 적용 가능하다. 다만 이처럼 확장성이 뛰어난 기술일수록 반드시 법과 제도의 범위 내에서 합법적이고 윤리적인 방식으로 활용해야 한다. 이미 많은 기능이 상용화된 만큼 우리나라의 세법·전자상거래법·금융 관련 법규와 충돌은 없는지 충분히 검토 후 사용하는 것이 바람직하다. 블록체인은 단순히 유행 기술이 아니라 향후 모든 거래와 계약의 기본이 될 수 있는 가능성을 품고 있다. 오늘 시도하는 이 한 걸음이 미래의 일상이 되는 기반이 될 수 있음을 기억하자.

도약을 위한 제약, 블록체인이 일상이 되는 세상을 꿈꾸다

블록체인은 분명 강력하고 혁신적인 기술이지만 모든 문제를 완벽하게 해결해주는 만능 도구는 아니다. 현실에서 블록체인을 실제로 도입하고 활용하려면 기술 외에도 다양한 법적·사회적·운영상의 제약과 마주하게 된다.

블록체인을 도입하려 할 때 가장 먼저 부딪히는 장벽은 초기 설정이 복잡하다는 점이다. 스마트 계약은 조건과 변수, 예외 처리를 포함한 논리 구조를 프로그래밍 언어로 구현하는 계약 코드다. 예컨대 '구매자가 상품을 수령한 사실이 확인되면 대금이 자동으로 지급된다'는 조건도 실제로는 여러 예외 상황을 포함해야 하며, 모든 과정을 설계한 뒤 블록체인에 업로드하고 나면 변경은 불가능하다.[27] 이는 곧 한 번의 설계 실수도 되돌릴 수 없게 한다는 점에서 높은 신중함과 전문성을 요구한다. 따라서 스마트 계약을 실무에 도입하려면 반드시 전문 개발자, 법률 자문가, 블록체인 컨설팅 전문가의 협력이 필요하다.

또한 블록체인은 자동화에는 탁월하지만 사람의 판단이 요구되는 순간에는 한계를 드러낸다. 예를 들어 고객이 제품에 결함이 있다고 문제를 제기할 경우 시스템은 이를 자동으로 판별하지 못한다. 불량은 명확한 수치로 판별하기 어렵고, 평가하는 사람의 주관에 따라 달라질 수 있기 때문이다. 이처럼 블록체인이 처리하지 못하는 정보를 외부에서 가져와야 할 때는 '오라클(oracle)'이라는 외부 정보 중개 시스템이 필요하다.[28] 하지만 오라클 자체도 신뢰성과 정확성이 입증되어야 하므로 정보 출처와 판단 기준의 공신력을 확보하는 것이 필수다.

이 외에도 기술 활용에 따른 진입 장벽은 여전히 큰 문제다. 디지털에 익숙한 세대에게 암호화폐 지갑을 생성하거나 스마트 계약을 실행하는 과정은 어렵지 않을 수 있지만 그렇지 않은 세대에게는 모든 과정이 낯설고 어렵게 느껴질 수 있다. 따라서 블록체인 기술을 잘 몰라도 사용할 수 있도록 사용자 경험(UX)과 사용자 인터페이스(UI)를 대폭 단순화한 '서비스형 인터페이스(DaaS)' 개발과 보급이 절실하다. 그렇지 않으면 기술은 존재하되 누구도 제대로 활용하지 못하는 도구로 전락할 수 있다.

무엇보다 법적 기준과 제도를 정비하는 게 중요하다.[29] 현재 한국을 포함한 대부분의 국가에서 스마트 계약의 법적 효력, 책임 소재, 세무·회계 처리 방식 등에 대한 명확한 기준이 마련되어 있지 않다. 불확실한 기준은 분쟁을 불러오고, 투자자나 사용자에게 불이익을 줄 수 있다. 따라서 블록체인 기술을 도입하려는 기업이나 사업자는 사전에 반드시 세무·회계·법률 전문가 등에게 자문을 거쳐야 하며, 기술 도입의 범위와 법적 책임의 한계를 분명히 해야 한다.

블록체인은 분명 높은 기술적 가능성을 지닌 분야지만 그 가능성이 실현되기 위해서는 반드시 법과 제도, 사용자 편의성, 외부 데이터와의 연결성까지 모든 요소가 함께 갖춰져야만 한다. 혁신만으로는 부족하다. 블록체인 기술을 일상에 안착시키기 위해서는 현실과 기술 사이에서 균형을 고민하는 주체가 필요하다.

오라클이란 무엇인가?

오라클(oracle)은 외부 데이터를 블록체인 안으로 가져와 스마트 계약이 조건을 판단할 수 있도록 해주는 시스템이다. 예를 들어 날씨, 주식 가격, 환율, 스포츠 경기 결과 등 블록체인 외부에서 수집한 정보를 블록체인에 전달하는 것이다.

이 용어는 고대 그리스의 '신탁(神託)' 개념에서 유래했다. 고대인들은 신의 뜻을 알기 위해 오라클이라는 예언자 혹은 제사장에게 질문을 던졌고, 오라클은 신의 메시지를 해석해 인간에게 전달했다. 이와 유사하게 외부 데이터를 판별하지 못하는 스마트 계약은 현실의 데이터를 '예언자'처럼 전달해주는 중개자가 필요한 것이다.

흥미롭게도 비슷한 장치가 영화 '매트릭스'에서도 등장한다. 자신이 가상현실 속에 갇혀 있다는 사실을 자각한 주인공 네오는 자신의 운명을 예언하는 오라클과 만나게 된다. 오라클은 네오에게 현실과 가상 세계 사이에서 무엇이 진실인지, 어떤 길을 가야하는지 알려주며, 그가 자신의 역할을 깨닫도록 돕는 역할을 수행한다.

블록체인에서 오라클도 유사한 역할을 한다. 블록체인이 외부 세계의 정보를 스스로 해석하지 못하는 상황에서 오라클은 그 정보를 의미 있게 가공하여 스마트 계약에 전달하는 중개자 역할을 한다. 오라클 시스템은 대부분 소프트웨어로 구성되며, 자동화된 API 호출, 센서 연결, 공인된 외부 기관이 데이터를 입력하는 방식 등 다양한 방법으로 외부 정보를 수집한다.

예를 들어 기상청 API와 연결된 오라클은 자동으로 날씨 정보를 불러오고, 스마트 계약은 그 데이터를 토대로 비가 왔을 경우 보험금을 자동으로 지급하는 것이다.

인터넷의 자유화

블록체인이 여는
새로운 인터넷 질서

살맛나는 창작자, 창작물의 주권을 되찾다

네이버, 다음, 구글 등 주요 포털 사이트가 인터넷 세상을 지배한 지 꽤 오랜 시간이 지났고, 우리는 이들 플랫폼에서 운영하는 커뮤니티에 영상을 올리거나 글을 쓰는 등 다양한 창작 활동을 해왔다. 그러다 운이 좋게 내 콘텐츠가 인기를 끌게 되면 커뮤니티의 가치도 함께 올라가곤 했다. 하지만 거기서 얻은 혜택 대부분은 내가 아닌 플랫폼 기업의 수익으로 돌아갔다.

물론 유튜브처럼 수익 배분 구조를 갖춘 플랫폼도 존재한다. 그러나 여기서도 모호한 기준으로 창작자에게 돌아갈 수익을 차단하거나 콘텐츠 노출을 제한하는 일이 빈번히 벌어진다. 이는 기술적 오류가 아니라 권한을 일방적으로 쥐고 있는 구조 때문이다. 인터넷 생태계는 지금 어디까지나 기업 중심으로 설계되어 있으며, 개인 창작자는 거대한 플랫폼 구조 안에서 컨텐츠 생산자이자 데이터 공급자 역할에 머무를 뿐 결정권이나 주도권을 지닌 실질적인 주체로 인정받기 어렵다. 결과적으로 인터넷은 수많은 다윗들(개인 사용자)이 골리앗(거대 플랫폼 기업)과 경쟁하는 기울어진 운동장이 되어버렸다.

현재 불공정한 질서의 틈을 비집고, 블록체인을 기반으로 한 인터넷 커뮤니티 구조가 현실적인 대안으로 부상하고 있다. 이는 기존 플랫폼과는 다른, 다음과 같은 혁신을 담고 있기 때문이다. 첫째, 운영 주체가 기업에서 사용자로 이동한다. 여기서는 운영자가 임의로 규칙을 만들거나 댓글을 삭제할 수 없다. 모든 규칙은 스마트 계약과 커뮤니티 투표를 통해 참여자가 직접 결정하고, 그 과정은 블록체인 위에 영구히 기록되며 누구나 확인할 수 있다. 둘째, 창작의 권리가 창작자에게 귀속된다.[30] 예를 들어 내가 올린 시 한 편, 댓글 한 줄, 그림 파일 하나도 고유한 디지털 자산으로 인정받는다. 플랫폼에서 그 콘텐츠를 통제하거나 소유권을 주장할 수 없다. 내가 창작한 콘텐츠는 토큰화되어 고유성을 지니고, 소유권이 명확히 보장되며, 커뮤니티 보상 시스템과 연결되어 실제 수익으로 이어질 수 있다. 셋째, 디지털 공간에서 벌이는 활동은 더 이상 기업의 데이터베이스에 종속되지 않는다.[31] 나의 창작물과 활동 이력은 분산형 기록 구조 안에 존재하며, 영구히 나의 디지털 자산으로 보존된다.

'내 창작물로 벌어들인 소득 전체가 나의 몫이 되는 세상'

이것이 바로 블록체인이 열어주는 새로운 인터넷 질서다.

참여 민주주의를 담은 그릇, 웹 커뮤니티

인터넷은 단순히 정보를 유통하는 공간에 머무르지 않는다. 오늘날 디지털 공간은 여론을 형성하고 사회를 움직이는 거대한 공론장이 되었다. 우리는 무심코 인터넷 뉴스 댓글을 훑고, SNS에 떠도는 이야기를 접하며, 포털 검색 순위와 알고리즘이 이끄는 대로 세상을 인식한다. 그런데 그 공론장은 과연 얼마나 공정하다고 할 수 있는가?

인터넷 공간은 현재 매우 편향된 방식으로 굴러가고 있다. 특정 게시물 또는 댓글이 포털 운영자의 판단에 따라 삭제되거나[32] 알고리즘에 의해 일부 콘텐츠가 우선 노출되기도 한다. 매크로를 활용한 댓글 조작 사건, 검색어 순위 조작[33] 의혹 등이 계속해서 등장하고 있으며, 그 배경에는 운영 권한이 소수에게 독점된 구조적 문제가 있다.

중앙 집중형 플랫폼 구조에서는 사실상 기업이 여론을 조작할 수 있다. 특정 키워드를 삭제하거나 불리한 글을 지우고, 정치적으로 편향된 콘텐츠만 노출하는 게 기술적으로 어렵지 않다. 이에 실명제를 도입하자는 논의도 있었지만 개인정보 보호와 감시사회에 대한 우려 속에 실현되지 못했다. 오히려 실명제는 통제를 제도화하는 또 다른 위험을 낳을 수 있었다. 그렇다면 여론의 왜곡을 막을 해법은 정말 없는 걸까?

블록체인 기술이 새로운 해결책이 될 수 있다. 블록체인은 더 이상 대형 포털의 틀에 갇히지 않고도 인터넷을 이용할 수 있게 해주는 기술적 기반을 제공한다.[34] 특히 인터넷 사용자는 사이트에 실명을 등록하지 않아도 본인이 소유한 블록체인 지갑을 통해 자신이 누구인지 증명할 수 있고, 모든 사용 이력에 투명성을 보장받을 수 있다. 필요하다면 누가 어떤 활동을 했는지 검증도 가능하다. 게다가 특정한 목적을 가진 외부 세력이 여론 조작을 시도하더라도 그 기록은 고스란히 분산원장에 남아 추적이 가능하다. 댓글 및 추천 수 조작, 유령 계정 활동 같은 비정상 행위는 시스템이 감지하고 차단한다.

블록체인으로 구축한 웹 커뮤니티는 단지 기술적 구조만 바꾸는 것이 아니다. 이는 여론 형성의 권한을 소수 운영자에게서 모든 사용자로 분산시키는 것으로 '권한은 위임받는 것이 아니라 참여로 형성된다'는 참여민주주의 철학과 일치한다. 이제는 사용자가 스스로 규칙을 만들고, 책임을 나누는 새로운 인터넷 시대로 나아갈 때다.

커뮤니티 참여를 위한 실전 가이드

앞서 설명했듯이 블록체인 기반 웹사이트는 개인정보를 요구하지 않는다. 그 대신 코인 지갑을 가지고 있어야 한다. 코인 지갑은 복제가 불가능하므로 지갑을 소유하는 것만으로 신원을 증명할 수 있다. 그렇다면 일반 사용자는 어떻게 참여할 수 있을까? 실제로 당신이 블록체인 커뮤니티에 참여하고 싶다면 다음과 같은 순서를 따르면 된다.

1. **지갑 설치하기**
   먼저, 스마트폰에 메타마스크 같은 블록체인 지갑 앱을 설치한다. 이 블록체인 지갑은 디지털 신분증이자 투표권의 역할까지 겸한다.
2. **커뮤니티 접속하기**
   렌즈 프로토콜(Lens Protocol) 기반 커뮤니티 플랫폼에 접속한다. 웹 브라우저에서 주소를 입력하거나 블록체인 커뮤니티 앱을 실행하면 된다.
3. **지갑 연결로 로그인**
   별도의 아이디나 비밀번호는 필요 없다. 지갑 하나를 연결하는 것만으로 사용자의 신원이 자동으로 인증된다. 한 개의 지갑이 하나의 신원만 증명할 수 있으므로 중복 계정 생성은 불가능하다. 다만 여러 개의 지갑을 생성하여 참여하는 문제가 지적되고 있으며, 이를 보완하기 위해 IP 주소 확인 등 기술적 방안이 논의되고 있다.

4. 참여하기

글을 쓰거나 댓글을 달면 그 내용은 블록체인에 영구 저장되어 플랫폼 운영자도 마음대로 바꾸지 못한다.

5. 수익 창출하기

당신의 게시물이나 댓글이 사람들의 주목을 받으면 NFT로 발행되어 수익으로 이어질 수도 있다. 사용자가 콘텐츠를 공유할수록 더 많은 보상이 지갑에 들어온다.

사용자의 커뮤니티 참여를 돕는 주요 블록체인 기술과 서비스는 다음과 같다.

- Lens Protocol: 폴리곤(Polygon) 블록체인 위에 구축된 탈중앙 소셜 플랫폼이다. X(구 트위터)에서처럼 글을 쓰고, '좋아요'를 누르고, 댓글을 다는 모든 활동이 NFT 형태로 저장되어 유저가 데이터의 소유권을 갖는다.[35]
- Arweave(AR): 인터넷에 남긴 기록은 완전히 지워지지 않는다고 하지만 정말로 영구 보존이 가능한 저장소가 있다면 어떨까? Arweave는 한 번 저장된 글이나 이미지, 댓글을 검열 없이 영원히 보관한다. 누구도 이를 삭제하거나 조작할 수 없다.[36]
- Mirror.xyz: 이더리움 기반으로 작동하는 콘텐츠 플랫폼이다. 블로그 글, 시, 창작 콘텐츠 등을 NFT로 발행하고 직접 수익화할 수 있다.[37]
- ENS, WalletConnect: 실명이 아닌 지갑 주소 하나만으로 인증을 가능하게 한다. 중복 계정 생성 및 매크로 조작 방지를 위한 인증 시스템이다.

그렇다면 왜 이런 구조가 중요할까?

블록체인 기반 커뮤니티는 기술 혁신을 넘어 인터넷 문화 자체를 바꿔놓을 수 있다. 그 변화의 양상은 다음과 같다.

첫째, 콘텐츠 소유권이 온전히 창작자에게 돌아오고, 창작의 방향을 더 이상 플랫폼에 맞추지 않아도 된다. 창작은 자신의 가치를 확장하는 과정이 된다. 이는 보다 자유롭고 실험적인 표현을 가능하게 하고, 개인의 창의성을 자산화할 수 있는 생태계를 형성한다. 예를 들어 애플은 앱스토어 생태계 일부를 외부 개발자에게 개방하면서 창의적인 아이디어만으로도 앱을 출시하고 수익을 얻을 수 있는 길을 열어주었다. 이는 애플의 주력 상품인 아이폰의 가치를 더욱 높이고 플랫폼 전체를 풍요롭게 하는 원동력이 되었다. 마찬가지로 블록체인 커뮤니티에서 활동하는 창작자들 역시 자신의 콘텐츠를 NFT로 발행하고, 생태계 전체에 활력을 불어넣는 주체가 될 수 있다.

둘째, 익명성과 실명제를 둘러싼 오랜 논쟁에 새로운 해결책을 제시한다. 기존 인터넷에서는 실명제를 택하자니 개인정보 침해와 감시 우려가 따라오고, 익명제를 유지하자니 악성 댓글과 여론 조작 문제가 끼어들었다. 블록체인 기반 커뮤니티는 사용자에게 실명을 요구하지 않지만 사용자의 활동 이력은 지갑에 그대로 남는다. 다시 말해, 사용자는 익명을 유지하면서도 자신이 남긴 흔적에 책임을 져야 하는 것이다. 이는 '실명 없이 신뢰를 확보할 수 있는 구조'를 만들어내며, 감시나 억압 없이도 투명하고 건전한 인터넷 문화를 구축할 수 있는 새로운 대안이 된다.

결국 이 시스템은 기술이 만들어낸 '책임 있는 자유'를 실현하는 구조다. 그 자유는 우리가 지금껏 경험하지 못한 새로운 인터넷 시대를 열고, 공공성을 다시금 인식하게 할 것이다.

사회 시스템 전반의 진화

행정 시스템의 격변,
모든 행정이 스스로 작동하는 시대

주민센터의 민원 창구가 사라지다

"다음 주에 아기 출생신고 하러 가야 되는데, 연차 내야겠네."

출생신고를 위해 휴가를 낸다는 말이 더는 자연스럽지 않은 시대가 오고 있다. 과거에는 아이가 태어나면 평일 근무시간 중에 주민센터를 직접 방문해야 했다. 그곳에서 서류를 작성하고 줄을 서는 등 번거로운 절차를 거쳐야 했고, 신고를 마친 뒤에야 주민등록번호를 발급하고, 건강보험을 등록할 수 있었다.

블록체인 기술이 행정 시스템 전반에 스며들면 그 모든 과정이 완전히 달라질 수 있다. 산부인과에 출산 정보가 등록되면 병원 측은 해당 정보를 암호화하여 블록체인에 기록한다. 이를 행정 기관에서 실시간으로 감지하고, 자동으로 출생신고를 처리할 수 있게 되는 것이다. 이후 아이의 디지털 신분증을 발급하는 일부터 건강보험 등록, 예방접종 일정 관리, 양육수당 신청까지 모든 절차가 자동으로 연계된다.

아이가 태어난 순간, 행정 시스템이 자동으로 이어지며 출산은 가족 내부의 일을 넘어 사회 시스템의 출발점이 되었다. 새로운 생명의 탄생만으로도 모든 행정이 스스로 작동하는 시대가 열린 것이다.

전입신고 역시 마찬가지다. 전세 계약서나 주택 매매 계약서가 블록체인에 등록되어 있다면 계약서에 명시된 거주 시작일이 되는 순간 휴대폰 앱에서 '거주 시작' 버튼을 누르기만 하면 된다. 그 순간 주소지 변경, 주민등록 갱신, 우편물 배송지 수정 등 모든 행정 절차가 자동으로 완료된다. 이는 편의를 넘어 불필요한 행정 비용을 획기적으로 줄이는 구조적 혁신이다.

알고리즘이 예측하는 복지 사각지대

"저는 지적장애가 있는 아이를 돌보던 엄마였습니다. 그런데 교통사고로 갑자기 세상을 떠났어요. 그 아이는 홀로 남았고, 아무도 복지기관에 연락하지 않았습니다."

누군가는 여전히 복지제도 밖에 방치되고 있다. 현재 복지 행정은 '신청자 중심 구조'이기 때문에 돌봄이 필요한 아동이나 노인, 장애인은 제도적 혜택을 받기 어렵다. 이러한 문제를 해결하기 위해 대한민국 정부에서는 '복지 사각지대 발굴·관리 시스템'[38]과 같은 AI 기반 복지 정책을 운영하고 있다.

복지 사각지대 시스템은 행정안전부, 지자체 등 여러 기관이 보유한 데이터를 통합 분석해 취약 계층을 조기에 식별한다.[39] 그러나 AI 시스템만으로는 한계가 있다. 정보는 여전히 수많은 기관에 흩어져 있고, 각 기관이 보유한 데이터는 제대로 연결되지 않기 때문이다. 아동의 장애 관련 정보는 복지부, 보호자의 사망 사실은 병원, 생활비 지출 내역은 금융기관에 흩어져 있어 이를 한눈에 파악하려면 많은 시간이 걸릴 것이다. 블록체인은 기관별로 분산된 데이터를 연결하는 데 결정적인 역할을 할 수 있다.* 각각의 정보가 블록체인에 저장되어 있다면 각 기관이 보유한 데이터가 안전하게 연계될 수 있고, AI는 모든 정보를 종합해 복지 사각지대 발생 가능성을 사전에 예측할 수 있다.

---

* 지금도 데이터 공유는 가능한데 왜 '분산원장'이어야 할까?
분산원장(블록체인)을 이용하면 각 기관이 정보를 따로 보관하면서도 위변조 우려 없이 실시간으로 연결할 수 있다. 정보가 안전하게 연결되면 AI는 위기 징후를 빠르고 정확하게 파악할 수 있어 복지 사각지대가 줄고 정책 투명성이 크게 높아지는 것이다.

예를 들어 보호자의 지출 기록(식비, 병원비, 교통비 등)이 갑자기 중단되면 이는 긴급 위험 신호로 간주된다. 이 경우 아동 명의의 블록체인 지갑으로 긴급지원금이 자동 입금되고, 해당 지원금 사용 내역을 추적해 돌봄이 제대로 이루어지고 있는지 실시간으로 파악할 수 있다. 만약 지원금 사용 내역에서 또 다른 이상이 감지되면 복지 전문가의 현장 파견이 자동으로 이루어진다.

이처럼 복지 행정을 대응 행정에서 예측 행정으로 만들어 갈 수 있다. AI가 이상 징후를 분석하고, 블록체인이 정보를 안전하게 연결하는 구조를 통해 우리는 다음과 같은 질문을 던질 수 있다.

'복지란 신청해야만 주어지는 것이 아니라 상황에 따라 자동으로 반응하는 체계여야 하지 않을까?'

신원 증명의 놀라운 혁신, 블록체인 신분증

2024년 미국 대선을 앞두고 뜨거웠던 쟁점 중 하나는 '신분증을 요구하지 않는 투표 제도'였다. 대한민국 국민에게는 다소 낯설게 느껴질 수 있지만 미국의 많은 주에서는 투표 시 신분증을 요구하지 않는다. 이는 식민지 시절부터 이어져 온 주권 중심주의와 개인 권리를 우선시하는 문화에서 비롯한 것이므로 연방정부가 모든 주에 동일한 신분 확인 절차를 강제하기는 구조상 쉽지 않다. 역사적 배경 따위 아랑곳하지 않고 일방적으로 신분증 제출을 요구하는 일에 미국인 다수가 거부감을 느끼는 것도 사실이다. 그러나 어떤 이유든 신분증을 요구하지 않는 투표 제도가 신뢰성에 의문을 불러일으킨 것은 부인할 수 없으며, 특히 부정 선거 우려로 공화당과 민주당 양측에 심각한 갈등을 일으켰다. 이에 대해서는 주 정부마다 입장도 엇갈렸다.

대안으로 떠오른 것이 바로 '블록체인 기반 신분증'이다. 한 번 블록체인에 기록된 정보는 바꿀 수 없고, 여러 컴퓨터에 나눠 저장되기 때문에 개인의 신원을 정확하게 증명하면서도 미국인들이 중시하는 프라이버시[40]를 보호할 수 있다는 점에서 주목을 받았다.

이론상 여권, 주민등록증, 운전면허증, 학생증 등 거의 모든 형태의 신분증을 블록체인으로 대체할 수 있다. 실제로 세계 여러 나라에서 블록체인 기반 신원 인증 시스템을 시범적으로 도입하고 있다. 에스토니아는 이미 디지털 ID 시스템에 블록체인 기술을 접목[41]하여 온라인에서도 행정 업무를 안전하게 처리할 수 있는 기반을 마련했다. 인도 정부도 'Aadhaar' 프로젝트[42]를 통해 전 국민 생체 정보를 바탕으로 블록체인 기술을 활용하는 방향을 검토 중이며, 싱가포르와 아랍에미리트 등도 디지털 신원 플랫폼에 블록체인을 접목하는 방안을 실험하고 있다.

신분증명서를 블록체인에 저장[43]하는 일은 기술적으로 어렵지 않다. 그러나 정보 활용 방식에 대한 규제는 여전히 미비하다. 예를 들어 블록체인 기반 신분증을 누군가에게 보여야 할 때 기존처럼 실물 카드로 제시할지, 디지털 지갑에서 QR코드를 보여줄지 분명한 기준을 마련해야 한다. 또 어떤 종류의 개인키를 인증 수단으로 삼을지도 논의해야 한다. 비밀번호처럼 단순한 방식부터 지문이나 얼굴 인식 같은 생체 정보를 활용하는 고도화된 방식까지 다양하다.

블록체인 기술이 일상에 자리하기 위해서는 사람들의 이해와 신뢰가 뒷받침되어야 한다. 새로운 기술에 대한 막연한 불안감, 특히 신분 정보가 블록체인에 저장된다는 사실 자체에 대한 심리적 저항감은 정책 추진의 장애 요인이 될 수 있다. 따라서 공공기관을 중심으로 한 단계적 시범 도입 등 국민의 이해도와 신뢰를 높이는 과정이 반드시 병행되어야 한다. 마치 스마트폰 결제 시스템이나 모바일 운전면허증이 점차 대중에게 확산되었듯 블록체인 기반 신분증도 일상 속에 스며들 수 있도록 충분한 테스트와 사회적 학습 과정을 거쳐야 할 것이다.

결론적으로 블록체인 기반 신분증은 기술적 진보를 넘어 선거의 공정성, 행정의 효율성 그리고 개인정보 보호라는 측면에서 중대한 가능성을 제시한다. 다만, 이를 실제 제도화하기 위해서는 기술·법제·사회 인식의 세 가지 축이 동시에 정비되어야 한다. 세 축이 균형을 이룰 때, 블록체인 신분증은 미래 사회의 핵심 인프라로 자리 잡을 수 있을 것이다.

인사 혁신을 불러오는 힘,
스마트 계약

법과 현실의 조화

─────법은 존재하지만 현실은 다르다

"사장님, 이번 달 월급 아직도 안 주셨어요."

"그걸 말이라고 해? 지난주에도 결근하고, 매번 지각에 핸드폰만 보잖아."

편의점 계산대 앞, 임금 체불을 주장하는 직원과 근무 태도를 지적하는 사장의 대화 속엔 책임과 권리 사이에서 충돌하는 노동 현실이 고스란히 담겨 있다. 누구의 말이 진실일까? 진술만으로는 판단하기 쉽지 않다. 누구의 말이 맞는지 증명하려면 명확한 근거와 객관적인 기록이 필요하다.

설령 복잡한 절차를 거쳐 판결이 내려졌다 하더라도 그것이 모든 진실을 반영한 결과인지는 확신하기 어렵다. 판단은 종종 불완전한 진술이나 단편적인 기억에 기반할 수밖에 없기 때문이다. 우리가 마주하는 노동 현장도 여전히 사람의 말과 감정, 기억에 기대고 있으며, 그 틈에서 생기는 불신은 지금도 수많은 갈등을 낳고 있다.

대한민국에는 근로기준법, 산업안전보건법, 고용보험법 등 노동자를 보호하기 위한 다양한 법령이 마련되어 있다. 고용주는 근로계약서 작성, 근무시간 준수, 주휴수당 지급과 4대 보험 가입 등의 의무를 지며, 노동자는 이에 따른 법적 권리를 보장받는다. 그러나 실제 현장에서는 노동자 보호를 위한 법령이 제 기능을 하지 못하는 경우가 빈번하다. 그렇다면 왜 잘 정비된 제도조차 실제 현장에서 효과를 발휘하지 못할까?

인력과 자원이 부족한 소규모 사업장에서는 적은 인원으로 복잡한 행정 업무를 처리해야 하기 때문에 절차를 간소화하거나 생략하는 일이 불가피하다. 반대로 비정규직 노동자들은 계약서를 작성하지 않은 채 일하거나 주휴수당을 받지 않고 퇴직하는 등 자신의 권리를 잘 알지 못해 손해를 보는 경우가 많다.

원인은 크게 복잡한 절차와 불확실한 결과로 나눌 수 있다. 법을 잘 숙지하고 지킨다고 해서 반드시 보상이 따르는 것도 아니고, 법을 어겼다고 해서 곧바로 처벌이 이루어지는 것도 아니다. 권리나 혜택을 보장받기 위해서는 복잡한 단계를 거쳐야 한다는 인식도 여전히 강하다. 고용주와 노동자 모두 이러한 구조에 불신을 품게 되는 것이다.

새로운 고용 인프라의 등장

불신이 채 씻기지 않은 불투명한 구조 문제를 해결하기 위해 블록체인 기술을 기반으로 한 고용 계약 시스템이 대안으로 떠오르고 있다. 스마트 계약 기능이 포함된 블록체인 기술을 활용하면 고용 조건에 따라 계약이 자동으로 이행된다. 예를 들어 고용주가 다음과 같은 조건을 스마트 계약에 설정해두는 식이다.

- 근무시간: 출퇴근 기록이 자동으로 저장되며, 초과근무 여부도 실시간으로 확인된다.
- 임금조건: 주 15시간 이상 근무 시 주휴수당이 자동으로 지급되며, 기준을 초과한 만큼 추가 수당이 자동 정산된다.
- 성과기준: 고객 응대 횟수, 판매 실적 등의 수치를 블록체인에 저장하고 성과 평가와 직접 연동할 수 있다.

노동자가 디지털 서명을 사용해 고용주가 설정한 조건에 동의하면 업무 기록과 성과 정보가 실시간으로 저장된다. 급여는 주간 또는 월간 단위로 자동 정산되며, 근무기록이 누락되거나 조건과 다르게 처리될 경우 노동자는 즉시 이의를 제기할 수 있다. 이는 단순히 '계약을 지킨다'는 수준을 넘어 계약이 반드시 이행되도록 기술로 강제하는 구조다. 상대의 의지나 준법 여부에 기대지 않고 조건이 충족되면 자동으로 계약이 실행되므로 투명성까지 확보할 수 있다.

또한 산업 재해가 발생할 경우, 해당 사고 정보가 실시간으로 블록체인에 기록되고 보험사에 자동으로 전송되어 지체 없이 보상이 이루어질 수 있다. 중재가 필요한 경우에도 주관적 판단에 의존하는 대신 탈중앙화 자율 조직(DAO)*을 기반으로 한 합의 시스템을 통해 공정한 판단을 이끌어낼 수 있다.[44]

이처럼 블록체인 기반 스마트 계약 시스템은 고용과 노동이라는 민감한 영역에서 객관성과 신뢰성, 효율성을 동시에 확보할 수 있는 기술적 대안으로 주목받고 있다. 비록 제도와 기술이 맞물리는 초기 단계에 머물러 있지만 실제로 몇몇 유럽 국가는 스마트 계약을 고용 현장에 시범적으로 도입하고 있다. 머지않아 블록체인 기술은 고용 계약 구조를 넘어 노동 형태까지 바꿔놓을 지도 모르겠다.

투명한 성과 평가, 조직 성공의 핵심 동력

오늘날 대부분의 조직은 연 1~2회 정기적으로 성과 평가를 실시하여 보상, 승진 등을 결정한다. 그러나 성과 평가가 반드시 공정하고 합리적인 기준에 따라 이루어지는 것은 아니다. 관리자 또는 평가자의 편향, 조직 내 정치적 역학, 심지어 비공식적인 인간관계까지 평가에 영향을 미칠 수 있다. 결국 같은 성과를 내도 평가 점수가 달라지고, 노력의 크기가 비슷해도 보상에는 큰 차이가 나는 불합리한 상황이 생긴다. 그러한 상황이 실제로 반복되면 평가 결과를 향한 불신이 조직 내에 깊게 자리 잡는다.[45]

---

* 탈중앙화 자율 조직이란 조직의 운영이 사전에 설계된 스마트 계약 코드에 의해 자동으로 실행되며, 구성원들이 공동의 규칙에 따라 분산적으로 의사결정을 내리는 시스템을 말한다.

불합리한 평가 구조는 직원들에게 무기력을 심어주고, 생산성과 혁신 의욕마저 저해할 수 있다. 성과 자체보다 '누가 어떻게 평가했는지'가 중요해질 때 자율성과 주인의식은 무너지기 쉽다.

─────── 공정하고 투명한 평가 구조는 조직의 신뢰 자산이 된다

성과 평가에도 블록체인 기반 평가 시스템이 활용될 여지가 충분하다. 예를 들어 블록체인 기술을 정량적 성과 평가에 접목하면 다음과 같은 혁신을 기대할 수 있다.

- 명확한 평가 기준이 사전에 공개되고, 누구나 이해할 수 있는 평가 구조로 재편된다.
- 성과가 자동으로 기록되며, 일시적 감정이나 주관적 판단이 개입될 여지가 사라진다.
- 성과와 보상이 실시간으로 연결되어 결과에 따른 즉각적인 피드백이 이루어진다.

만약 당신이 고객 서비스 분야에서 일하는 직원이라면 고객 만족도 조사 결과, 응대 건수, 고객 이탈률 등의 데이터가 자동으로 블록체인에 기록된다. 결근이 잦거나 고객 불만이 급증하면 시스템은 보너스나 인센티브 지급을 자동으로 유보하고, 관리자에게 개선 권고를 할 수 있다. 반대로 우수한 성과를 거둔 직원은 즉시 보상을 받아 동기 부여까지 자연스럽게 이어질 수 있다.

블록체인 기반 평가 시스템은 불확실성과 불신을 제거하여 노동자의 자율성과 책임감을 향상시킨다. 관리자의 눈치를 볼 필요 없이 성과 자체만으로 인정받을 수 있기 때문이다.

공무원 성과 평가 제도의 현 주소와 향후 과제

성과 평가 시스템의 문제는 비단 민간 기업만의 이야기가 아니다. 성과를 명확하게 측정하기 어려운 공무원 조직일수록 평가 체계에 신뢰성과 실효성을 확보하는 일은 더욱 중요한 과제가 된다. 공정한 평가와 정당한 보상 없이는 유능한 인재가 성장하기 어렵고, 이는 곧 정부의 집행력과 정책 경쟁력을 낮출 수 있기 때문이다.

우리나라 공무원 사회에서도 성과 평가 제도는 수십 년 전부터 존재했다. 2000년대 이후, 정부는 책임성과 효율성을 높이기 위한 시도로 성과계약제, 역량 평가, 다면평가 같은 제도를 도입했다. 그러나 공무원 조직에 뿌리내린 성과 평가 제도는 여전히 다음과 같은 구조적 한계를 안고 있다.

- 형식적인 평가 관행: 실적보다는 근무년수, 경력, 조직 내 평판 등이 평가에 더 큰 영향을 미치며, 실제 성과에 따른 보상 차이가 크지 않은 경우가 많다.
- 낮은 평가 신뢰도: 평가 기준이 분명하지 않거나 결과에 대한 설명이 부족한 경우, 피평가자들은 제도 자체를 믿지 못하고 방어적인 태도를 취하게 된다.
- 관리자의 평가 부담: 평가 주체가 평가서 작성에 부담을 느끼고, 객관성보다 편의성을 우선시하는 사례도 빈번하다.

한계가 명확한 구조에서는 우수한 인재가 인정받고 성장할 수 있는 환경을 만들기 어렵다. 실제 성과보다 상사와의 관계, 내부 평판, 근무 연차에 따라 평가가 달라진다면 공정성과 효율성을 크게 떨어뜨릴 수 있다. 정책을 성공적으로 집행하고 민관 협업을 확대해야 하는 요즘 자율성과 책임을 기반으로 한 성과 시스템이야말로 우리가 지향해야 할 공정 사회의 중요한 부분 중 하나다.

블록체인이 바꿀 공공 성과 평가의 미래

블록체인을 기반으로 한 성과 평가 시스템은 공공 부문에서도 다음과 같은 전환점을 마련할 수 있다.

- 데이터 기반 평가 체계 구축: 근태 기록, 프로젝트 기여도 등 업무 성과를 수치로 표현할 수 있는 영역부터 자동 기록 시스템을 적용하여 정성적 평가와 정량적 평가가 균형을 이루도록 할 수 있다.
- 객관적인 다면 평가: 다면 평가 시스템을 블록체인 위에 구현하면 알고리즘에 따라 동일한 기준으로 평가할 수 있어 상사와의 친밀도 같은 주관적 변수가 개입할 여지를 줄이고 공정성을 높일 수 있다.
- 성과 기반 보상 연동: 실시간 성과 연동 시스템이 개인의 실제 성과에 맞춰 자동으로 인센티브나 승진 기회 등을 제공하여 강력한 동기 부여를 이끌어낼 수 있다.

- 평가 공정성 및 신뢰 확보: 성과 평가 이력을 누구나 확인할 수 있는 구조는 평가 결과를 자의적으로 변경하거나 주관적 판단이 개입되는 위험을 차단하는 기술적 안전장치가 될 수 있다.
- 실시간 누적 평가 구조 확립[46]: 정기 평가에 의존하는 구조에서는 평가 시점에 실적을 종합하는 탓에 조작 유혹이나 성과 부풀리기 같은 문제가 생길 수 있다. 그러나 블록체인 기반 시스템에서는 업무 실적, 기여도, 협업 지표 등이 실시간으로 기록되고 반영되어 업무 태도와 성과를 지속적으로 평가할 수 있는 환경이 만들어진다. 평가를 실시간으로 누적하면서 조작 유인을 줄이고, 성실 근무를 강화하는 구조가 확립되는 것이다.

투명한 성과 평가는 공정하고 효율적인 조직을 만든다[47]

블록체인 기술은 조직을 보다 효율적으로 운영하도록 돕는 디지털 인프라가 될 수 있다. 또한 누구든 동일한 기준에 따라 성과를 평가받는 공정한 구조를 만드는 데 핵심적인 역할을 할 수 있다. 평가를 좌우하는 기준이 관계가 아닌 실제 성과로 전환될 때 자율성과 책임, 효율성과 신뢰가 어우러지는 새로운 행정·조직 생태계가 만들어지는 것이다. 블록체인은 분명 그 변화를 뒷받침하는 기술적 토대가 될 것이다.

환경 지킴이 블록체인,
지속 가능한 지구 환경을 꿈꾸다

기후 위기 담론과 죄수의 딜레마

　기후 위기를 둘러싼 국제 담론은 미국의 정치적 변화에 따라 방향이 완전히 달라지곤 한다. 트럼프 1기 행정부 시절 파리협약(Paris Agreement)에서 탈퇴한 미국이 바이든 행정부가 들어서며 다시금 파리협약에 가입한 사례를 통해 이를 확인할 수 있다. 다만, 정치적 이념은 차치하더라도 현대 산업 구조에서 막대한 탄소가 배출되고 있다는 사실만큼은 누구도 부정할 수 없다. 국제 에너지 기구(IEA)에 따르면, 전 세계 에너지 관련 탄소 배출량은 2023년 기준 약 368억 톤에 달하며 산업, 수송, 주거 등 다양한 부문에서 계속 증가 추세를 보이고 있다.[48]

　기후 변화 위기에 국제 사회의 협력을 역설하는 상황에서도 상당수 개발도상국에는 생존이 더 시급한 문제다. 이들 국가에 '지구가 점점 뜨거워지고 있으니 온실가스 감축에 동참해 달라'는 요청은 되레 선진국의 일방적인 책임 전가로 비칠 수 있다. 실제로 기후 위기 협상에서 일부 개발도상국은 기후 변화에 더 큰 책임이 있는 선진국이 자신들에게도 상당 수준의 감축 노력을 요구하는 점을 지적하며, 책임의 형평성을 강하게 주장하고 있다. 이는 자칫 기후 위기에 대처하기 위한 국제 협력을 실행보다 선언에 머무르게 할 수 있다.

한편, 파리협약은 전 지구적 합의를 바탕으로 각 당사국이 스스로 온실가스 감축 목표를 설정하고 이를 이행하도록 요구하고 있다. 대한민국도 이에 따라 2030년까지 2018년 온실가스 배출량 대비 40% 이상 감축하는 국가감축목표(NDC)를 제출한 상태다. 하지만 협약의 면면을 살펴보면 여기에도 '죄수의 딜레마(prisoner's dilemma)'와 유사한 메커니즘이 작동하고 있음을 알 수 있다.

즉, 모두가 협력하면 장기적으로 서로에게 이익이 되지만 특정 국가가 몰래 약속을 어기기라도 하면 그 국가만 더 큰 경제적 이익을 얻을 수 있는 구조인 것이다. 결과적으로 일부 선진국은 경제적 부담을 피하기 위해 참여에 소극적인 태도를 보이고, 개발도상국은 기술과 자금 부족을 이유로 감축 노력 요청에 불만을 제기한다. 이처럼 환경 문제 해결을 위한 국제적 책임 분담 구조 자체가 근본적으로 균형을 잃고 있는 상황이다.

환경 보호가 소득이 되는 구조

기후 위기를 근본적으로 해결하려면 현 구조를 개선해야 한다. 환경을 보호하는 행위가 곧 자국의 실질적인 이익으로 이어지는 시스템을 구축한다면 형식적인 참여를 넘어 지속적이고 자발적인 행동 변화를 이끌어낼 수 있다. 그 변화를 가져오는 핵심 도구로 블록체인 기술을 빼놓을 수 없다.

대표 사례로 탄소배출권 제도(carbon credit)를 들 수 있다. 이는 온실가스를 감축하거나 흡수한 주체에 일종의 '환경 통화'를 지급하는 방식으로 정부나 국제기구가 운영해왔다. 그러나 이 제도는 절차가 복잡하고, 신뢰 가능한 데이터 확보가 어려우며, 시장 참여자 간 정보 비대칭이 심하다는 문제점을 안고 있다. 특히 대기업이나 금융기관 중심의 시장 구조로 인해 실제로 감축 활동을 한 개인이나 중소업체가 적절한 보상을 받지 못하는 경우가 많다.

2022년 세계은행(World Bank)이 발표한 'State and Trends of Carbon Pricing' 보고서[49]에 따르면, 전 세계 탄소 시장에서 거래되는 크레딧 상당수가 중개자와 거래소를 거쳐 유통되고 있다. 그 과정에서 실제 감축 활동을 수행한 개인이나 조직은 탄소 시장 수익의 일부만 보상으로 받게 된다. 따라서 현장의 감축 성과를 직접 인증하고, 성과에 따른 보상을 즉시 제공하는 새로운 시스템이 필요하다.

블록체인 기술을 활용하면 블록체인상에 감축 활동 데이터를 기록하고, 자동 보상 체계를 구축할 수 있다. 가령 개인이 나무를 심거나 전기 사용량을 절감하는 활동을 하면 GPS, 스마트 센서, IoT 기기를 활용해 이를 실시간으로 기록하고, 블록체인에 등록함으로써 누구나 해당 기록을 검증할 수 있다. 그 데이터를 바탕으로 디지털 탄소 토큰이 자동으로 발행되어 감축을 실천한 이들에게 즉시 보상이 주어지는 구조가 실현될 수 있다.

조금 더 구체적인 예시로 살펴보자. 서울에 사는 김대한 씨는 매일 아침 회사 근처 스타벅스에서 커피 한 잔을 주문한다. 스타벅스는 ESG 경영 방침에 따라 탄소 배출권 또는 탄소 토큰을 구매해 탄소 중립 비용을 부담하고 있으며, 그 비용은 커피값에 포함되어 소비자가 간접적으로 치르게 된다. 그러나 김대한 씨는 자신이 부담한 비용이 실제로 환경에 어떤 기여를 하는지 전혀 알 수 없다.

블록체인 기반 탄소 배출 감축 플랫폼을 도입하면 김대한 씨가 지불한 비용이 실제로 어떻게 쓰이는지 투명하게 확인할 수 있다. 김대한 씨가 지불한 커피값 일부는 탄소 토큰 구매에 쓰이고, 그 토큰은 지구 반대편 우즈베키스탄에서 온실가스 감축을 위해 활동하는 티무르 씨에게 전달될 수 있다. 티무르 씨는 매일 대중교통을 이용하고, 매달 나무를 심으며, 밤 9시 이후 불을 끄는 생활을 이어간다. 온실가스 감축을 위해 티무르 씨가 일상에서 기울이는 노력은 IoT 센서, 위성 이미지, 지역 NGO 인증을 통해 블록체인 상에 기록되고, 노력에 따른 보상으로 공인 인증 기관에서 발행한 디지털 탄소 토큰이 티무르 씨에게 자동으로 지급된다.

이제 김대한 씨는 자신이 부담한 비용이 온실가스 감축을 위한 누군가의 구체적인 행동으로 이어졌다는 사실을 투명하게 추적할 수 있게 되었다. 나아가 김대한 씨 자신도 전기 절감, 대중교통 이용, 재활용 운동 등을 하며 디지털 탄소 토큰을 획득하는 주체로 전환될 수 있다. 이렇게 소비자가 언제든 직접 행동하고 즉시 보상받는 주체로 바뀌는 '활동 기반 환경 경제 시스템'이 구축될 수 있는 것이다.

활동 기반 환경 경제 시스템이 수놓는 미래

환경 보호 활동과 그에 따른 보상이 연결되는 구조를 현실에 적용한 여러 프로젝트가 속속 등장하고 있다. 예를 들어 스위스의 South Pole Carbon,[50] 싱가포르의 KlimaDAO,[51] 브라질의 Moss.Earth[52] 모두 블록체인 기반 탄소 크레딧 거래를 시도하며, 글로벌 기업들의 ESG 전략 수립에 기여하고 있다.

이제 환경을 지킨다는 말은 추상적인 구호가 아니다. 온실가스 감축 활동을 측정하여 실시간으로 데이터를 기록하고, 보상을 디지털로 지급하는 구조를 낳은 블록체인이 등장하면서 환경을 보호하는 주체에게 정당한 보상이 전달되는 길이 열리고 있다.

당신의 아이디어를
보호합니다

한때 일본에서 전 세계를 떠들썩하게 한 기술 특허 분쟁이 벌어졌다. 그 중심에는 오늘날 LED 기술의 핵심이라 할 수 있는 고휘도 청색 LED가 있었다. 일반적으로 LED는 빛의 3원색인 빨강(R), 초록(G), 파랑(B)을 조합하여 다양한 색을 만들어낸다. 그런데 1990년대 초까지만 해도 산업계는 청색 LED를 개발하지 못해 풀컬러 디스플레이와 백색광 LED 구현에 제약을 받고 있었다.

당시 여러 대기업도 어려워하던 청색 LED 개발에 돌파구를 마련한 인물이 일본의 니치아화학(Nichia)에 근무하던 연구원 나카무라 슈지(Shuji Nakamura)였다.[53] 그는 1993년, 질화갈륨(GaN) 화학물을 기반으로 실험을 거듭한 끝에 고휘도 청색 LED 개발에 성공했다. 청색 LED는 LED 조명, LCD 백라이트, 스마트폰, 전광판 등 다양한 분야에 응용되어 전 세계적으로 수조 원 규모의 산업적 가치를 창출했다.

하지만 그러한 성공 뒤에 청색 LED 특허의 소유권과 거기에서 나온 이익이 누구에게 돌아가야 하는지를 두고 격렬한 논란이 일었다. 당시 니치아는 일본 특허법에 따라 나카무라 교수의 발명을 '직무발명'으로 분류하였고, 그에게 장려금으로 2만 엔(약 20만 원)을 지급한 게 전부였다. 기술 가치는 수조 원에 달했지만 발명자는 그에 걸맞은 보상을 받지 못한 것이다.

이에 나카무라 교수는 회사를 상대로 소송을 제기했고, 법원은 1심에서 회사에 200억 엔(약 2000억 원) 상당의 금액을 나카무라 교수에게 지급하도록 판결을 내렸다. 이후 진행된 항소심에서 그는 약 8억 4,000만엔(약 84억원)을 받는 조건으로 니치아와 조정에 합의하며 사건은 일단락됐다. 그는 일본 언론과의 인터뷰에서 "일본의 직무발명 제도는 너무나 낙후되어 있다"며 깊은 유감을 표하기도 했다.[54]

이 사건은 단순히 개인과 대기업 간의 법적 다툼에 그치지 않는다. 이른바 '다윗과 골리앗'의 싸움으로 비유되지만 본질적으로는 기술과 아이디어가 언제 어떻게 생겨나고, 누구에게 귀속되어야 하는지를 투명하게 입증할 수 있는 시스템의 부재를 드러낸다.

만약 나카무라 교수가 니치아에 입사하기 전에 고휘도 청색 LED에 대한 핵심 아이디어와 실험 설계 과정을 구체적으로 문서화하고, 이를 위변조가 불가능한 방식으로 기록할 수 있었다면 어땠을까? 기술이 태동한 시점과 청색 LED 개발에 대한 그의 기여도를 법정 공방이 아니라 투명하게 검증할 수 있는 데이터로 확인할 수 있었을 것이다. 그리고 고용계약 과정에서 발명권과 성과에 따른 보상 조건을 명확히 설정하고 업무를 시작했을 가능성도 높다.

블록체인 기술을 활용하면 연구자는 아이디어 메모와 실험 기록, 관련 문서 등을 차례대로 블록체인에 남겨둘 수 있다. 훗날 법적 다툼이 벌어져도 발명권과 기여도를 객관적으로 입증할 데이터가 기록되는 것이다.

특허, 상표, 디자인, 로고와 같은 지식재산권에서 우선권은 먼저 출원한 자에게 주어진다. 따라서 중앙기관에 등록을 거치지 않은 개인의 아이디어를 제3자가 무단으로 활용할 경우, 이를 되찾거나 정당한 보상을 요구하는 것이 현실적으로 쉽지 않다.

하지만 블록체인을 지식재산권 관리 시스템에 전면적으로 도입한다면 이러한 문제를 획기적으로 개선할 수 있다. 예를 들어 아이디어가 처음 발현된 순간부터 기술 진척 로그를 타임스탬프와 함께 저장하고, 협력자가 연구에 동참할 때마다 스마트 계약에 자동으로 기여도를 반영하며, 이후 해당 기술이 상업화되면 계약에 따라 수익이 자동 배분되도록 할 수 있다.

이미 전 세계적으로 지식재산권 관리를 위해 블록체인을 도입하는 사례가 늘고 있다. IBM과 협력한 IPwe[55]는 특허를 NFT로 발행하고 글로벌 시장에서 거래할 수 있게 하는 플랫폼을 운영 중이다. 세계지식재산기구(WIPO)도 2020년부터 블록체인 기반 지식재산권 적용 가이드라인을 마련하며 정책 실험에 나섰다. 디지털 콘텐츠 창작자들을 위한 어스크라이브(Ascribe)나 베리스아트(Verisart) 같은 플랫폼은 디지털 아트, 디자인, 음악 등의 창작물을 블록체인에 등록해 창작자와 원본, 사용 이력을 보호하고 있다.

이처럼 블록체인은 개인의 창의성과 권리를 보호하는 구조를 확립하여 아이디어나 창작 과정도 실제 자산으로 인정받도록 할 수 있다. 특정 기업이 개인의 창작물에서 나온 수익 대부분을 가져가는 구조는 허물어지고, 아이디어가 나온 순간부터 창작권을 디지털 계약으로 증명할 수 있는 시대가 열리고 있는 것이다.

─────── 기술이 사회 정의의 수호자가 될 수 있을까

블록체인을 정의로운 기술이라 말할 수는 없다. 기술 자체만 놓고 옳고 그름을 따지기 힘들뿐더러 누가 어디에 사용하는지에 따라 전혀 다른 결과를 빚기 때문이다. 그러나 사회 전반에 퍼진 구조 문제를 해소하고자 할 때, 블록체인 기술은 투명성과 신뢰성을 제공하는 인프라가 될 수 있다.

특히 블록체인은 기존 시스템에 뿌리내린 불공정한 부분을 효율적이고 공정한 구조로 재편할 수 있는 잠재력을 지닌다. 복잡한 절차 없이도 출생이 자동으로 등록되고, 돌봄이 필요한 아동에게 알고리즘이 먼저 손을 내밀며, 노동자의 업무 성과와 창작자의 아이디어가 자동으로 입증되는 사회처럼 새로운 사회로 나아가게 하는 모든 변화는 기술이 신뢰를 보장하는 구조에서 이루어진다.

물론 블록체인 기술만으로 사회 정의를 구현하기란 쉽지 않다. 제도를 설계하는 정부, 서비스를 제공하는 기업, 이를 누리는 국민 모두의 참여와 이해가 필요하다. 아무리 뛰어난 기술이라도 그 기술을 향한 믿음이 깨지면 시스템 전체가 올바르게 작동하지 않을 수 있다. 따라서 기술을 도입하기 전에 국민이 그 목적과 절차를 명확히 이해할 수 있는 정책을 설계해야 하며, 시범 사업을 시행하는 등 국민이 경험을 쌓으며 제도에 익숙해질 수 있는 기회를 제공해야 한다.

기술은 인간의 사용을 기다리는 하나의 도구일 뿐이다. 그러나 선의가 담긴 그 도구를 공정하고 투명한 구조를 위해 사용하고자 할 때, 기술은 정의로운 사회의 선도자 역할을 할 수 있다.

정의란 말은 때로 감정적이고 추상적으로 들리지만 그것이 우리의 삶에서 눈에 보이는 형태로 실현될 때, 사람들은 비로소 정의를 믿게 된다. 블록체인은 그 과정을 코드로 구현하고, 자동화하며, 실시간으로 검증해 실행하는 기술이다. 이제 다시 질문을 던져보자.

'기술은 사회 정의의 수호자가 될 수 있을까?'

답은 이렇다. 인간의 마음과 제도가 향하는 곳이 정의일 때, 블록체인 기술은 정의로운 구조를 위해 사용될 것이다.

인공지능과 손잡은 블록체인

제로섬을 넘어선
새로운 투자 시장의 법칙

우리는 지금, 투자 방식과 구조가 근본적으로 뒤바뀌는 중요한 길목에 서 있다. 전통 금융 시장은 철저히 제로섬(zero-sum)의 논리로 움직였다. 정보를 선점한 사람이 이익을 얻고, 뒤늦게 진입한 사람은 그만큼의 손실을 떠안아야 했다.

하지만 블록체인 기술이 등장하면서 기존 투자 구조에 균열이 일어났다. 부동산, 미술품 같은 실물자산은 물론 채권, 전력 공급권, 농산물 수익권, 저작권 같은 무형의 권리마저 토큰화되어 손쉽게 거래할 수 있게 되었다. 거래와 소유권 이전이 복잡한 자산도 스마트 계약을 통해 수월하게 매매할 수 있게 된 것이다.[56]

또한 토큰화 자산은 코인처럼 언제 어디서든 거래가 가능하므로 모두에게 동등한 투자 기회가 주어질 수 있다. 자본이 자본을 부르는 선순환 구조를 만들 수 있는 환경이 마련된 것이다. 예전에는 큰 자본을 가진 소수만 가능한 구조였지만 이제는 직장인처럼 매달 일정 금액만 투자할 수 있는 사람도 다양한 자산에 분산 투자하며 꾸준한 수익을 기대할 수 있다. 이러한 변화는 경쟁에서 누군가의 손실이 곧 다른 누군가의 이익이 되는 구조를 넘어 다 함께 성장하는 '비제로섬' 투자 시대를 여는 토대가 된다.

이처럼 확장된 시장은, 그러나 복잡성이라는 새로운 장벽을 만들어 내기도 한다.[57] 전 세계에서 실시간으로 쏟아지는 수천수만 개의 토큰화 자산 중에서 수익성과 안정성을 모두 갖추고 계약 구조까지 신뢰할 수 있는 대상을 골라내는 일은 사실상 인간의 힘만으로는 불가능에 가깝다.

여기서 AI의 역할이 부각된다. 예를 들어 보자. 직장인 김대한 씨는 세후 월급 400만 원 중 250만 원을 생활비·부모님 용돈·대출 상환에 사용하고, 나머지 150만 원을 투자한다. 그는 목돈 마련을 위해 원금을 꾸준히 모으면서도 생활비를 조금 더 넉넉하게 쓰고자 매달 수익이 배분되는 투자를 선호한다. 김 씨는 AI 투자 앱에 적금처럼 매달 150만 원을 넣고, AI는 전 세계 투자 코인을 검색하고 분석해 가장 안정적이고 수익률이 높은 자산을 찾아낸다. 가령 AI가 영국 런던의 고급 백화점 매장 월세 수익을 나누어 받을 수 있는 토큰화 코인 정보를 포착하면 김 씨의 자금을 여기에 투자하는 식이다.

이 외에도 AI는 국제 원유 시장 데이터를 분석하여 산유국들의 석유 생산량 감소 조짐을 포착하고, 석유 선물 상품을 토큰화한 코인의 가치가 수개월 내 몇 퍼센트 상승할 수 있다는 의견을 제시한다. 김 씨는 AI가 제시한 정보를 바탕으로 가치 상승형 자산에 대한 투자 여부를 스스로 판단할 수 있다.

결국 블록체인과 AI의 결합은 선택이 아닌 필연이다. 실시간으로 투자 대상이 쏟아지는 지금, AI의 힘을 빌리지 않고는 최적의 기회를 포착하기 어렵다. 블록체인이 새로운 시장을 만들고, AI가 그 시장을 탐색하고 운영하는 핵심 동력이 되면서 더 많은 사람에게 기회를 제공하는 비제로섬 투자 환경이 완성된다.

AI가 골라준 맛집은 과연 맛있을까

일상에 스며든 AI는 이미 다양한 영역에서 우리의 삶을 바꿔놓았다. 이제는 일본 여행을 앞두고 굳이 서점에 들러 여행 서적을 들여다보지 않아도 된다. AI가 숙박비, 교통비, 명소 입장료까지 모두 고려한 맞춤형 일정표를 만들어주기 때문이다. 챗GPT(ChatGPT), 퍼플렉시티(Perplexity), 클로드(Claude) 같은 최신 AI는 수많은 여행 후기와 가격 정보를 학습해 가성비 좋은 여행지와 효율적인 이동 경로를 제공하고 있다.

물론 AI가 짠 일정표에도 의심의 눈초리를 숨길 수 없는 부분이 있다. 바로 맛집 정보다. 여행자에게 맛집은 교통편이나 숙소보다 더 중요한 것일 수 있다. 그런데 AI가 추천한 식당에 가본 이들이 남긴 후기에는 기대와 달리 아쉽다는 내용이 종종 보이곤 한다. 왜 이런 일이 벌어지는 걸까?

AI가 맛집 정보를 잘 모른다는 이야기를 하려는 게 아니다. 핵심은 AI가 무엇을 기준으로 정보를 수집하고 판단하는지에 따라 다른 결과를 도출할 수 있다는 점이다. 음식을 맛보지 못하는 AI는 온라인 리뷰, 별점, 노출 빈도, 키워드 같은 정보를 종합해 맛집 여부를 판단할 수밖에 없다. 그런데 수집한 정보가 애초에 조작되어 있다면 어떨까. AI는 여러 사람의 평가를 종합한 결과를 내놓을 뿐 '진짜 정답'을 보장하지 않는다.

맛집 사례에서 지적한 문제는 화장품이나 건강 기능 식품, 교육 서비스 추천에도 똑같이 적용된다. 소비자가 남긴 후기나 별점 같은 데이터는 비교적 쉽게 조작될 수 있다. 이런 구조에서는 AI가 신뢰할 만한 조언자가 되기 어렵다.

객관적 지표로 신뢰할 수 있는 정보를 유추해낼 수 있다면 어떨까[58]

AI의 판단을 신뢰하려면 먼저 그 판단의 재료가 되는 데이터 자체를 믿을 수 있어야 한다. 그런데 현재 AI가 접근하는 데이터는 대부분 기업이 운영하는 인터넷 포털이나 플랫폼에 저장되어 있다. 이 안에는 실제 경험과 무관한 정보가 얼마든지 섞일 수 있다. 예를 들어 유명 관광지의 식당이 광고비를 지불하고 긍정적인 후기를 대량으로 등록해도 AI는 그것이 실제 경험담인지 광고성 조작인지 판별하기 어렵다.

이때 블록체인을 활용하면 다른 정보가 섞이는 일을 방지할 수 있다. 음식점 방문객 수, 원재료 구매량, 매출, 재구매율, 납부 세금처럼 조작이 어려운 정량적 데이터를 블록체인에 기록할 수 있다. 그러면 AI는 후기나 별점 없이도 실제 인기도와 품질을 분석할 수 있다. 뷰티·건강·교육 서비스도 마찬가지다. 판매량이나 재구매율을 블록체인에 기록하면 AI가 객관적 지표를 바탕으로 보다 정확한 추천을 제공할 수 있다.

블록체인을 활용한 방식은 구글·네이버 등 중앙화된 플랫폼에서 사용하는 방식과 본질적으로 다르다. 예를 들어 포털에서 '서울역 근처 맛집'을 검색하면 화면 상단에는 광고비를 낸 가게들이 자리한다. 사용자는 광고인 줄 모르고 클릭하고, 포털은 클릭 수와 체류 시간만을 기록한다. 반면 블록체인은 실제 방문객 수 같은 살아 있는 기록을 바로 보여준다. 광고비를 많이 지불했다고 해서 인기 있는 가게로 둔갑하는 일이 원천적으로 불가능한 셈이다.

음식 맛이나 제품 품질처럼 주관적 평가가 중요한 영역은 신뢰성을 확보하기 어려운데, 블록체인이 객관적인 '보정 데이터'를 제공해 그 한계를 보완할 수 있다. 나아가 다수의 업체가 동일한 방식으로 데이터를 기록하면 AI는 대형 포털에 올라

온 후기를 분석하는 대신 실제 거래·이용 데이터를 참고해 결과를 도출하게 된다. 이렇게 되면 후기 조작이나 허위 별점에 소비자가 속을 가능성은 크게 줄어든다. 결국 판단의 준거가 되는 데이터가 정확해야 AI가 올바른 판단을 내릴 수 있는 것이다. 블록체인은 바로 그 데이터의 투명성을 기술적으로 보증하는 인프라라고 할 수 있다.

자율 주행과
전장의 완벽한 방화벽

    테슬라 전기자동차를 타 본 사람들은 정교한 자율 주행 기술에 놀라움을 감추지 못한다. 속도 조절은 물론 차선 변경이나 장애물 회피 역시 사람이 하는 것처럼 자연스럽고 부드럽게 이루어지기 때문이다.

    현재 자율 주행 기술이 인간의 삶과 도시 구조 자체를 바꿀 혁신으로 주목받고 있지만 복잡한 소프트웨어와 네트워크 시스템으로 조작된다는 점에서 사이버 공격 우려가 수면 위로 떠올랐다. 테슬라와 같은 자율 주행 자동차들은 도로 정보, 교통 신호, 소프트웨어 업데이트 등을 위해 컴퓨터와 무선데이터 통신을 필수적으로 이용한다. 그렇기 때문에 언제든 해커의 공격에 노출될 가능성이 있다.

    실제로 한 보안 연구에서는 연구자들이 차량 속도와 조향 장치를 원격으로 제어하거나 주행 기록과 GPS 정보를 탈취할 수 있음을 이미 입증한 바 있다. 테슬라처럼 첨단 자율주행 기능을 갖춘 전기차뿐 아니라 지프 체로키(Jeep Cherokee)처럼 전통적인 자동차 브랜드의 네트워크 연동 차량도 예외가 아니다. 기술 수준이나 제조사와 상관없이 차량이 외부 네트워크와 연결되는 순간 해커가 침투할 수 있는 경로가 생긴다.

    2015년 보안 연구자 찰리 밀러(Charlie Miller)와 크리스 밸러섹(Chris Valasek)은 지프 체로키의 속도, 조향, 브레이크를 원격으로 제어하는 해킹을 성공적으로 시연했다.⁵⁹ 이들은 차량 인포테인먼트 시스템(Uconnect)의 허점을 파고들어 주행 기록과 GPS 정보까지 탈취할 수 있음을 보여주었다. 이는 해킹이 자율 주행 차량을 이용하는 개인의 프라이버시는 물론 안전까지 위협할 수 있다는 점을 잘 보여주었다. 해커가 자율 주행 차량 해킹에 성공하면 운전자의 이동 경로 파악은 물론 조작도 가능하다. 최악의 경우 사고를 위장한 살해 시도까지도 가능하다. 게다가 자율 주행 시스템과 연결된 신호등 같은 기반 시설, 차량 간 통신 시스템(V2X)까지 해커의 손길이 닿는다면 교통이 마비되는 사태마저도 일어날 수 있다. 따라서 자율 주행 시대에는 예측하기 어려운 위험의 씨앗을 제거하여 신뢰를 새롭게 확보하는 일이 무엇보다 중요하다.

자율 주행차는 주변을 감지하는 장치를 활용해 끊임없이 데이터를 수집하고 외부 시스템과 상호작용하며 스스로 주행 판단을 내린다. 문제는 누군가 이 데이터를 조작하면 차량이 완전히 잘못된 결정을 내릴 수 있다는 점이다. 마치 내비게이션이 엉뚱한 길을 정확한 경로라고 안내하는 상황과 같다.

블록체인은 이러한 상황에서 전 세계에 실시간으로 공개되는 CCTV 화면과 같은 효과를 제공한다. 모든 참여자가 같은 장면을 거의 동시에 확인하기 때문에 누군가 자신이 보는 모니터 화면을 조작한다고 할지라도 다른 사람들이 보는 화면과 비교하면 즉시 차이를 알 수 있다. 따라서 블록체인을 활용한 보안 시스템상에서는 변조된 정보가 다수의 검증을 통과하지 못하므로 결과적으로 안전한 데이터만이 사용된다.⁶⁰

예를 들어 해킹으로 교차로 신호가 바뀌더라도 신호등, 차량, 관제 센터가 각자 가진 정보를 빠른 속도로 비교하면서 신호 정보를 검증할 수 있다. 또한 속도, 위치, 제동 이력, 센서 데이터 등을 블록체인에 기록하면, 혹시 사고가 나더라도 책임 소재를 규명할 수 있다. 심지어 차량 소프트웨어 업데이트까지 블록체인으로 관리하면 승인되지 않은 프로그램을 사전에 걸러내어 악성코드나 해커의 침입을 예방할 수 있다.

같은 원리는 전장에서도 적용된다

자율적으로 정찰과 감시 임무를 수행하고, 목표를 추적하며, 적을 향해 공격까지 가할 수 있는 드론은 전투 체계에서 치명적인 사이버 보안 위협에 노출된다. 드론 무기는 무선통신을 통해 중앙 지휘 시스템의 명령을 받아 움직이므로 해당 지휘 노드가 공격당하면 언제든 제어권을 잃을 수 있다. 누군가 동작 제어 시스템을 해킹해 교란 데이터를 주입한다면 드론이 적과 아군을 구분하지 못하고 아군의 주요 기반 시설을 향해 공격을 감행하는 등 최악의 시나리오가 펼쳐질 수도 있다.

이때 단일 서버가 아닌 분산형 네트워크 구조를 기반으로 드론을 운용하면 보안을 훨씬 강화할 수 있다. 예를 들어 모든 공격 명령을 블록체인 기반 전자 서명으로 검증하도록 설계하면 승인되지 않은 명령은 네트워크에서 자동으로 거부된다. 이렇게 하면 해커가 침투하더라도 인증 과정을 통과하지 못해 작전을 조작하기 어렵다. 또한 무선 통신이 일시적으로 끊기더라도 드론은 사전에 블록체인 네트워크를 통해 동기화해 둔 임무 데이터와 경로 정보를 다른 드론들과 서로 공유하며, 일정 범위 내에서는 계획된 작전을 이어갈 수 있다.

실제로 미 국방부에서는 2020년부터 방위고등연구계획국(DARPA)을 중심으로 블록체인을 활용한 군사통신 프로젝트를 진행[61] 중이며, 나토(NATO) 역시 군사 표준통신 보안 강화 방안 중 하나로 블록체인 메신저 실험[62]을 도입한 바 있다.

이처럼 블록체인은 일상의 디지털 위협뿐 아니라 전장에서 작전의 무결성과 신뢰성을 지키는 데에도 중요한 역할을 한다. AI 스스로 차량을 주행하게 하고, 전장에서는 무인 드론이 활약하는 시대. 블록체인은 데이터를 속이지 못하게 하는 '보안의 최종 확인 장치'가 되고 있다.

AI 수사관의 눈은
어디까지 볼 수 있는가

 오늘날 범죄 수사에서는 CCTV, 지문, DNA, 주변인의 진술이 핵심 증거로 쓰인다. 디지털 기술의 발달로 휴대전화 위치 추적, 인터넷 접속 기록, 카드 사용 내역 등을 보조로 활용하고 있지만 미제로 남는 사건은 여전히 많고, 범죄 검거율[63] 역시 만족스럽지 않다. 이는 수사 과정에서 드러난 정보가 단편으로 흩어져 있기 때문이다.

 최근 AI가 특정 범죄 패턴을 분석하고, 용의자의 행동 패턴을 파악하는 수준까지 도달하면서 범죄 수사는 새로운 국면에 접어들었다. 실제로 미국 시카고 경찰[64]은 범죄 데이터를 분석해 '위험 인물 리스트(heat list)'를 작성하고 해당 인물에게 사전 경고를 보낸 바 있으며, 중국 일부 도시에서는 얼굴 인식 AI를 활용해 수배자를 실시간으로 탐지하고 있다.

 그러나 수준이 높아진 AI 수사 시스템에도 여전히 한계는 있었다. AI가 수집하는 데이터가 부정확하거나 편향되어 있다면 도출하는 결과 또한 왜곡이 있기 마련이다. 현재 범죄 관련 정보는 여러 기관에 분산되어 있고, 대부분 폐쇄적으로 관리된다. 예를 들어 CCTV 영상은 관리 주체가 다르고, 신원 정보는 경찰 내부망에만 저장된다. 수많은 퍼즐이 흩어져 있는 상황은 여전하다.

 블록체인은 산재한 퍼즐을 그러모아 AI가 정밀한 판단을 내릴 수 있도록 할 수 있다. 예를 들어 AI 범죄 수사를 위해 다음과 같은 정보들이 필요하다고 가정해보자.

- 범죄 현장 주변을 지나간 대상의 위치 정보
- 현장에서 포착된 얼굴 이미지를 신원 인증 정보와 비교한 결과
- 범행 도구 및 관련 물품의 유통 이력
- 용의자의 전과 및 디지털 평판

우선, AI는 범죄 현장 주변 CCTV에서 확보한 용의자 얼굴 이미지를 신원 인증 데이터와 비교하려 할 것이다. 이러한 절차는 현재 기술 수준으로도 구현할 수 있다. 예를 들어 여러 기관의 시스템을 연동하거나 중앙 데이터 허브를 구축하면 AI가 자동으로 데이터를 조회하고 비교할 수 있다. 그러나 현실적으로 기관별로 데이터 접근 권한과 보안 정책이 달라 연동 절차가 복잡하고, 시스템 간 호환성 문제, 정보 누락 및 처리 지연 그리고 외부 침입에 따른 데이터 위변조 우려가 항상 존재한다. 어렵게 용의자의 신원과 전과를 확인했다 해도 범행 도구와 관련 물품의 유통 경로를 추적하거나 용의자의 이동 경로를 분석하려면 또 다른 기관의 데이터베이스에 접근해야 한다. 이렇게 정보가 분산된 구조에서는 각 데이터마다 삭제·조작·해킹 위험이 상존한다. 결국 지금으로서는 사람이 직접 여러 기관의 자료를 모아 AI에 업로드 해야 하고, AI는 이 자료를 분석한 뒤에야 수사에 참고할 수 있는 결과를 낼 수 있다.

그러나 수사 정보를 블록체인에 기록하면 기존 수사 체계가 지닌 한계를 보완할 수 있다. 블록체인은 수사 기록과 증거 데이터를 한 번 저장하면 변경할 수 없게 하고, 여러 수사 기관에서 동시에 같은 최신 자료를 열람하고 검증할 수 있는 환경을 만든다. 이는 여러 기관이 동시에 자료를 내려받아 조사하는 것과는 분명 다르다. 다운로드 방식으로는 내려받는 시점의 복사본만 확보할 수 있어 나중에 원본이 변조되더라도 알아차리기 어렵다. 반면 다중 기관 동시 검증*을 활용하면 모든 기관에서 실시간으로 동일한 원본 데이터를 들여다볼 수 있고, 누군가가 데이터를 바

---

* 다중 기관 동시 검증은 구글 문서나 구글폼처럼 모든 참가자가 동시에 같은 원본 파일을 열어 보는 것과 같다. 누군가 한 글자라도 바꾸는 즉시 전원이 변경 내용을 확인하고 기록할 수 있어 원본이 언제 어떻게 바뀌었는지 추적할 수 있다.

꾸려 하면 즉시 감지하여 기록을 남길 수 있다. 예를 들어 경찰·검찰·법원이 블록체인을 통해 CCTV 영상을 열람하면 어느 한쪽이 영상을 조작하더라도 나머지 기관에서 즉시 변화를 인지하고 원본성을 입증할 수 있다. 이렇게 하면 증거 조작 가능성을 크게 낮추면서도 기관 간 요청이나 승인 절차를 거치지 않고 신속하게 분석에 착수할 수 있다.

이러한 구조에서는 법원 영장 등 적법한 권한을 부여받은 AI 수사 시스템이 블록체인에 기록된 CCTV 영상, 신원 정보, 유통 이력 등을 한 번에 조회하고 분석할 수 있다. 모든 조회 기록은 블록체인에 영구히 남으므로 남용 가능성을 줄일 수 있다. 이렇게 되면 AI는 수사 속도와 정확성 면에서 지금과는 비교할 수 없는 성능을 발휘하고, 시간이 흐를수록 쌓여가는 방대한 데이터를 활용해 훨씬 더 정교한 통계와 예측을 내놓을 수 있다.[65]

기술의 진보, 감시의 위험

범죄 예방을 위한 기술이 자칫 시민의 행동을 감시하고 제약하는 도구로 사용될 수도 있다. AI를 활용한 수사가 자칫 누군가의 기본권을 침해하는 일로 번지지 않으려면 데이터 수집과 활용 범위를 명확히 해야 한다. 이를 위해 다음과 같은 방법을 제시할 수 있다.

─────── 블록체인 기반 수사 로그 시스템 구축

모든 수사 활동과 데이터 열람 기록을 블록체인에 실시간으로 저장하여 수사의 투명성을 확보할 수 있다. 이때 '조건부 스마트 계약'을 통해 법적 권한이 있는 경우에만 해당 데이터를 열람할 수 있도록 접근 대상을 제한할 수도 있다. 예를 들어 법원에서 발부한 블록체인 수사 영장을 업로드하는 경우에만 CCTV 영상이 AI에 제공될 수 있도록 시스템을 설계하는 것이다. 이러한 방식을 통해 수사기관의 직권 남용을 견제하는 역할을 수행할 수 있다.

────── **정책 및 제도 정비**[66]

AI 수사 시스템의 운용 목적, 시스템이 수집하는 데이터의 범위, 정보 보관 및 파기 절차 등을 명확히 규정하는 '디지털 수사 투명성 보장법' 제정도 필요하다. 또한 모든 AI 수사 알고리즘은 독립 기관의 사전 검증 및 윤리 심사를 받도록 하고, 시민에게 그들의 정보가 어떤 수사에 활용되었는지 통지하도록 규정해야 한다.

감시 사회가 아닌 신뢰 사회로

우리가 추구해야 할 미래는 감시 사회가 아니라 신뢰 기반 사회*다. 신뢰 기반 사회로 나아가기 위해서는 블록체인을 포함한 모든 디지털 인프라가 시민의 통제와 감시 아래 설계[67]되어야 하며, 데이터는 목적에 맞게 활용되어야 한다. 기술은 언제든 그 자체로 중립적이라는 점을 잊지 말자. 다만 그 기술을 활용해 어떤 사회를 만들어갈지는 전적으로 우리의 선택에 달려 있다.

---

* 신뢰 기반 사회란 중앙 기관의 명령이 아닌 시스템 자체의 검증 구조를 통해 정보의 진위와 절차의 정당성을 확보하는 사회 구조를 말한다.

자본을 끌어당기는 코인의 미래 가치

어째서 사람들은 디지털 코드에
불과한 코인에 투자하는가

블록체인은 본질적으로 정보를 안전하게 기록하는 기술이다. 하지만 많은 사람들이 블록체인을 곧 (암호)화폐로만 인식한다. 이는 2008년 사토시 나카모토가 비트코인을 만들면서 블록체인 기술을 디지털 화폐 시스템에 처음 접목한 데서 비롯되었다.[68]

그는 은행이라는 거대한 금고를 통째로 건너뛰고, 사람들 손에 직접 '디지털 지갑'을 쥐어 주었다. 그 순간 블록체인은 단순한 기술이 아니라 '돈이 되는 코드'라는 상징을 갖게 되었다.

비트코인과 알트코인의 시작

블록체인 기반 최초의 가상화폐인 비트코인. 한 줄로 내린 정의만으로 비트코인의 상징성과 역사적 의의를 알 수 있다. 그러나 비트코인은 단지 '최초'라는 타이틀에 머무르지 않았다. 2,100만 개로 제한된 발행량, 시간이 지날수록 줄어드는 채굴량, 중앙에서 벗어난 분산형 장부 구조는 비트코인을 사라지지 않는 디지털 희소 자산으로 자리하게 했다.

실제로 2021년 미국 증권거래위원회(SEC)가 비트코인 ETF 상장을 승인하면서 비트코인은 공식적으로 제도권 금융에 편입된 투자 대상으로 자리 잡기 시작했다. 중앙은행에서 발행하지 않고, 실물로 거래되지 않아도 수요를 만들어내는 구조를 이제 하나의 보편적인 사실로 받아들이고 있는 것이다.

반면 알트코인이란 비트코인을 제외한 모든 블록체인 기반 코인을 일컫는다. 이름 그대로 '대안(alternative)'이라는 의미를 담고 있으며, 단순히 비트코인을 흉내 낸 것이 아니라 저마다 문제의식과 혁신 목표를 내세운 프로젝트들이다. 비트코인이 '탈중앙화된 디지털 화폐'라는 아이디어에서 출발했다면 알트코인은 기존 구조의 한계를 보완하거나 예전에는 없는 새로운 가능성을 열기 위해 등장했다.

구체적으로 해외 송금 지연과 높은 수수료 문제를 해결하려는 시도, 금융 중개기관 없이 안전하게 결제하려는 수요 그리고 디지털 콘텐츠 창작자가 직접 수익을 받을 수 있는 구조를 만들려는 바람 등이 알트코인의 탄생 배경이 되었다. 결국 알트코인은 사람들이 매일 겪는 불편함을 줄이고, 더 자유롭고 투명한 경제활동을 하게 하는 다양한 실험의 산물이라고 할 수 있다.

이처럼 비트코인은 '디지털 희소성과 최초라는 상징성'에서, 알트코인은 '새로운 디지털 기능에 대한 수요'에서 그 가치가 비롯되었다. 현재 이들 코인은 기술이 화폐처럼 기능할 수 있는지를 검증하는 시험대에 올라 있다.

디지털 코드, 돈의 새 역사를 쓰다

─────── 비트코인, 처음으로 돈의 가능성을 보여준 디지털코드의 등장

비트코인은 처음 등장했을 때 소수 개발자와 해커들 사이에서만 거래되던 실험적 화폐였다. 그러다 2010년 5월 22일, 한 개발자가 1만 비트코인으로 피자 두 판을 사면서 처음으로 실물 결제가 이루어졌고, 이날은 '비트코인 피자의 날(Bitcoin Pizza Day)'로 기념된다.

이후 수많은 온라인 플랫폼과 일부 국가에서 비트코인을 공식 결제 수단 혹은 자산으로 인정했고, 국제회계기준에서도 무형자산의 하나로 분류했다. 대표적으로 엘살바도르는 2021년 세계 최초로 비트코인을 법정통화로 채택하면서 전 세계의 주목을 받았다.

그러나 비트코인이 돈이 될 수 있는지에 대한 명확한 답은 여전히 나오지 않았다. 비트코인은 아직까지 결제 수단으로 널리 사용되고 있지 않으며, 법적으로도 '디지털 자산' 혹은 '디지털 상품'으로 분류되는 경우가 많다. 다만 한 가지 분명한 사실은 디지털 코드에 불과한 비트코인이 시장에서 점차 가치를 보존하고 이전하는 기능을 가진 존재로 받아들여지고 있다는 점이다.

그렇다면 비트코인을 비롯한 수많은 코인은 도대체 어떻게 자산을 보존하고 교환하는 매개체로 받아들여질 수 있었을까?

──── 돈의 본질은 무엇인가

이 질문에 대한 답은 돈의 역사에서 찾을 수 있다.

인류는 처음에 물물교환으로 필요한 것을 나누었다. 하지만 거래 규모가 커지면서 누구나 믿고 사용할 수 있는 공통의 매개가 필요했다. 그때 등장한 것이 바로 화폐다. 예컨대 야프 섬에서는 수백 킬로그램에 달하는 돌이 화폐로 사용되었고, 고대 중국에서는 조개껍데기나 칼 모양의 금속이 거래 수단으로 쓰였다.

흥미로운 점은 돌이나 조개, 금속이 실제로는 쓰임새가 거의 없었음에도 사람들은 그것에 가치를 부여하고 교환 수단으로 여겼다는 것이다. 이후 인류는 금과 은 같은 귀금속을 보편적인 가치 저장 수단으로 활용하였다. 당시 귀금속은 산업에서 거의 사용되지 않았음에도 외형적 아름다움과 희소성, 내구성 덕에 신뢰와 상징성을 획득할 수 있었다.

근대에 들어서는 정부와 중앙은행에서 인쇄하고 발행한 종이, 즉 법정화폐(fiat money)가 국가의 신용을 등에 업고 화폐 기능을 수행하였다. 그러나 그 종이에는 어떤 가치도 내재하지 않았다. 따지고 보면 우리 손에 들려 있는 지폐는 종잇조각에 불과하다. 거기에 가치를 부여한 것은 그것을 가치 있다고 믿는 집단 전체의 신뢰였다.

돌에서 금으로, 금에서 종이로 화폐가 전환하는 과정은 결국 '실물이 가진 본질적 가치'보다 '사회 전체가 부여한 신뢰'가 더 중요하다는 사실을 보여준다.

─────── 디지털 코드도 돈이 될 수 있는가?

다시 비트코인으로 돌아가 보자. 비트코인은 실물(종이)로 존재하지 않고, 정부가 보증하지도 않는다. 산업적 용도조차 없다. 하지만 사람들은 여기에도 가치를 부여하고 있다. 왜일까? 비트코인이 다음과 같은 특성을 지녔기 때문이다.

- 2100만 개로 공급량이 제한된다.
- 어떤 정부도 개인이 보유한 비트코인에 손을 댈 수 없다.
- 언제든 글로벌 네트워크로 전송할 수 있다.
- 국가 통화 시스템의 통제에서 벗어난다.

이러한 특성은 비트코인에 디지털 '금', '자유 화폐', '통제 불가능한 통화'라는 새로운 정체성을 부여했다. 그것은 수많은 사용자와 투자자, 기업에 신뢰를 주었고, 신뢰를 확고히 할수록 비트코인은 실질적인 시장가치를 획득할 수 있었다.

─────── 알트코인: 기술이 만든 신뢰, 신뢰가 만든 돈의 가치

알트코인은 단순히 비트코인의 모방품이 아니다. 저마다 다른 목적과 기술 구조를 지녔으며, 일부는 사용 사례를 통해 독자적인 가치를 증명해가고 있다. 여기서 말하는 가치란 시장 가격이 아닌 그 기술이 지속적으로 활용될 것이라는 사용자들의 기대와 확신에서 비롯된다.

예를 들어 어떤 코인은 중개기관 없이 자산을 예치하고 이자를 받을 수 있는 금융서비스(DeFi)에 쓰이고, 어떤 코인은 예술가들이 자기 작품의 소유권이 담긴 토큰(NFT)을 발행하고 거래하는 플랫폼에서 사용된다. 블록체인 간 상호 운용이 가능한 기술을 제공하거나 대용량 데이터를 안전하게 저장하는 수단으로 활용되는 코인도 있다. 이처럼 알트코인은 특정한 쓰임새를 만들어내며, 사용자는 안정성, 유용성, 편의성 등을 체감하면서 해당 코인이 계속해서 쓰일 것이라는 믿음을 형성한다.[69] 알트코인을 향한 신뢰가 일정 수준을 넘어서면 기관이나 국가에서 해당 기술을 사회 인프라에 도입하는 방안을 검토할 수 있다.[70]

결국 알트코인 기술의 쓰임새가 사용자들의 믿음을 이끌어내고, 그들의 사회적 기대가 제도 수립으로 이어지면서 이들 코인은 디지털 코드를 넘어 가치를 담는 수단으로 인정받게 된다.

기술이 신뢰를 이끄는 시대

돈이란 본질적으로 어떤 실물에 대응하는지보다 그것을 모두가 가치 있다고 여기는 게 중요하다. 과거에는 정부와 중앙은행이 그 믿음을 보장하며 돈의 가치를 만들어냈지만 이제는 그 역할을 블록체인 기술이 대신하기 시작했다.

블록체인은 특정 기관이나 권위에 의존하지 않고도 가치를 저장하고, 누구에게나 자유롭게 전송할 수 있으며, 투명성과 보안성을 갖춘 디지털 코드를 만들어냈다. 인류 역사상 처음으로 기술 그 자체가 신뢰를 만들어내는 구조가 등장한 것이다. 다시 말해, 이제 단순한 컴퓨터 프로그램의 0과 1로 이루어진 디지털 코드조차 돈이 될 수 있다는 집단적 확신이 형성된 것이다.

과거에는 특이한 모양의 돌, 조개껍데기, 희귀한 금속, 권력 집단이 약속을 기입한 종이 등 눈에 보이는 실물에 사회가 합의를 부여해 화폐의 신뢰를 만들었다. 그러나 블록체인 기술이 제공하는 불변성, 무결성, 발행량 제한, 강제 몰수 불가라는 속성은 실물이 아닌 코드에도 동일한 합의를 가능하게 했다. 그 결과 사람들은 '이 코드가 곧 돈이 될 수 있다'는 새로운 확신을 공유하게 되었다.

오늘날 수많은 코인이 투기 수단을 넘어 가치 교환 및 저장, 해외 송금 등을 위한 실질적 수단으로 기능하고 있다는 점은 이 구조가 효과적으로 작동하고 있다는 사실을 증명한다.

우리는 지금 종이에서 코드로 돈의 개념이 완전히 바뀌는 시대에 살고 있다. 새롭게 조명된 디지털 화폐는 새로운 사회 질서를 세우는 기초가 되고 있다.

------◇◇◇◇◇◇------
한국 최초 비트코인 결제처는 파리 바게트?

2013년, 인천시청 인근의 한 파리 바게트 매장에서 비트코인을 받고 빵을 판매한 사례가 있었다. 매장에서 약 0.0065BTC를 받고 손님에게 7,500원어치 빵을 제공했고, 이는 국내 최초 비트코인 실물 결제[71]로 회자된다.

그때 사회 전반에 블록체인에 대한 인식과 제도가 열려 있었다면 한국의 블록체인 생태계는 지금보다 앞서 있었을지도 모른다. 이미 지나간 일이지만 비슷한 선택의 순간은 앞으로도 계속 찾아올 것이다.

비트코인, 새로운 통화 시스템의 근간이 되다

비트코인은 주식처럼 배당을 지급하지도, 기업처럼 부가가치를 창출하지도 않는다. 그럼에도 전 세계에서 금과 어깨를 나란히 할 만큼 높은 가치를 인정받고 있다. 이는 앞에서 살펴본 바와 같이 특정 권력이나 기관의 통제를 받지 않는 구조를 갖춘 덕분이다.

비트코인은 지난 15년간 단 한 번도 작동이 중단되지 않고 운영되어 왔다.[72] 누구의 허가나 조작 없이도 연결된 수많은 컴퓨터(노드)가 거래를 검증하고, 그 결과를 서로 공유하는 구조 덕분이다. 이렇게 통제의 굴레에서 벗어나 있지만 안정된 네트워크는 비트코인에 최초의 블록체인 화폐라는 상징성과 함께 기존 화폐 시스템을 대체할 것이라는 기대감을 불어넣었다.

이와 같이 비트코인이 확고히 다진 신뢰의 기반 위에 알트코인 생태계가 펼쳐졌다. 최근에는 USDT, USDC 같은 달러 기반 스테이블코인이 코인 거래의 주요 통화쌍으로 자리 잡았지만 여전히 바이낸스(Binance), 코인베이스(Coinbase), 크라켄(Kraken) 등 주요 글로벌 거래소는 비트코인(BTC)을 기본 거래쌍(base trading pair)으로 제공하고 있다.[73] 또한 일부 탈중앙형 스테이블코인은 비트코인을 담보 자산으로 활용[74]하는 구조를 채택하기도 하였다. 즉, 알트코인이 다양한 용도로 사용되며 실용성을 확보하는 동안에도 비트코인은 여전히 그들이 의지할 수 있는 토대를 탄탄히 해온 것이다.

이처럼 가상자산 시장이 비트코인이라는 가치 저장 수단을 중심에 두고 그 위에서 알트코인과 스테이블코인이 확장되듯, 전통 금융시장도 유사한 구조를 갖는다. 금이나 은, 미국 국채, 달러와 같은 안정적 자산이 뿌리를 이루고, 그 위에 주식·파생상품·신용거래 같은 다양한 금융 수단이 확장되어 온 것이다. 따라서 이런 구조적 유사성을 이해해야 가상자산과 전통 금융의 연결 지점을 직관적으로 파악할 수 있다.

무제한 양적완화와 글로벌 부채 증가는 법정화폐에 대한 불안을 키우고 있다. 이에 각국은 중앙은행 디지털화폐(CBDC)나 스테이블코인을 도입[75]해 화폐 신뢰를 회복하고 통화 체계를 안정시키려 한다. 그러나 CBDC 역시 근본적으로 '무엇을 기준으로 가치를 정할 것인가'라는 질문을 피해갈 수는 없다.

금은 희소성, 달러는 정치 권력, 비트코인은 탈중앙화 시스템 위에 존재한다. 그런데 비트코인이 도리어 금보다 희소하고 달러보다 중립적이라는 평가가 확산되고 있다. 이는 전통적으로 가치의 척도였던 금과 달러를 대신해 비트코인이 새로운 준거자산으로 인식되고 있음을 시사한다. 다시 말해, 통제에서 벗어난 비트코인이 기존 통화 시스템의 근간을 대체하는 역할을 수행할 수 있다는 기대감이 커지고 있는 것이다. 물론 가격 변동성과 채굴 속도, 수수료 문제가 여전히 존재하지만 가장 오래 살아남은 블록체인이라는 사실은 비트코인을 금융 시장의 기준이자 중심축으로 자리매김하게 했다.

다시 말하지만 비트코인은 알트코인의 경쟁자가 아니라 출발점이다. 신뢰의 토대를 제공하는 비트코인 위에서 확장을 꾀하는 알트코인의 모습은 뿌리 깊은 줄기에서 뻗어 나가는 가지를 연상케 한다. 디지털 자산 시장은 두 코인이 균형을 이루는 구조로 발전하고 있으며, 균형이 흔들리면 디지털 생태계 기반 자체가 불안정해질 수 있다.

결국 핵심은 기술 자체가 아니라 기술이 쌓아 올린 신뢰가 어디에 기반하는지에 있다. 지금까지 살펴본바 신뢰가 뿌리내린 곳이 비트코인이라는 점을 누가 부인할 수 있을까.

알트코인 생존의 핵심 조건

앞서 설명했듯이 알트코인 시장은 비트코인과는 전혀 다른 궤적을 보여 준다. 비트코인이 철학과 믿음에서 출발했다면, 알트코인은 금융·자산·행정 등 사회 인프라 재편에 이바지하며 시장을 개척했다. 특히 디지털 계약 자동 처리, 디지털 금융 앱 제작 및 활용, NFT 소유권 거래 등 다양한 기능을 구현하는 데 기여했다. 하지만 자신의 역할을 묵묵히 해내던 알트코인은 종종 투기적 광풍에 휩쓸리고, 시장에는 단기 급등만을 노린 투기성 코인과 커뮤니티 기반 밈코인(meme coin)이 쏟아졌다.

2025년 7월 기준, 세계 최대의 암호화폐 정보 플랫폼인 코인마켓캡(CoinMarketCap)에서 검색 가능한 코인 수는 18,800개를 넘어섰으며, 매일같이 새로운 코인들이 속속 등장하고 있다. 그 가운데 실제 이용자층을 갖추고 꾸준히 개발 노력을 기울인 프로젝트는 5%도 채 되지 않는다는 평가가 지배적이다. 많은 코인이 단기간 거래소 상장과 가격 상승을 겨냥한 프로젝트로 출시된 뒤 방치되거나 폐기되고 있으며, 오래 살아남은 프로젝트는 소수의 메이저 코인 거래소에 집중되고 있다.

우수한 기술을 갖춘 알트코인은 여전히 살아남아 그 가치를 인정받고 있다. 예를 들어 솔라나는 초당 수천 건의 거래를 처리하는 속도와 확장성을 지녀 디지털 결제 및 탈중앙 금융 생태계에서 주목받고 있고, 에이다는 학문적 연구와 검증 중심의 개발 철학을 통해 안정성과 신뢰를 쌓아가고 있다. 또한 리플은 글로벌 송금 네트워크에서 빠른 결제와 낮은 수수료로 기존 금융권의 주목을 받으며 제도권 편입을 모색해왔다.

이 외에도 흥미로운 기능을 제공하고 탄탄한 수익 구조를 갖춘 코인도 있다. 대표적인 예가 파일코인이다. 알트코인이 투기 대상에 머무르지 않고 현실 문제를 해결하는 데 기여할 수 있음을 보여주는 파일코인은 탈중앙 데이터 저장을 실현하는 데 집중한 프로젝트다. 일반적으로 데이터는 중앙 서버에 저장되지만 파일코인은 전 세계 사용자들의 컴퓨터 여유 저장 공간을 연결해 하나의 분산형 데이터 저장소를 구성한다.

예를 들어 서울에 소재한 한 스타트업에서 대용량 디자인 파일을 저장하려 할 때, 특정 클라우드 기업에 의존하지 않고 파일코인 네트워크에 데이터를 분산 저장함으로써 비용을 절감하고, 보안을 강화하며, 검열에서 벗어나 독립성을 지닐 수 있다. 저장 및 검색 활동은 블록체인에 자동으로 기록되며, 컴퓨터 저장 공간 제공자는 자신이 제공한 저장 공간 용량에 따라 파일코인(FIL)으로 보상을 받는다.

파일코인 생태계는 저장 공간 사용자가 코인 거래소 등에서 파일코인(FIL)을 구매하여 저장 공간 제공자에게 사용료로 지불하는 구조로 작동한다. 이처럼 파일코인은 탈중앙 저장 서비스와 코인 보상 시스템이 유기적으로 연결된 대표적인 블록체인 프로젝트로 평가받고 있다.

이러한 구조는 아마존 웹 서비스, 구글 클라우드와 같은 중앙화 클라우드와는 다른 철학을 보여준다. 실제로 아카이브(기록 자료를 장기간 보관하는 디지털 저장소), 미디어, 연구기관 등에서도 쓰일 수 있는 방안이 논의되고 있으며, 콘텐츠 검열 방지, 저비용 데이터 백업 수단으로 주목받고 있다.

이렇듯 기술력을 보유한 프로젝트일수록 알트코인의 생존과 가치 상승 가능성은 높아진다. 과거에는 단순한 테마와 마케팅만으로도 알트코인이 폭등했지만 이제는 기술의 완성도, 사용자 수, 꾸준한 개발 활동, 실제 활용 사례 그리고 시장과 사용자 간 신뢰 관계가 코인 생존의 핵심 조건이 되고 있다.

비트코인이 사라지는 날

비트코인이 세상에 처음 등장했을 때, 새로운 화폐의 탄생 이면에는 기존 권력 구조에 대한 도전의 뜻이 담겨 있었다. 제삼자가 개입하지 않고, 발행량이 제한되며, 네트워크 참여자들이 거래를 직접 검증하는 구조. 혁신은 기술이 쌓아올린 그 구조가 던지는 질문, '누가 돈을 만들고, 그 가치를 받아들이는가?'에 있었다.

그 물음은 비트코인에 철학적 의미를 부여했다. 누구나 소유할 수 있지만 모두가 무한정 보유할 수는 없는 구조, 오직 알고리즘으로 유지되는 분산적 합의 시스템. 이러한 구조는 희소성과 자율성 그리고 디지털 질서에 대한 믿음이라는 세 기둥 위에 비트코인을 올려놓고, 새로운 서사와 정체성을 지니게 했다. 그러나 아무리 단단해 보일지라도 완전하고 영원한 구조는 있을 수 없다.

우리는 앞서 비트코인에 강인한 생명력을 불어넣는 것은 기술의 완성도가 아니라 자율적 합의 구조라는 사실을 살펴보았다. 그렇다고 해서 비트코인이 영원히 살아남으리라는 보장은 없다.

─────── 어쩌면 비트코인의 유일한 대항마가 될 절대 권력

비트코인이 특정 권력으로부터 자유롭다는 점은 역설적이게도 비트코인의 생존을 가장 위협하는 요인이기도 하다. 만약 전 세계 권력이 온 국민에게 스며들지 않고 하나로 모여 절대 권력을 이룬다면, 그래서 단일 통화 시스템과 네트워크만이 허용된다면 비트코인은 미허가 자산으로 규정될 수도 있다.

인류 역사상 모두를 통제할 수 있는 시스템을 구축하려는 시도는 종종 있었다. 성경 요한계시록 13장 16-17절에 등장하는 다음 구절을 살펴보자.

"그가 모든 자, 곧 작은 자나 큰 자나, 부자나 가난한 자나 자유인이나 종들에게 그 오른손이나 이마에 표를 받게 하고, 누구든지 그 표를 가진 자 외에는 매매를 못하게 하니…"

이른바 '666의 표식'으로 불리는 그 구절은 모든 사람을 하나의 체계 안에서 통제하는 시스템과 그것을 운영하는 하나의 권력의 등장을 상징한다. 바코드, 생체칩, 뉴럴링크, 세계 단일통화의 등장 등 다양한 기술과 현상이 하나의 권력이 강제할 666의 표식의 기반으로 언급되고 있기도 하다. 중요한 것은 이 666표식이 절대권력이 강제할 단 하나의 화폐로 해석된다는 것이고, 이는 비트코인을 포함한 현존하는 모든 화폐의 종말을 의미한다.

──────── 우리는 어디쯤 와 있는가

현재 세계는 하나의 권력으로 통합되기보다 다극화된 국제 질서 속에서 분열과 충돌을 겪고 있다. 이러한 상황은 오히려 비트코인을 더욱 부각시키고 있다.

오늘날 미국의 마이크로스트래티지(MicroStrategy)는 60만 개가 넘는 비트코인을 보유하고 있으며, 엘살바도르는 공식적으로 비트코인을 국가 자산으로 인정했다. 일부 미국 주 정부에서는 세금 납부 수단 중 하나로 암호화폐를 고려하고 있다. 이처럼 비트코인이 제도권 안으로 들어오고 있는 흐름은 종말보다는 확산 쪽으로 무게 중심이 이동하고 있음을 보여준다. 무엇보다도 비트코인이 여전히 활발하게 거래되고 있다는 사실은 우리 사회가 아직 철저한 통제 속에 갇히지 않았음을 방증한다.

사람들은 어째서 밈코인에 투자하는가?

한때 인터넷 커뮤니티를 웃음바다로 만든 시바견 짤이 어느 순간 시가총액 수십조 원의 도지코인을 대표하는 이미지가 되어 전 세계 금융시장에 영향을 끼친 사례가 있다. 도대체 밈코인이 무엇이기에 사람들이 투자에 나서는 걸까.

밈코인이란

'밈(meme)'이란 리처드 도킨스의 책 《이기적 유전자》에서 유래한 용어로, 문화적 정보가 바이러스처럼 퍼지는 현상을 뜻한다. 인터넷이 보급된 뒤 밈은 짤, 유행어, 패러디처럼 빠르게 퍼지고 소멸하는 콘텐츠를 총칭하게 되었다. 밈코인은 이 인터넷 밈을 기반으로 만들어진 암호화폐다. 대표적인 예로 도지코인, 시바이누, 페페, 플로키, 웬 등이 있다. 그러나 밈코인 대부분은 실질적인 기술적 목적을 설명해놓은 문서(white paper)조차 없는 경우가 많다. 심지어 공식 홈페이지마저 없는 경우도 있다. 그런데도 밈코인은 때로 엄청난 상승률을 기록하며 금융시장을 긴장하게 한다.

밈코인에 투자하는 이유

- **금융의 놀이화: 돈으로 하는 커뮤니티 게임**

  밈코인은 사실상 투자를 게임처럼 소비하는 현상에 가깝다. 밈코인의 가치는 기술이 아니라 이야기와 커뮤니티에서 탄생한다. 특정 커뮤니티에서 밈을 공유하고 확산시키면서 가격이 오르고, 투자자들이 모여들며 파급효과를 만든다. 실체 없는 '밈'이 수십억 원을 움직이는 자산이 되는 것이다.

- 남들도 다 하니까 FOMO(Fear of Missing Out)

  밈코인의 상승은 때때로 미친 듯한 속도로 일어난다. "어제 샀으면 수십 배 수익을 냈다" 같은 소문은 투자자들에게 기회를 놓치는 것에 대한 두려움을 불어넣는다. 아무리 실체가 없다고 해도 일단 가격이 오르면 사람들은 이유를 찾기보다는 무작정 따라붙는다.

- 풍자의 대상화

  밈코인은 이따금 어떤 대상을 풍자하기 위해 장난삼아 만들어지곤 한다. 실제로 도지코인의 개발자는 "재미 삼아 만들었다"고 말한 바 있다. 그러나 그 장난이 수십조 원 가치를 지닌 자산으로 성장하면서 기존 금융의 권위를 비웃는 상징이 되어 버렸다.

- SNS 시대 유행의 파급효과

  밈코인은 기술보다 속도와 파급력이 중요하다. X(구 트위터)에서 일론 머스크가 한 마디만 해도 밈코인 시장이 요동치는 점에 미루어 유명인이 일단 놀거리로 삼기 시작하면 밈코인 상승에 불이 붙곤 한다.

무엇이 밈코인의 가치를 결정하는가

밈코인 대부분은 장기적으로는 살아남지 못할 가능성이 높다. 개발팀은 물론 실제 사용처도 없으며, 거품만 잔뜩 끼어 있기 때문이다. 그렇다고 밈코인을 사기 수단으로 단정하기는 어렵다. 왜냐하면 사람들의 믿음이 가치를 형성한다는 점에서 밈코인도 일종의 '사회적 화폐' 역할을 하기 때문이다.

실제로 게임 아이템, 한정판 굿즈, NFT 아트도 실체는 없지만 사람들은 거기에 기꺼이 돈을 지불한다. 중요한 것은 기술보다 의미에 있다. 밈코인은 현 시대의 금융이 얼마나 쉽게 흔들릴 수 있는지를 보여주는 상징이기도 하다.

웃긴 코인이지만 웃을 수만은 없다

밈코인을 마냥 우스꽝스러운 코인이라 단정할 수는 없다. 금융, 커뮤니티, 문화, 감정이 모두 얽힌 현대의 자산 시장에서 밈코인은 시장을 비추는 거울이다. 진짜와 가짜의 경계를 허물고, 사람들의 욕망과 흥미, 유행을 가장 빠르게 반영하는 신호탄이다.

블록체인의 동반자, 스테이블코인

스테이블코인, 왜 필요한가

우리가 일상에서 사용하는 모든 화폐는 액면 가치에 대한 신뢰를 얻어 통용된다. 하지만 가격이 수시로 급등락하여 우리가 소비하는 모든 것에 얼마를 지불해야 하는지 예측할 수 없는 세상에 살게 된다면 어떻게 될까.

비트코인이나 이더리움 같은 암호화폐는 자산 가치를 인정받고 있지만 가격 변동성이 큰 탓에 일상에서 거래 수단으로 사용하기엔 불안정하다. 오늘 0.001BTC로 산 티셔츠를 내일은 0.0006BTC로 구매할 수도 있고, 대금으로 받은 이더리움 가치가 다음날 10% 하락하는 경우처럼 불확실성은 소비자와 판매자, 정책 입안자 모두에게 커다란 리스크가 된다.

그래서 등장한 것이 바로 가치를 고정한 디지털 화폐인 스테이블코인이다. 스테이블코인은 블록체인 위에서 작동하면서도 그 가치를 원화, 달러, 유로 등 법정통화에 1:1로 연동한 디지털 화폐이다. 블록체인 기술이 실질적인 금융·행정·유통 기반 시스템으로 확장하기 위해선 스테이블코인같이 가격 안정성을 확보한 디지털 화폐가 필수적이다.

블록체인에 익숙한 사람들조차 때때로 코인의 용도를 헷갈려 하곤 한다. 어째서 비트코인과 이더리움 가격이 오르는지, 스테이블코인이 왜 필요한지 그리고 이 디지털 자산을 돈이라 정의할 것인지 아니면 그저 기술의 진보로 보아야 할지 답을 아는 사람은 많지 않다.

한편, 가상화폐 사업자들은 비트코인과 알트코인을 정식 투자 대상에 포함하는 것은 물론 실질적인 결제 수단으로 만들고자 한다. 수많은 가맹점에서 이더리움 결제를 허용한다면 이더리움 기술의 상징성을 강조하고 자연스레 마케팅 효과를 얻을 수 있기 때문이다. 하지만 이더리움 가격이 매일 출렁이는 상황이라면 점주는 물론 손님들 역시 이더리움 결제를 꺼릴 수 있다. 따라서 안정적인 결제를 위해 법정화폐에 가치가 고정된 스테이블코인이 필요하다. 수령한 이더리움을 곧바로 스테이블코인으로 전환한다면 이더리움 가격이 수시로 날뛰는 상황에서도 안정성을 확보할 수 있기 때문이다.

그렇다면 차라리 스테이블코인만 결제 수단으로 허용하면 되지 않을까? 미국에서 스테이블코인 규제 법안을 통과시키며 디지털 달러 확산을 준비하고 있다는 뉴스는 모든 암호화폐를 디지털 달러로 대체할지 모른다는 우려를 키우기도 했다.

그러나 이는 기술·구조적으로 불가능하다. 스테이블코인은 단독으로 존재할 수 없고, 반드시 비트코인이나 이더리움, 솔라나와 같은 블록체인 플랫폼 위에서만 지급과 결제가 가능하기 때문이다. 다시 말해, 스테이블코인은 자체적으로 움직이지 못하는 응용 프로그램이며 디지털 화폐 역할을 하는 인터페이스에 불과하다.

스테이블코인 발행 주체

스테이블코인 발행 주체는 민간 기관과 중앙은행 두 가지로 나뉜다. 그중 중앙은행에서 발행하는 스테이블코인이 바로 CBDC(Central Bank Digital Currency)이다. 발행 주체는 다르지만 민간 스테이블코인과 CBDC 모두 디지털 법정화폐라는 점에서는 같다.

- 일반적인 스테이블코인은 민간 기업(예: USDT의 테더사, USDC의 서클사 등)이 발행한다.
- CBDC는 중앙은행에서 직접 발행한다. 예를 들어 한국은행이 발행하는 디지털 원화, 미국 연방준비은행이 발행하는 디지털 달러 같은 것들이 이에 해당한다.

CBDC는 정부와 중앙은행에서 직접 관리하기 때문에 법으로 더 효과적으로 통제하고, 공공 정책에 적극 활용할 수 있다는 장점이 있다. 예를 들어 복지금을 자동으로 지급하거나 세금을 효율적으로 징수하고, 불법 거래를 투명하게 추적하는 등 폭넓게 활용될 수 있다. 하지만 자금 흐름을 정부가 추적할 수 있기 때문에 사생활 침해 논란 등에 휩싸일 수 있다는 점도 유의해야 한다. 반면 민간 스테이블코인은 높은 자유도를 보장하지만 명확한 규제 체계 없이 운영되어 규제의 사각지대에 놓일 우려가 있다.

코인 위의
화폐

스테이블코인은 은행 예금과 무엇이 다른가

스테이블코인의 본질은 단순한 디지털 숫자가 아니라는 데 있다. 우리가 모바일 뱅킹 앱에서 확인하는 예금 잔고는 은행 중앙 서버에 기록된 숫자를 나타낸 것일 뿐이며, 실제로 사용자가 돈을 직접 소유한다는 개념과는 다소 거리가 있다. 어디까지나 그것은 중앙기관에서 지급을 보증해야만 의미를 갖는다.

반면 스테이블코인은 블록체인 위에 존재하기 때문에 사용자가 코인을 전자지갑에 담아두고 개인 키를 활용해 직접 통제할 수 있다. 따라서 소유의 개념이 적용된다. 또한 모든 거래 기록은 수백 수천 대의 컴퓨터에 동시에 기록되며, 누구나 어디서든 검증할 수 있다. 그 결과 스테이블코인은 특정 제도나 지역에 묶이지 않고 실시간 송금과 이체, 보관이 가능한 새로운 형태의 자산으로 기능할 수 있다.

예를 들어 유에스디씨(USDC)는 이더리움(Ethereum) 네트워크에서 표준 토큰 규격(ERC-20 토큰) 형태로 발행된다. 또 다른 달러 연동 스테이블코인인 비유에스디(BUSD)는 바이낸스와 팍소스(Paxos)가 함께 발행했는데 이더리움의 표준 토큰(ERC-20)과 바이낸스 스마트체인(Binance Smart Chain)의 표준 토큰

(BEP-20) 양쪽에서 모두 유통된다. 또 리플(Ripple)이 발행한 미국 달러 연동 스테이블코인인 알엘유에스디(RLUSD)는 XRP 원장과 이더리움 네트워크 양쪽에 존재한다.

이처럼 모든 스테이블코인은 반드시 기반 체인(블록체인 네트워크) 위에서만 발행되는 형태이기에 은행 예금처럼 개별 은행이 자사 전산망과 소프트웨어상에서 금융거래를 승인하고 처리하는 것과는 사용방식이 본질적으로 다르다. 블록체인상의 디지털화폐는 그 기반이 되는 블록체인처럼 그 누구의 승인도, 대리 운영도 필요로 하지 않는다. 마치 내 실물지갑 속의 종이화폐처럼 내가 원할 때 사용할 수 있다. 다만 중앙화된 스테이블코인의 경우, 발행사가 특정 주소의 사용을 제한할 수 있는 권한을 보유하고 있다는 점에서 주의가 필요하다.

게다가 스테이블코인은 기존 화폐를 뛰어넘는 기능을 지니고 있다. 스마트 계약과 결합해 특정 조건을 충족하면 자동으로 돈이 지급되도록 설정하거나 사용처를 제약하는 등 여러 기능을 더하는 것이 가능하다. 예를 들어 '서명 후 지급', '배송 완료 후 결제' 같은 조건을 디지털 코드로 설정해 둘 수 있어 활용 범위와 가능성이 무궁무진하다.

스테이블코인이 이끄는 코인 인프라 혁신

블록체인 기반 시스템의 미래는 비트코인이라는 단단한 토대 위에 알트코인이라는 정교한 기술 인프라를 쌓아 올려 기술 도시를 구축할 때 펼쳐진다. 블록체인 기술 도시가 완성되었을 때, 도시의 인프라에 활력을 불어넣는 것이 바로 스테이블코인이다.

스테이블 코인은 실물 화폐를 블록체인에 가져와 바로 사용할 수 있게 하는 디지털 브릿지이자, 스마트 계약 시스템에 실제 가치를 불어넣어 움직이게 하는 연료, 탈중앙 금융(DeFi), 탈중앙 게임(GameFi), 온체인 결제 서비스같이 일상에서 사용하는 기술을 촉진하는 윤활유 역할을 맡고 있다. 하지만 전체 구조를 지탱하는 근간은 여전히 비트코인이나 알트코인 같은 플랫폼 코인이라는 사실을 잊어서는 안 된다.

비유하자면 플랫폼 코인은 기술 도시를 구성하는 수도관, 전선, 가스배관 같은 기반 인프라를 말하고, 스테이블코인은 물과 전기, 가스에 해당한다. 플랫폼 코인이 없다면 스테이블코인은 존재할 수 없고, 스테이블코인이 없다면 기술 인프라는 무용지물이 된다.

인플레이션의 늪에서 벗어나지 못하다

현재 글로벌 통화 시스템은 아이러니하게도 과거 금본위제가 붕괴하기 직전과 유사하다. 1944년 브레턴우즈 협정(Bretton Woods Agreement)에 따라 미국 달러는 금 1온스당 35달러의 고정환율을 유지하며 전 세계 기축통화로서 지위를 확보했다. 브레턴우즈 체제하에서 각국은 자국 통화를 달러 가치에 연동시키고, 달러는 다시 금으로 교환될 수 있도록 했다. 당시 미국은 전 세계 최대 금 보유국이었기 때문에 금본위제로 달러 가치를 유지할 수 있었다.

그러나 세계 경제와 국제 무역이 급속도로 팽창하면서 글로벌 유동성을 공급하기 위해 미국은 달러 발행량을 계속 늘릴 수밖에 없었다. 여기서부터 문제가 꼬이기 시작했다. 시중에 유통되는 달러의 양이 금 보유량을 넘어서자 달러를 향한 각국의 신뢰가 무너진 것이다. 그 상황을 지적하고 나온 것이 바로 트리핀의 딜레마(Triffin Dilemma)다. 유동성을 확대하기 위해 미국은 계속해서 달러를 공급해야 하지만 그럴수록 금태환을 향한 신뢰가 무너지는 구조적 딜레마에 직면했다.

결국 달러 가치가 계속 하락하며 감당 불가능한 수준에 이르자 1971년 리처드 닉슨 미국 대통령은 금태환 정지를 공식 선언한다. 이는 브레턴우즈 체제의 붕괴를 의미하며, 이후 달러는 금과 무관한 불환지폐(fiat money)로 전환되었다. 당시 수많은 경제학자들은 이러한 조치를 두고 달러의 국제적 지위가 무너질 것이라며 우려를 표했다.[76] 하지만 미국은 곧 달러 패권 유지를 위한 새로운 수단을 만들어낸다.

1974년 미국은 사우디아라비아와 협력하며 '페트로달러 체제(Petrodollar System)'를 구축했다. 당시 미국은 사우디아라비아의 안보를 보장하는 대가로 원유 수출 대금을 오직 달러로 결제하도록 하는 비공식 협약을 체결했다. 이후 석유수출국기구(OPEC) 회원국도 국제 원유 거래에 달러만을 사용하면서 달러는 실물자산과 연동하지 않고도 글로벌 통화로서 지위를 유지할 수 있는 기반을 확립했다. 당시 체결한 협약으로 달러는 신뢰를 확보하고, 통화 안정성을 인정받는 기축 통화로서 지금까지도 굳건한 지위를 유지하고 있다.

그럼에도 정작 미국 달러의 실질 구매력은 꾸준히 하락해왔다. 연방준비제도와 미국 노동통계국(BLS)의 자료에 따르면, 1970년대 이후 현재까지 달러의 구매력은 약 85~90% 감소했다. 1971년 1달러로 살 수 있던 물건을 2024년에 구매하려면 약 8~10달러가 필요하게 된 것이다. 이렇듯 지속적인 인플레이션과 통화 공급 확장(M2 증가)이 드리운 달러 패권의 그림자가 서서히 모습을 드러내며 달러 가치 붕괴의 전조를 알리고 있다.

달러를 향한 시선, 신뢰에서 다시 의문으로?

미국은 현재 수십조 달러에 달하는 국가 부채, 누적된 재정적자, 연방준비제도의 양적완화 후폭풍 등으로 인해 달러가 정말 믿을 만한지 의심하는 눈초리를 받고 있다. 달러의 지위에 균열이 생기는 상황에서 미국은 페트로달러 체제를 맞이한 당시와 유사한 전략을 반복하고 있다. 이번에는 금이나 석유가 아닌 블록체인 기술로 달러의 위상을 재편하길 꿈꾼다.

현재 미국에서는 민간 기업인 서클(USDC), 테더(USDT), 리플(RLUSD) 등이 통화를 대신 발행하며 디지털 달러를 공급하는 주체로 등장했다. 이는 중앙은행이 독점해온 화폐 유통의 일부가 민간 기업의 손으로 넘어가는 변곡점이자 전통 금융 질서의 근간을 뒤흔드는 시도이기도 하다. 흥미로운 점은 그러한 흐름이 이미 한계에 다다른 미국 국채 발행의 숨통을 열어 주고, 달러 스테이블코인의 폭발적인 수요를 유도하여 달러 패권을 또 다시 연장시켜줄 것이라는 전망이다.[77] 하지만 동시에 전 세계적인 인플레이션 팽창을 다시 한 번 부추길 가능성도 배제할 수 없다.

고정된 스테이블코인, 요동치는 실제 물가

스테이블코인은 겉보기에는 늘 안정적이다. 예를 들어 1USDC는 1달러에 연동되도록 설계되어 있으며, 실제 거래에서도 대체로 그 수준을 유지한다. 그러나 종이화폐와 마찬가지로 시간이 지나면서 그 1달러로 살 수 있는 물건의 양은 줄어든다. 게다가 디지털 화폐는 사용이 훨씬 간편하기 때문에 시중에 종이 화폐를 유통시키는 것보다 더 빠르게 달러의 이동 속도와 사용 범위를 확대시킬 수 있다.[78] 다시 말해 스테이블코인은 액면가가 고정되어 있어도 실제 살 수 있는 힘, 즉 구매력은 여전히 약해질 가능성이 큰 구조다.

스테이블코인 발행은 새로운 돈을 찍어내는 것이 아니라 이미 존재하는 달러나 미국 국채를 담보로 디지털 토큰으로 바꾸는 과정이다. 하지만 이렇게 토큰화된 달러가 전 세계적으로 빠르게 확산되면 결과적으로 달러의 사용 범위가 넓어져 시장에 더 많은 달러가 풀린 것과 비슷한 효과를 낼 수 있다. 단기적으로는 돈이 넉넉해져 경기가 살아날 수 있지만 장기적으로는 달러의 인플레이션 압력에서 자유롭지 않다. 즉, 스테이블코인은 숫자상으로는 '안정적인 화폐'처럼 보이지만 실제 구매력 측면에서는 불안정성을 내포하고 있는 셈이다.

흔들리지 않을 새로운 신뢰 구조를 향하다

　미국이 CBDC가 아닌 민간 발행 스테이블코인을 선택하면서 달러 패권을 다시금 강화하려 하지만 이는 동시에 각국의 통화 주권을 위협하고, 기존 경제 질서를 송두리째 바꾸는 서막이 될 수 있다.

　그렇다면 우리는 어떤 방식으로 이 문제를 해결하고, 신뢰 기반의 디지털 경제 질서를 뿌리내리게 할 수 있을까? 다음 장에서 미국의 전략을 살펴보고, 우리 정부에서 어떤 전략을 취하면 좋을지 여러 해법을 살펴본다.

세계 통화의 왕좌에 군림하려는 미국의 승부수

디지털 달러 패권 전략의 제도화

2025년 7월, 지니어스 법(Genius Act)이 미국 상·하원을 모두 통과하고, 트럼프 대통령이 법안에 서명하면서 미국은 공식적으로 스테이블코인을 제도권으로 가져오는 데 필요한 법적 틀을 완성하였다. 이를 두고 전 세계 금융계에서는 달러 스테이블 코인이 세계를 장악할 것이라는 우려와 본격적인 블록체인 시대가 도래할 것이라는 기대가 뒤섞인 시선을 보내고 있다.

일부 전문가들은 이번 법안이 미국 국채 수요를 유지하기 위한 고육지책이라고 분석한다. 페트로달러 체제가 흔들리고 재정 적자가 누적되는데도 달러 발행량을 늘리면서 미국 국채를 향한 신뢰가 떨어지고 있었기 때문이다. 실제로 지니어스 법에서 코인을 발행한 만큼 달러나 국채를 보유하도록 규정하면서 새롭게 국채 수요를 창출하고 있다.

게다가 은행과 정부 외에도 애플, 구글, 아마존 같은 여러 빅테크 기업이 재무부 승인을 거쳐 잠재적으로 스테이블코인을 발행할 수 있는 가능성이 열리면서 앞으로 미국 국채에 대한 수요가 한층 더 확대될 수 있는 기반이 마련되었다.

지니어스 법은 스테이블코인을 빌려 미국 달러를 전 세계로 널리 퍼지게 할 것이다. 자연스레 미국은 국경을 넘나드는 디지털 달러 유통 시스템을 구축하게 되었으며, 이는 금융 혁신을 넘어 패권 전략의 진화로 해석할 수 있다.

이러한 움직임은 특히 중소 규모 통화를 사용하는 국가들은 물론 엔화와 유로화를 사용하는 국가들마저도 고전을 면치 못하게 할 수 있다. 달러 스테이블코인이 광범위하게 통용될 경우, 미국을 제외한 국가의 통화 수요가 줄고 통화정책 효과는 떨어질 수 있다. 장기적으로는 통화 주권마저 상실할 수 있다.

자산시장 토큰화의 가속화

달러 스테이블코인의 도입은 전 세계 자산 시장에 변화를 촉발하는 도화선이 될 가능성이 크다. 자산의 토큰화가 본격적으로 실현되기 위해서는 이를 뒷받침할 안정적인 교환 수단이 반드시 필요하기 때문이다.

아파트나 자동차, 그림, 토지 같은 실물 자산을 조각 단위로 토큰화하여 거래하려면 그 토큰을 사고팔 수 있는 디지털 화폐가 있어야 한다. 이때 단순히 은행에 예금된 돈만으로는 한계가 있다. 은행 계좌 기반 결제는 개별 거래에는 충분히 빠르지만 은행과 결제망이라는 중개 단계를 반드시 거치기 때문에 자산 토큰을 사고 즉시 현금처럼 사용하는 수준의 유동성을 구현하기는 어렵다. 반면 블록체인 기반 스테이블코인은 토큰과 스테이블코인의 자동 교환이 가능해 아파트 조각을 매입한 순간 그 토큰을 곧바로 디지털 현금처럼 다른 곳에서 쓸 수 있는 구조를 만들어낸다.

또한 자산 토큰화는 해외 투자자를 끌어들이는 효과를 기대할 수 있는데 은행 예금은 국가별 결제망에 묶여 있어 해외 송금으로 자산 토큰을 매입하기가 쉽지 않다. 그러나 스테이블코인은 몇 초 만에 국경을 넘어 이동할 수 있어 글로벌 자산 거래의 결제 수단으로 적합하다. 여기에 더해 스테이블코인은 단순 결제에 그치지 않고 '배송 완료 후 결제' 같은 조건을 디지털 코드로 걸 수 있는 프로그래밍 가능성을 갖추고 있으며, 거래 기록이 블록체인 장부에 공개·검증되므로 투명성과 신뢰성도 확보할 수 있다.

결국 책 앞부분에서 소개했던 것처럼 아파트 토큰 하나를 들고 편의점에서 아이스크림을 사 먹는 시대가 온다면 그것은 은행 계좌 속 원화가 아니라 스테이블코인 덕분일 가능성이 크다.

유동성 주도권의 탈환

지니어스 법 통과 이후 미국은 자국 내 많은 자산을 가능한 한 빠르게 토큰화하여 스테이블코인과 함께 세계 시장에 유통되도록 할 것이다.

이렇게 되면 전 세계의 유동성은 다시 한 번 미국 자산 시장으로 쏠릴 가능성이 높다. 예를 들어 매달 월급의 10%로 미국 맨해튼의 고급 스튜디오 토큰을 구매하고, 그 스튜디오에서 나오는 월세 수익 일부를 받는다면 어떨까? 높은 월세 수익을 보장한다면 낮은 이자율의 정기예금을 선택할 사람은 아마 없을 것이다.

당신의 궁금증을 해소하는 토큰화 완전 정복

아파트나 스튜디오 같은 부동산을 토큰화한다고 하면 대부분 고개를 갸웃거릴 듯하다. 예를 들어 토큰 보유자가 부동산 소유권을 지니는지 아니면 임대수익에 대한 권리만 가지는지, 건물 리모델링이나 매각에 대한 의결권은 누구에게 있는지 그리고 이러한 권리와 의무가 어떻게 정립되는지 등 토큰화에는 명확하게 풀리지 않은 모호한 구석이 꽤 많다. 게다가 국가별 법률 체계와 발행 기업의 설계 방식에 따라 권리와 의무가 달라질 수도 있다.

토큰화 모델은 다양하지만 이해하기 쉬운 예시로 '대출형' 구조를 생각해볼 수 있다. 예를 들어 100억 원 상당의 건물을 구입하려는데 자금이 30억 원 정도 부족한 경우, 수익 배당형 토큰을 발행해 부족분을 메울 수 있다. 투자자들이 토큰을 매입하면 건물 임대수익 중 지분에 해당하는 금액을 매월 배당하는 구조다. 이 경우 토큰 보유자에게 건물의 소유권이 주어지지 않지만 계약에 명시된 범위에서 임대수익을 받을 권리를 보장한다. 발행자는 복잡한 은행 대출 심사를 거치는 대신 블록체인 기반 토큰을 발행하여 자금을 조달할 수 있고, 투자자는 부동산 시장에 소액으로 참여해 안정적인 현금 흐름을 기대할 수 있다.

다만 실제 운영 시 금융 규제, 증권성 판단, 투자자 자격 요건 및 고객 신원 확인, 자금 세탁 방지 검사 등 까다로운 허들을 넘어야 할 수 있다. 또한 공실, 부동산 가치 하락, 발행사 부도 등 부동산 투자로 발생하는 리스크를 함께 부담해야 한다. 따라서 토큰화는 자금을 조달하고 투자 접근성을 높이는 혁신적인 방법이 될 수 있지만 관련 규정과 위험 요소를 충분히 이해하고 참여하는 것이 중요하다.

코인으로 보는 트럼프 2.0 시대

2024년 미국 대선 이후 도널드 트럼프 대통령이 재집권에 성공하면서 트럼프 행정부는 블록체인 산업을 국가 전략 산업으로 격상하는 데 한층 더 적극적인 움직임을 보이고 있다. 그는 유세 과정에서 꾸준히 가상자산 지지 발언을 이어왔으며, 특히 2024년 7월 내슈빌에서 열린 'Bitcoin 2024' 연설에서는 "미국을 암호화폐의 수도이자 비트코인 초강대국으로 만들겠다"고 천명했다. 또한 "이제부터는 업계를 사랑하는 사람들이 규칙을 만들 것"이라며 기존 규제 기조와의 차별성을 강조했고, "암호화폐는 미국에서 채굴·주조·제조되어야 한다"고 못 박으며 블록체인 산업의 본거지를 미국으로 고정시키겠다는 강한 의지를 드러냈다.

더불어 그는 선거 과정에서 증권거래위원회(SEC) 의장 교체 의지를 분명히 하고, 지나친 규제를 바로잡아 미국 중심의 코인 생태계를 구축하겠다는 입장을 반복적으로 밝혔다. 실제로 선거 캠프 차원에서도 비트코인과 이더리움 등 주요 암호화폐 후원금을 공식적으로 받기 시작하며, 제도와 현실을 동시에 움직여 나갔다. 이러한 흐름은 단순한 선거용 수사가 아니라 미국이 블록체인 산업의 글로벌 패권을 쥐려는 전략적 행보임을 보여준다.

이러한 정치적 기류 속에서 '미국 코인(U.S.-based Cryptocurrency)[79]이라는 개념은 단지 미국산 스테이블코인을 의미하는 것을 넘어 미국 법과 규제 아래 발행되고, 미국 자산을 기반으로 신뢰를 형성하는 디지털 통화를 포괄하는 용어로 부상하고 있다. 이른바 미국 코인은 향후 글로벌 결제 시스템, 국제 투자 시장, 디지털 세금 징수 등 여러 방면에서 표준이자 기준 화폐로 기능할 가능성이 높아지고 있다.[80]

이 책을 읽는 독자라면 스스로에게 다음과 같은 질문을 던져봐야 한다. 지금 마주하는 변화가 단지 미국의 정책 변화로 그칠 것인지 아니면 디지털 경제의 판도를 통째로 바꿔놓을 격변의 시작일지 말이다. 우리가 지금 주목해야 할 것은 블록체인 위에서 실제로 어떤 통화가 기준이 될지 하는 문제다.

지니어스 법안 통과의 의미

디지털 달러의 역습

지니어스 법의 핵심은 미국 재무부가 직접 스테이블코인 생태계를 지원하고 통제할 수 있는 권한을 갖는다는 점이다. 이는 곧 미국 정부가 민간기업을 통해 사실상 달러를 디지털 형태로 발행할 수 있게 되었다는 의미다. 그 의미를 자세히 살펴보면 다음과 같다.

- 스테이블코인 발행 주체는 재무부의 사전 승인 하에 운영되어야 한다.
- 스테이블코인을 발행한 만큼 미국 달러나 국채를 보유해야 한다.

즉, 스테이블코인을 발행하기 위해서는 발행 주체가 달러 현금 또는 미국 국채를 확보하여 수탁은행(custodian)에 보관해야 한다. 이에 미국 달러와 국채에 대한 글로벌 수요 증가를 유도하여 국제적으로 미국 달러의 지배력을 강화할 수 있다.

스테이블코인 발행사가 나아가야 할 방향

법안 통과 이후, 스테이블코인 발행사가 취해야 할 조치는 다음과 같다.

- 스테이블코인 발행사로 등록하고, 미국 재무부의 승인을 받아야 한다.
- 담보 자산을 현금 또는 미국 국채로 구성하고, 이를 수탁은행에 예치해야 한다.
- 해외자산통제국(OFAC)의 제재 대상 감시 규정을 준수하기 위해 자체 필터링 시스템을 구축하여 제재 대상과의 거래를 차단해야 한다.
- 국제 거래를 위한 외국인 계좌 개설을 허용하고, 이에 필요한 신원확인(KYC) 및 자금세탁 방지(AML) 시스템을 갖추어야 한다.

따라서 은행만큼 까다로운 규제를 받는 스테이블코인 발행사는 금융 컴플라이언스 역량을 보유해야 시장에 진입할 수 있게 된 것이다.

다른 법안과의 연계 효과

지니어스 법과 주요 디지털 자산 법안을 연계하면 스테이블코인을 합법적 디지털 결제 수단으로 뿌리내리게 하는 기반을 공고히 할 수 있다.

법안 명칭	주요 내용 요약	지니어스 법과 연계 의미
GENIUS Act(Guiding and Establishing National Innovation for U.S. Stablecoins Act)	스테이블코인 발행 요건, 준비금 보유, 라이선스 등록, 소비자 보호 등 규정	스테이블코인의 법적 지위와 발행 기준을 연방 차원에서 최초로 명문화
CLARITY Act(Digital Asset Market Clarity Act)	디지털 자산의 증권 또는 상품 여부를 명확히 구분, 증권거래위원회(SEC)와 상품선물거래위원회(CFTC)의 관할 범위 설정	스테이블코인을 포함한 디지털 자산의 규제 적용 범위를 명확히 구분하는 기반 역할
Anti-CBDC Surveillance State Act	연방준비제도의 CBDC 발행·시험·중개를 금지함으로써 사적 프라이버시 침해 가능성을 사전에 차단	민간 스테이블코인의 기능 확대와 병행하여 중앙은행 주도의 디지털화폐 견제 수단
FIT21(Financial Innovation and Technology for the 21st Century Act)	증권거래위원회와 상품선물거래위원회의 관할 구분, 디지털 자산 산업 전반 규제 체계 마련, 투자자 보호, 플랫폼 등록 요건 명시	지니어스 법 제정 이전에 마련된 디지털 자산 전반의 포괄적 규제 체계 기반 법안

국제 질서 재편의 신호

지니어스 법은 미국 정부가 디지털 기술을 활용해 달러의 패권을 강화하려는 의도를 제도로 표현한 것이다. 특히 다음과 같은 함의를 지닌다.

- 스테이블코인을 활용한 해외 결제 구조 확산: 해외 원조, 정부 간 송금, 국제 정산에서 우선적으로 스테이블코인 활용이 의무화됨
- 미국 외 거주자도 미국 스테이블코인 계좌 개설 가능: 이는 글로벌 금융시장에서 미국의 디지털 위안화 대응 전략으로 해석 가능
- 미국 국채에 대한 글로벌 수요 창출: 스테이블코인 보유를 위해 국채 확보가 필수이며, 이는 국가 재정의 새로운 수요 기반을 창출함

지니어스 법은 미국이 디지털 세계에서도 달러 패권을 이어가기 위한 강력한 수단이다. 스테이블코인을 정부 관리 아래에 둔 지니어스 법은 기존 통화정책 도구와 디지털 화폐의 유연성을 결합하여 하이브리드 통화 체계를 마련했다. 앞으로 글로벌 코인 기업은 뛰어난 기술력만 보유해서는 살아남을 수 없다. 미국이 재편한 디지털 금융 질서에 속할 수 있는 능력을 갖추는 일이야말로 생존과 확장을 보장하는 핵심이라 할 수 있다.

지니어스 법이 몰고 온
후폭풍에 대처하다

원화의 위기

　미국의 스테이블코인 정책에 대응하기 위해 한국 정부도 민간 스테이블코인에 관심을 보이고 있다. 불과 수개월 전까지만 해도 블록체인 관련 정책을 거의 내놓지 않던 한국 정부가 뒤늦게나마 정책 방향을 고민하게 된 것은 분명 고무적인 일이라 할 수 있다.[81] 하지만 달러 스테이블코인에 맞서기 위해 단순히 원화 스테이블코인만을 내세우는 전략에는 한계가 있어 보인다.

　달러 스테이블코인에 대응하려면 달러 스테이블코인을 사용하지 않아도 좋을 만큼 원화 기반 자산의 매력도가 높아져야 한다. 하지만 현실은 그리 녹록지 않다.

　현재 국내 거래소에서도 원화를 이용해 쉽게 달러 스테이블코인을 구매할 수 있고, 이를 디파이 플랫폼에 예치하면 높은 이자를 받을 수도 있다.[82] 그렇다면 굳이 누가 원화를 국내 은행에 예치하려 하겠는가? 규제당국에서 달러 스테이블코인 구매 한도를 제한할 수는 있겠지만 우회로는 언제든 생겨날 수 있다.

　블록체인 데이터 분석 기업 체이널리시스(Chainalysis)의 조사에 따르면, 실제로 세계 곳곳에서 암호화폐가 우회 흐름을 만들어내는 사례들이 나타나고 있다. 가령 자국 화폐 가치가 휴지조각이 되어버린 베네수엘라에서는 정부가 자국 통화인 볼리바르(Bolívar) 사용을 강제하기 위해 달러 사용을 틀어막자 사람들은 마트에서 장을 보기 위해 스테이블코인 테더(USDT)를 사용해 거래하기 시작했다. 볼리바르 가치가 급락한 상황에서 스테이블코인이 사실상의 '비공식 달러'로 자리 잡은 것이다.[83] 나이지리아에서는 중앙은행이 암호화폐 거래를 전면 금지했음에도 2023년 7월부터 2024년 6월까지 약 590억 달러 규모의 암호화폐 거래가 있었고, 그중 소액 거래(1백만 달러 이하)가 85%를 차지할 정도로 국민 생활 깊숙이 침투해 있었다. 이는 규제를 무색하게 만드는 강력한 시장 수요를 보여준다.[84]

특히 러시아의 사례는 암호화폐가 국제 제재마저도 무력화시킬 수 있는 경로가 됨을 보여준다. 러시아-우크라이나 전쟁 이후 국제사회의 제재로 스위프트망 이용과 달러 결제가 불가능해지자 러시아 기업들은 두바이나 터키를 거쳐 비트코인과 스테이블코인으로 결제를 이어갔다. 그리고 가장 강력하게 암호화폐 거래를 규제하는 중국조차도 예외가 아니다. 법적으로 암호화폐 거래를 금지했음에도 가상사설망(VPN)*과 장외거래(OTC)를 통해 여전히 암호화폐가 거래되는 흔적이 포착된다.[85] 즉, 블록체인 자산은 국경이나 규제 장벽에 가로막히지 않고 새로운 흐름을 스스로 만들어내는 성질을 가지고 있다.

따라서 원화 스테이블코인이 달러 스테이블코인의 공습을 막는 수단이 되기보다 달러 스테이블코인을 구매하도록 부추기는 결과를 초래할 수도 있다. 이러한 상황에서 추진한 국내 통화 정책은 오히려 미국의 디지털 달러 패권을 강화할 위험이 있다.

전략자산 보유

그렇다면 달러 스테이블코인의 광풍을 막고, 원화를 지킬 방법은 정말 없을까? 역사적으로 통화 주권을 지키기 위한 자산으로는 금과 은, 미국 국채 같은 안전자산이 있었다.

과거 금본위제에서 금 1온스는 35달러로 고정되어 있었고, 이는 당시 최고급 정

---

* 가상 사설망이란 인터넷 접속 경로를 해외 서버로 바꿔 차단된 사이트에 접속할 수 있게 하는 기술을 말한다.

장 한 벌과 구두 한 켤레를 살 수 있는 가치와 맞먹었다. 하지만 오늘날 35달러로는 백화점에서 고급 양말 한 세트를 사기도 쉽지 않다. 만약 금본위제 당시 35달러에 구입한 금 1온스를 그대로 보유하고 있었다면 여전히 최고급 정장 한 벌과 구두 한 켤레쯤은 거뜬히 살 수 있는 실질 구매력이 유지되었을 것이다. 이는 금이 화폐 가치 하락에 대응하는 가치 저장 수단이라는 점을 보여준다. 실제로 1971년 이후 온스당 금 가격은 약 100배 상승했지만 소비자물가지수(CPI)는 8~9배 상승에 그쳤다.[86] 그래서 각국 중앙은행에서는 금을 일정량 비축해둔다. 혹여 해당 국가의 통화가치가 폭락하여 외환위기가 발생한다 해도 보관해둔 금으로 달러를 구매하여 경제를 다시 일으킬 수 있기 때문이다.

현재 디지털 자산 환경에서 비트코인은 금처럼 화폐 가치 하락에 대응할 수 있는 안전 자산의 지위를 차지했다. 어디로든 순식간에 보낼 수 있고, 디지털 지갑에 손쉽게 저장하며, 물가보다 빠른 상승률을 보이고 있기 때문이다. 특히 2015년 1월부터 2025년 9월까지 연평균 수익률을 비교해 보면 금은 약 10.4%, S&P500은 약 11.0%, 비트코인은 무려 113.5%에 달했다.[87] 하지만 가격 상승률보다 더 중요한 것은 비트코인이 언제든 그에 걸맞은 가치를 지닌 다른 자산으로 교환될 수 있을 만큼 확고한 신뢰를 얻었는가 하는 점이다.

비트코인은 지금 단순한 투자 수단을 넘어 디지털 시대 전략자산으로 입지를 굳히고 있다. 이는 미국 트럼프 행정부가 비트코인 전략자산 비축을 골자로 한 행정명령에 서명하고, 몇몇 주 정부에서 암호화폐를 세금 납부 수단으로 승인하는 방향을 적극 검토하는 등의 움직임을 통해 알 수 있다. 특히 와이오밍주, 플로리다주에서는 이미 구체적인 입법 논의에 착수했다. 여기서 알 수 있듯 미국은 이미 비트코인을 디지털 자산 시장의 표준으로 삼고, 통화주권 유지를 위한 전략적 수단으로 채택하였다. 이는 과거 금을 외환보유고에 비축한 국가들이 새로운 국제 금융 질서의 중심이 되었던 것과 같은 맥락으로 볼 수 있다. 언젠가 미국 달러가 위기를 맞게 될 때, 우리는 미국이 보유한 금과 비트코인을 바라보게 될지도 모르겠다.

미국이 그러했듯 비트코인을 기준 자산으로 먼저 채택하는 국가는 자국이 발행하는 스테이블코인에 대해 큰 신뢰를 얻을 수 있고, 이는 향후 디지털 금융 질서의 주도권을 잡는 데 도움이 될 것이다. 따라서 우리는 단지 통화 주권을 잃지 않는 것을 넘어 디지털 질서의 중심축이 되기 위한 능동적 전략을 고민해야 한다.

선제적인 알트코인 인프라 구축

미국을 중심으로 블록체인 기반 디지털 경제 생태계가 빠르게 구축되고 있는 만큼 우리도 금융·자산·행정을 아우르는 블록체인 인프라를 선제적으로 확충해야 한다. 미국은 2024년 대선 이후 스테이블코인 법안을 중심으로 디지털 자산의 제도권 편입을 본격화하고 있으며, 이를 계기로 민간에서 발행한 혁신적 알트코인이 빠르게 일상에 스며들고 있다.

이러한 변화에 대응하기 위해 알트코인이 지닌 다양한 기술을 시험해보고, 우리 법제와 산업 구조에 맞춰 빠르게 우리 것으로 만들어야 한다. 예컨대 이더리움 기반의 스마트 계약, 솔라나 기반의 초고속 결제 인프라, 폴리곤 같은 확장성 중심 체인은 이미 글로벌 금융과 엔터프라이즈 시스템에 적용되고 있으며, 이를 국가 차원에서 검증하고 국산화하는 전략적 테스트베드 구축이 시급하다.

블록체인 인프라는 단기간에 완성될 수 없지만 일단 신뢰성과 확장성을 확보한 플랫폼을 구축하게 되면 국제 표준이 되는 데 있어 매우 유리한 위치에 설 수 있다. 이는 과거 모바일 결제 인프라나 전자 세금 시스템의 사례에서 보듯 초기에 안정성을 확보한 국가의 플랫폼을 뒤늦게 다른 나라에서 그대로 도입하거나 표준으로 채택하는 경향이 강하기 때문이다. 특히 아시아·중동·남미 등 규제와 인프라가 미비한 일부 국가에서 선진 시스템을 그대로 도입하고자 하는 수요가 크다.

따라서 플랫폼 구축에 앞서 있는 국가는 자국의 규제 방식과 인프라가 국제 사회에 은근히 스며들어 새로운 표준처럼 자리할 절호의 기회를 확보할 수 있다.[88] 이는 단순히 기술 수출 차원을 넘어 거시적으로는 디지털 통화 경쟁 속에서 자국 화폐의 매력도를 높이고, 원화 가치 하락에 대응하는 전략으로도 이어진다.

원화 쓰임새 다양화

비트코인을 국가 준비자산으로 편입하고, 범용성이 높은 알트코인 기술을 활용해 국내 디지털 금융·자산·행정 인프라를 구축하는 것은 디지털 달러의 침공에 대응하는 효과적인 방어 전략이다. 하지만 무엇보다 중요한 건 바로 원화의 매력을 근본적으로 높이는 일이다.

즉, 사람들이 달러가 아닌 원화를 자발적으로 선택하고 보유하고 싶도록 해야 한다. 외국 통화와 견주어 원화가 경쟁력을 충분히 갖춘다면 외환시장과 디지털 금융질서 속에서 원화의 국제적인 위상은 더욱 높아질 수 있다. 그러려면 우선 지금처럼 스마트폰으로 토큰을 사고팔 수 있게 하는 국내 플랫폼을 국제적인 원화 유통 채널로 키우는 전략이 필요하다.

예를 들어 한국 정부는 콘텐츠, 패션, 뷰티 등 해외 수요가 높은 산업에 맞춰 디지털 상품권이나 토큰을 원화로 발행하고, 이를 스마트폰 앱을 통해 해외 소비자가 직접 구매하고 사용할 수 있는 구조를 만들 수 있다.[89] 이때 결제 기반이 되는 것은 원화 스테이블코인이며, 이것은 국내 규제를 따르면서도 해외 소비자들이 원화와 연동된 디지털 자산에 처음으로 발을 내디딜 문이 된다.

위 내용의 흐름을 정리하면 다음과 같다.

- 국내 기업에서 발행한 원화 기반 토큰(예: K-Culture Voucher, Medical Care Token 등)을 외국인 소비자가 스마트폰 앱을 통해 구매한다.
- 해당 토큰을 활용해 한국의 상품과 서비스(예: 스트리밍 이용권, 성형외과 상담권, 한류 공연 티켓 등)에 접근한다.
- 활동 내역이 블록체인에 투명하게 기록되고, 그 데이터는 추후 자산으로 변환될 수 있다.
- 충분한 거래 이력을 보유한 외국인에게 비자 발급, 의료비 지원, 숙박 할인, 디지털 학위 프로그램 우선 등록 등 혜택 제공한다.

이러한 구조는 단지 원화를 쓰게 한다는 소극적 의미를 넘어 글로벌 소비자가 원화 생태계에 능동적으로 참여하게 하는 글로벌 플랫폼이 된다. 즉, 신뢰를 기반으로 하는 글로벌 경제 네트워크 속에서 원화가 중심이 되는 구조다.

왜 스마트폰 기반이어야 하는가

외국인이 한국에서 투자나 경제 활동을 하려 할 때, 기존에는 국내 계좌를 개설하는 등 복잡한 절차를 거쳐야 했다. 스마트폰 앱은 사용자가 계좌를 개설하지 않아도 손쉽게 디지털 원화 생태계에 진입할 수 있게 하여 원화에 대한 수요를 국외에서도 창출하는 구조를 만들어냈다.

결국 중요한 것은 통화 자체가 아니라 통화를 담는 플랫폼이다. 원화가 국제 거래나 자산 운용의 수단이 되려면 스마트폰 기반 블록체인 인프라가 먼저 설계되어야 한다.

특히 한국은 스마트폰 제조 및 유통 역량을 최고 수준으로 보유한 국가로 스마트폰 기반 디지털 지갑과 앱 생태계를 전 세계에 확산시키는 데 매우 유리한 조건을 갖추고 있다. 즉, 블록체인 인프라를 글로벌 스마트폰 네트워크와 결합하는 전략은 한국이 금융 인프라의 주도권까지 확보할 수 있는 전략적 카드가 될 수 있다.

따라서 스마트폰 기반 글로벌 토큰 거래 플랫폼을 설계하고, 이를 디지털 원화(CBDC 등)와 연계한다면 원화는 디지털 자산 시장에서 달러에 대응할 수 있는 디지털 플랫폼 통화로 발전할 수 있다. 즉, 국경을 초월한 디지털 시장에서 원화가 중심이 되도록 정책을 설계하고, 원화를 자발적으로 사용하게 하는 유인 구조를 갖추어야만 원화가 살아남을 수 있다.

알곡과 가라지를
갈라놓을 불타는 장

2024년 재선에 성공한 트럼프 대통령은 공개적으로 암호화폐에 우호적인 태도를 취하기 시작했다. 암호화폐 규제 완화와 제도권 편입에 대한 기대가 시장 전반에 반영되면서 전 세계 코인 투자자들은 다시 한 번 불장, 즉 급등장을 맞이했다.

하지만 앞으로 찾아올 불장은 과거와는 다른 양상으로 전개될 가능성이 크다. 과거에는 주로 투기자금이 유입되거나 기대감이 한껏 커질 때 불장이 찾아왔다면 앞으로는 코인의 실제 사용 여부가 시장에 큰 영향을 줄 것으로 보인다. 즉, 단순 기대감이 아니라 실제 생활에서 얼마나 유용하게 쓰이는지, 기술이 어떤 기능을 보유하고 있고 얼마나 많은 사람들에게 가닿을 수 있는지 같은 구체적 지표와 사례가 중요한 가치 평가 기준이 되어가고 있다.

이러한 변화는 반복된 실망에서 비롯되었다. 그간 투자자들은 'AI와 블록체인 융합 플랫폼', '국경 없는 금융 혁명', '탈중앙화 거버넌스' 같은 수사나 인플루언서의 추천에 이끌려 암호화폐에 투자하곤 했다. 그러나 대부분 상장폐지, 프로젝트 소멸, 개발 중단이라는 결말을 맞이했다. 막대한 손실을 입은 많은 투자자들은 어쩌면 자신에게 이렇게 질문했을지도 모른다. '나는 대체 무엇을 보고 이 코인에 투자했던 것일까?'

코인이 제도권에 들어서면서 그 질문은 투자 전에 꼭 거쳐야 할 출발점이 되었다. 현재 투자의 기준은 누군가가 한 말이 아니라 데이터로 옮겨가고 있다. 블록체인 탐색기(block explorer)만 열어봐도 특정 코인의 실제 사용 여부는 명확히 드러난다. 일일 거래 건수, 활성 지갑 수, 실제 사용처, 블록 보상 내역까지 모든 기록이 공개되어 있으며, 누구나 확인할 수 있다. 예를 들어 리플(XRP)은 일본, 태국, 필리핀, 싱가포르 간 실시간 송금 인프라로 실제 거래를 처리하고 있고, USDC는 비자(Visa) 결제 네트워크와 연동되어 글로벌 가맹점에서 실사용되고 있다. 이더리움은 이미 수많은 디파이 서비스와 NFT 마켓플레이스의 기반 인프라로서 매일 수백만 건의 스마트 계약이 이더리움에서 체결[90]되고 있다.

반면 지속적인 사용처가 없는 코인이 여전히 수없이 존재하며, 이들은 다음 불장에서 시장의 검증을 피할 수 없을 것이다. 기능이 없는 코인은 일시적으로 가격이 오를 수는 있어도 오래 살아남지 못할 것이다.

즉, 미국에서 스테이블코인 관련 법안이 통과되고 제도가 정비되면서 살아남을 코인과 그렇지 않은 코인의 경계가 더욱 뚜렷해지고 있다. 앞으로는 제도권 안에서 인정받는 코인은 더욱 많이 사용되는 반면 그 외 다수의 코인은 자연스럽게 시장의 관심에서 멀어지게 될 것이다.[91] 제도가 곧 가치를 증명하지 못한 코인을 걸러내는 기준이자 필터로 작용하는 것이다.

2025년 이후의 코인 시장은 제도적 기준을 통과한 프로젝트만이 살아남는 정화의 공간이 될 것이다. 그리고 불장은 단순히 시장을 한층 더 달구는 데 그치지 않고 살아남을 코인을 시험하는 불의 검증대가 되고 있다. 앞으로는 얼마나 빨리 오르느냐보다 얼마나 오래 살아남느냐가 알곡 같은 코인을 판단하는 중요한 기준이 될 것이다.

디지털 화폐의 조율자, 브릿지코인

국제 금융구조의 변화

미국이 스테이블코인을 제도권 안으로 집어넣자 전 세계 금융 질서에 균열이 일고 있다. 각국은 곧바로 대응책을 마련하며 디지털 자산의 제도권 편입을 본격적으로 검토하기 시작했다. 이러한 움직임은 자산의 토큰화, 달러 및 각국 통화의 디지털화, 새로운 결제·정산 체계의 등장으로 이어지며 금융 구조 전반을 빠르게 재편해 나갈 것으로 전망된다.

이러한 변화의 밑바탕에는 반드시 기능해야 할 공통 인프라가 존재한다. 바로 서로 다른 디지털 화폐와 시스템을 연결해주는 브릿지 코인(bridge coin)이다. 만약 이러한 연결 고리가 없다면 각국에서 발행하는 디지털 화폐와 민간이 발행하는 스테이블코인은 마치 고립된 섬처럼 따로 존재하게 되어 국제 거래가 매끄럽게 이루어질 수 없다.

따라서 앞으로의 금융 질서를 이해하고 대비하려면 브릿지 코인의 역할과 의미를 파악하는 것이 무엇보다 중요하다.

브릿지 자산의 역할

　브릿지 자산(bridge asset)이란 서로 호환되지 않는 디지털 화폐와 금융 시스템을 이어주는 매개 자산을 뜻한다. 국가별 통화, 중앙은행 디지털화폐(CBDC), 스테이블코인, 기업 포인트 등 구조가 제각각인 자산들은 이들을 이어주는 공통의 통로가 있어야만 결제·송금·환전이 가능하다.

　국제 무역과 다국적 결제는 수십 가지 통화가 얽혀 돌아가는 복잡한 구조다. 만약 모든 통화를 직접 연결하려 한다면 비용이 기하급수로 증가하고 시간이 상당히 소요된다. 그러나 하나의 브릿지 자산을 중심축으로 삼으면 모든 거래가 단일 경로를 통해 정산되기 때문에 훨씬 효율적이다.

　여행에서 흔히 겪는 상황을 떠올려 보자. 원화를 들고 파리 환전소에 가면 유로화로 바로 바꿔주지 않아 먼저 달러로 바꾼 뒤 유로로 환전하는 경우가 많다. 여기서 달러가 브릿지 자산 역할을 한다고 생각하면 된다.

　브릿지 자산은 단순히 송금 편의를 위해 주어진 선택지가 아니라 서로 다른 금융 시스템을 현실적으로 이어주는 핵심 매개체라고 할 수 있다.

디지털 통화 간 직접 연결이 어려운 이유

많은 국가에서 중앙은행 디지털화폐(CBDC)나 민간 스테이블코인을 발행할 계획을 세우고 있다. 겉보기에는 국가 화폐를 똑같이 디지털로 발행한 것처럼 보이지만 실제로는 각국에서 선택하는 블록체인 구조와 운영 방식이 제각각이라 서로 연결하기가 쉽지 않다.

예를 들어 한국에서는 중앙은행이 디지털 원화를 이더리움 기반으로 발행하고, 미국은 민간 기업이 디지털 달러를 비트코인 계열 위에서 운영한다고 가정해보자. 이 둘을 연결하고자 할 경우 다음과 같은 차이 때문에 호환이 어려워진다.

- 블록체인 구조가 다르다. 이더리움은 '계정 기반(account-based)' 구조를, 비트코인은 '미사용 트랜잭션 출력값(UTXO) 기반' 구조를 사용한다. 언어와 체계가 서로 다르기 때문에 직접 통신하기 어렵다.
- 검증 방식이 다르다. 한국은 중앙은행에서 직접 검증 노드를 운영할 수 있지만 미국은 민간 노드에 의존한다. 이 경우 검증을 맡은 주체와 정부의 정책 결정 권한이 달라 정치적·법적 충돌이 발생할 수 있다.
- 규제 기준이 다르다. 한국에서는 모든 거래에 고객 신원 확인(KYC)을 요구할 수 있지만 미국에서 일정 금액 이하는 인증을 받지 않아도 된다. 이런 차이는 양국 간 직접 거래를 어렵게 한다.
- 속도가 다르다. 비트코인은 거래 처리 속도가 느려 실시간 송금에 적합하지 않다. 반면 이더리움은 상대적으로 빠르지만 수수료 변동성이 크다.

위 문제는 단순히 한국과 미국만의 사례가 아니다. 전 세계 100여 개 국가에서 각자 다른 방식으로 CBDC를 발행한다면 이들을 연결하기 위해 약 4,950개의 네트워크 조합을 따로 설계해야 한다. 이는 사실상 불가능한 일이다.

브릿지 자산이 있으면 각국의 디지털 화폐를 서로 연결하는 대신 브릿지 자산 하나에만 연결하면 된다. 그러면 연결 경로가 100개로 줄어들고, 통신 규칙이 표준화되며, 유동성이 한 곳으로 집중되어 효율이 크게 높아진다.

브릿지 자산의 범용성 확장

　브릿지 자산은 단순히 각국의 CBDC나 스테이블코인을 연결하는 역할에 그치지 않는다. 앞으로는 자산이 본격적으로 토큰화되면서 부동산·주식·채권·탄소 배출권·게임 아이템 등 가치를 지닌 것은 대부분 디지털 자산 형태로 거래될 것이다. 이들을 실제 화폐로 교환하거나 다른 형태의 디지털 자산과 맞바꾸는 순간에도 반드시 매개 역할을 하는 자산이 필요하다.

　문제는 수천수만 개인과 기업, 은행이 하루에도 수십억, 수백억 건 단위로 서로 다른 통화를 주고받는다는 점이다. 이때 모든 거래는 브릿지 자산을 경유한 뒤 이루어진다. 일부 규모가 큰 은행이나 기업의 경우 브릿지 자산을 일정량 보유한 상태에서 자체적으로 송금을 처리할 수 있다. 이들은 자체 외환거래 수요에 따라 상시적으로 일정량의 브릿지 자산을 보유한다. 반면 대부분의 중소 규모 은행이나 기업 그리고 개인은 시장에서 실시간으로 브릿지 자산을 매입해 사용하고, 교환이 끝나면 되팔고 있다. 이렇듯 상시보유 수요와 함께 필요할 때 즉시 구매하고, 교환을 끝낸 뒤 곧바로 되팔기 위해서는 막대한 규모의 금액을 감당할 수 있는 유동성 풀과 실시간으로 사고팔 수 있는 거래 환경을 확보해야 한다. 다시 말해, 브릿지 자산이 평소에도 엄청난 규모와 빠른 속도로 거래돼야 한다는 뜻이다. 이를 위해서는 브릿지 자산의 사용처가 계속 늘어나야 할 것이다. 범용성을 확보하고 밀리초 단위로 순환하는 고유동성 자산이 되었을 때 브릿지 자산은 비로소 글로벌 금융 인프라로 기능할 수 있다.

브릿지 코인의
가치 상승 메커니즘

　브릿지 코인의 가치는 기대감이나 투기에서 비롯되지 않는다. 은행과 기업, 개인이 통화를 교환하는 과정에서 필연적으로 발생하는 수요가 가치를 부여한다.

　여기에 네트워크 효과가 더해진다. 네트워크 효과란 사용자가 늘어날수록 상품이나 서비스의 효용이 기하급수적으로 증가하는 현상을 뜻한다. 전화기를 가진 사람이 한 명뿐이면 전화기는 아무짝에도 쓸모없는 물건이 되지만 두 명이면 곧바로 가치가 생기고, 천만 명이 전화기를 쓰기 시작하면 사회 전체의 필수 인프라가 되는 것처럼 브릿지 코인도 사용 빈도가 많아질수록 가치가 붙는다.

　예를 들어 은행 두세 곳에서만 브릿지 코인을 활용한다면 거래량은 제한적일 수밖에 없다. 그러나 주요 글로벌 은행 수십 곳에서 동시에 브릿지 코인을 도입하면 어느 은행과 거래하든 동일한 브릿지 자산을 거쳐야 하므로 거래가 몰리고 수요가 폭발한다. 결과적으로 브릿지 자산은 국제 거래에서 없으면 안 되는 사실상 표준으로 자리 하게 된다.

　한편, 네트워크 효과를 강화하기 위해 실제로 여러 플랫폼에서 참여자들을 끌어들이는 전략을 펼쳐왔다.

- 리플은 2017년부터 일본 SBI홀딩스, 스페인 산탄데르 은행, 미국 뱅크오브아메리카 등과 파트너십을 맺고 국제 송금망에 자사 브릿지 솔루션을 탑재했다. 이후 리플넷(RippleNet)을 통해 수백 개 금융기관이 같은 네트워크를 공유하도록 하여 참여자가 많아질수록 송금이 더 편리해지는 구조를 만들었다.
- 스텔라재단은 NGO와 개발도상국 금융 포용에 집중했다. 예컨대 유엔난민기구(UNHCR)와 협력해 난민 지원금을 스텔라 기반 토큰으로 지급하거나 아프리카 지역에서 모바일 결제와 연계해 실사용을 확장했다.
- 솔라나는 초당 수만 건을 처리할 수 있는 속도를 무기로 전자상거래 및 게임 결제 분야에서 브릿지 자산 역할을 시도하고 있다.
- 폴리곤은 이더리움의 확장성을 개선해 다양한 스테이블코인을 한데 모아 연결하는 허브가 되려 하고 있다.

이러한 전략은 공통적으로 사용자가 많아질수록 효용이 커지는 구조를 만들려는 시도라 할 수 있다. 네트워크 효과로 어떤 자산의 수요가 증가하는 선순환이 한 번이라도 이루어지면 경쟁 자산이 새롭게 시장에 진입하기란 쉽지 않다. 이미 특정 브릿지 코인을 기반으로 시스템을 구축한 은행과 기업 입장에서는 굳이 막대한 전환 비용과 시간을 쓸 이유가 없기 때문이다. 결국 시장을 선점한 브릿지 코인이 시장의 주도권을 장악하고, 시간이 갈수록 자신의 지위를 공고히 하게 된다.

브릿지 코인은 겉으로 잘 드러나지 않지만 실제로는 글로벌 금융 인프라의 배관을 담당하는 핵심 요소로 기능한다. 앞으로 스테이블코인과 CBDC가 확산될수록 그 배관은 더 굵어지고, 더 많은 거래가 흘러가며, 그만큼 가치와 영향력은 구조적으로 강화될 것이다.

이더리움 위에 '올린다'고?

최근 뉴스에서 다음과 같은 표현을 종종 접할 수 있다. "한국은 CBDC를 이더리움 위에 올릴 것이다", "유럽은 비트코인 기반 CBDC를 고려 중이다." 하지만 블록체인에 익숙하지 않은 일반 독자들이 이 같은 말을 직관적으로 이해하기란 쉽지 않다.

그러나 이런 말은 알고 보면 생각보다 어렵지 않다. 어느 체인 위에 올린다는 건 해당 국가가 발행하는 디지털 화폐가 어떤 블록체인 네트워크(플랫폼) 위에서 작동할지를 결정했다는 의미다. 비유하자면 스마트폰이 안드로이드(구글)나 IOS(애플)라는 운영체제를 선택하듯이 디지털 화폐도 그 기반 기술로 사용할 플랫폼을 선택하는 것이다.

예를 들어 이더리움은 스마트 계약 기능과 범용성을 강점으로 내세우는 퍼블릭 블록체인 플랫폼이다. 비트코인은 보안성과 안정성에 초점을 맞춘, 보다 단순하고 제한된 구조를 갖춘 블록체인이다. 그리고 솔라나, 폴리곤, 알고랜드 같은 플랫폼은 각각 빠른 처리 속도, 낮은 수수료, 다양한 기술 특화 기능을 갖추고 있다. 국가가 자국의 CBDC를 특정 블록체인에 올린다는 것은 이러한 플랫폼 중 하나를 운영 기반으로 삼아 디지털 화폐를 구현하겠다는 의미다.

따라서 "한국이 이더리움을 기반으로 CBDC를 만든다"는 말은 이더리움이라는 블록체인의 장부 구조와 스마트 계약 기능을 빌려 디지털 원화를 설계한다는 뜻이고, "유럽이 비트코인 기반을 고려한다"는 말은 보다 보수적이고 검증된 블록 구조를 채택하겠다는 의미로 해석할 수 있다.

누가 리셋의 주인이 될 것인가

지금 당장 코인을
이해하지 않으면 안 되는 이유

코인은 단순히 투자 대상에 머무르지 않는다. 세계 각국에서 일부 암호화폐에 법정화폐와 유사한 지위를 부여하고 있고, 다수의 알트코인도 실생활에서 다양하게 쓰이고 있다.

이처럼 암호화폐가 경제 전반에 침투할 수 있었던 것은 코인이 교환 수단을 넘어 주된 사용 목적을 갖고 있기 때문이다. 즉, 코인이 지닌 기술을 사용하기 위해서는 코인을 반드시 보유하고 있어야 하는 것이다.

코인은 기존 화폐보다 유연성과 확장성을 지닌 금융수단으로 발전하고 있다. 지폐에 적힌 숫자가 아닌 실제 기술 사용처에 따라 가치가 만들어지는 새로운 형태의 통화 단위가 된 것이다. 따라서 지금 이 흐름을 얼마나 빨리 이해하고 받아들이는지가 우리 개개인은 물론 국가의 미래를 좌우하는 중요한 열쇠가 될 것이다.

처음 스마트폰이 등장했을 때 누군가는 앱을 만들어 새롭게 부를 창출했고, 누군가는 앱 사용에 적응조차 하지 못해 디지털 소외에 시달리기도 했다. 블록체인과 암호화폐 시대도 별반 다르지 않다. 변화의 흐름을 늦게 받아들일수록 정보 격차는 물론 궁극적으로 소득 격차마저 크게 벌어질 수 있다.

코인을 이해하지 않는다는 건 미래의 금융 흐름을 이해하지 않겠다는 뜻과 같으며 그 대가는 중요한 기회를 놓치는 것으로 치러야 할지도 모른다.

격변의 시대,
한국이 지닌 부의 승부수

한국 기업들은 이미 수많은 자산을 디지털화할 수 있는 기반을 갖추고 있다. 부동산, 채권, 금, 미술품, 농산물은 물론 개인의 미래 수익까지도 토큰화할 수 있는 기술과 자본 그리고 인적 자원을 갖추고 있다.

따라서 대한민국의 수많은 자산을 블록체인 기반으로 유동화하는 일은 더 이상 허황한 이론에 그치지 않는다. 실제로 몇몇 기업은 부동산 수익형 토큰,[92] 미술품 공동 소유 NFT,[93] 농산물 선도거래 스마트계약 등을 실험하고 있으며, 이는 전통 금융으로는 불가능한 유동성과 분산 소유 모델을 시장에 제공할 것으로 기대된다.

특히 블록체인 기반 스마트 계약과 디지털 지갑이 결합되면 기업은 거래소 없이도 실물 자산을 블록체인 상에서 손쉽게 관리하고 거래할 수 있는 구조를 갖게 된다. 이를 통해 자산 발행, 유통, 정산, 회계까지 하나의 생태계 안에서 자동화할 수 있다.

플랫폼은 이미 당신의 손 안에 있다

앞에서 스마트폰 기반 플랫폼이 디지털 원화의 국제 경쟁력 확보를 위한 정책 설계 도구로 언급되었다면, 이 장에서는 스마트폰 기반 플랫폼을 현실에서 구현할 수 있는 민간 기업의 역할에 대해 다뤄보고자 한다.

글로벌 스마트폰 시장에서 선두를 달리고 있는 삼성전자는 2019년부터 블록체인 키스토어를 내장한 모델과 하드웨어 지갑 수준의 보안 기능을 지닌 프리미엄 모델을 출시하고 있다. 이는 곧 글로벌 결제 생태계를 장악할 수 있는 포털을 이미 손에 쥐고 있다는 뜻이다.

이제 남은 일은 이 포털을 활짝 여는 것뿐이다. 인증, 송금, 결제, 계약 이행 등 블록체인을 활용한 모든 활동의 출발점이 되는 디지털 지갑을 설계하고 상용화하는 것, 그것이 기업이 추구해야 할 목표이다.

글로벌 금융 포용을 겨냥하라

아프리카, 중남미, 남아시아 등 디지털 금융 인프라를 갖추지 못한 지역은 스마트폰 보급률은 높지만 은행 접근성이 매우 낮다. 하지만 이 지역 주민들은 블록체인 기반 디지털 지갑과 결제 네트워크를 통해 글로벌 금융 생태계에 진입할 수 있는 신규 사용자이자 예비 수요층이 될 수 있다.

예를 들어 아프리카 및 중남미의 주요 도시와 농촌에서는 여전히 길거리 환전상이 은행을 대신해 송금과 현금 지급 업무를 맡고 있다. 가족이나 지인이 외국에서 보낸 돈을 받을 때, 사람들은 수수료를 물어가며 법적 보호를 장담하기 어려운 환전소를 이용하는 일이 다반사다. 여기에는 위조화폐 위험, 지나치게 높은 수수료, 불법 자금 유통, 거래 내역 불투명 등 여러 문제가 내포되어 있다. 이러한 문제를 해결하기 위해 한국 기업은 다음의 세 가지가 유기적으로 결합된 하이브리드 금융 솔루션을 제안할 수 있다.

1. 블록체인 기반 디지털 지갑
    - 신원 인증, 자산 저장, 송금이 가능한 앱으로 코인·토큰을 활용한 P2P 거래를 가능케 함
    - 낮은 수수료로 운영되는 소규모 금융 플랫폼 기능 내장
    - 게임, 리워드 앱,[94] 지역 커뮤니티와 연계 가능[95]
2. P2P 환전 네트워크 및 중개자 검증 시스템
    - 현지 길거리 환전상들을 디지털 인증 네트워크에 등록하여 블록체인에 모든 거래 내역을 투명하게 기록하고 평판에 따른 신뢰를 형성
    - 사용자들이 실시간으로 환율 정보를 비교해보고 선택할 수 있도록 하는 자율적인 환전 시장을 만들 수 있음
3. 스마트폰과 결합된 간편 금융 앱 패키지
    - 누구나 쉽게 사용할 수 있도록 설계된 앱 화면과 구조
    - 복잡한 절차 없이 한두 번의 터치만으로 송금 및 환전 가능
    - 인터넷 연결이 불안정한 환경에서도 쓸 수 있는 오프라인 기능 탑재
    - 지문이나 얼굴 인식 등을 활용한 간편 보안 기능 포함

하이브리드 금융 솔루션을 실제로 적용하면 디지털 지갑은 소액의 수수료만으로도 지역 경제에 수익을 가져다주는 마이크로 플랫폼이 된다. 사용자 수가 증가할수록 락인 효과는 커지며, 한국 브랜드가 현지에 상륙해 생태계를 구성할 가능성도 커진다. 이것이 바로 금융 포용이라는 사회적 가치와 한국 기업의 새로운 수익 모델을 결합하는 방식이다.

─────── 디지털 주권을 위한 기업과 정부의 전략적 분담

디지털 질서는 미국 중심으로 빠르게 고착화되고 있다. 미국은 스테이블코인 법안을 통과시키며 달러를 디지털화하고 있으며, 여기에 관련한 여러 글로벌 기업을 통해 디지털 달러 인프라를 확장하고 있다. 하지만 이렇게 정부 위주로 형성된 판도 안에서 기업이 독립적으로 블록체인 인프라를 확장한다는 것은 환상에 가깝다.

반대로 정부만으로는 결코 기술 생태계를 만들어낼 수 없다. 그러므로 정부가 설계하고, 기업이 실현하는 전략적 분업 체계가 필요하다. 정부는 규제환경을 제공하고, 기업은 플랫폼과 사용자 기반을 만들어 시장을 확장한다. 그 과정에서 생기는 새로운 수익모델, 기술표준, 금융상품 모두 한국 기업에 글로벌 경쟁력을 가져다 줄 수 있다.

─────── **기술을 가진 자가 아니라 그것을 먼저 실행한 자가 승자다**

지금은 설계된 플랫폼 위에서 누가 먼저 움직이고 주도권을 잡는지가 관건이다. 한국 기업이 이 기회를 선점하지 못한다면 블록체인과 디지털 통화 질서는 다른 누군가에 의해 설계되고 운영될 것이다. 그러나 아직 늦지 않았다. 기술은 이미 우리 손에 있고, 시장도 존재하며, 정책 기반도 마련되고 있다.

이제는 당신의 차례다. 지금 당장 움직여야 한다.

다양한 금융 포용 아이디어와 그 함의

본문에서 다룬 길거리 환전상의 디지털화는 비공식 경제를 블록체인 기반 거래망에 연결한 한 가지 사례일 뿐이다. 실제로는 신용 기반이 취약한 사회에서 디지털 지갑을 통해 개인의 평판을 기록하는 신용 인프라를 조성할 수도 있다. 또한 NGO와 연계한 마이크로 론 생태계를 앱 안에 자동화하거나 AI를 활용하여 현지 물가 비교 기능과 소비자 보호 기능을 결합하는 등 무궁무진한 가능성을 지닌다.

그러나 중요한 것은 이러한 변화가 의미하는 기술적 흐름과 투자 시그널이다. 즉, 신원인증, 소액결제, AI 분석, 보안 기술이 결합된 코인이나 플랫폼이야말로 앞으로 개발도상국 시장을 선점하고, 금융 포용을 위한 실질적 수단이 될 가능성이 높다.

코인의 미래를 진정으로 통찰하기 위해서는 기술의 활용처보다는 누구의 문제를 어떻게 풀 수 있는지에 초점을 맞춰야 한다. 특히 금융 사각지대에 수십억 명이 존재하는 만큼 지금 우리가 이 흐름을 잘 읽는다면 미래를 주도할 기회를 찾아낼 선구자가 될 수 있다.

미래를
준비하는 사람들

바뀌어가는 시스템을 이해하라

 블록체인 시대의 생존자 혹은 설계자가 되기 위해서라도 블록체인을 코인 투기용 기술로 국한해서는 안 된다. 코인을 매수하고 보유하는 일은 단순한 재테크를 넘어 새로운 시대의 흐름 속에서 어떤 미래를 지지하고 대비할지에 관한 문제가 되었다.
 이 장에서는 블록체인의 주인이 되지 못하더라도 최소한 그 흐름에 편승할 수 있는 현실적인 방법을 제시하고자 한다. 지금부터 하는 이야기는 흐름에 대비하는 사람과 그 흐름을 스스로 만들어내는 사람, 두 가지 부류로 나누어 전개된다.

격변의 시대를 흔들림 없이 헤쳐 나가는 가장 강력한 대비책

 블록체인은 자산이 움직이는 방식 자체를 탈바꿈하고 있다. 기존 금융 시스템이 돈을 펀드, 채권, 예금이라는 틀 안에서 굴려왔다면, 블록체인은 어떤 틀이든 누구나 코드로 만들 수 있게 했다.

코인을 모은다는 것은 어떤 생태계에서 참여자이자 공동 소유자로 자리한다는 것을 의미한다. 과거에는 건물 한 채를 사야만 부동산 투자자라 불릴 수 있었다. 그러나 부동산 소유권이 수천 개의 토큰으로 거래되는 시대가 열리면서 앞으로는 토큰 하나만 구매해도 부동산 투자자라 불릴 수 있게 될 것이다. 또한 당신이 보유한 토큰은 어떤 프로젝트를 진행하고 올린 수익에 따라 자동으로 배당을 지급하는 열쇠가 될 수도 있다.

결국 어떤 종류의 코인을 가지고 있는지, 그 코인이 어떤 생태계와 연결되어 있는지가 중요하다.

주인이 될 수 없다면 최소한 준비라도 해두자

모든 사람이 블록체인 시대의 설계자가 될 수는 없다. 하지만 다가오는 변화를 외면하지 않고 준비하는 일은 누구나 할 수 있다. 지금 사회는 겉으로는 조용해 보이지만 산업 전반에 걸쳐 거대한 변화의 바람이 불고 있다. 일상의 시스템이 하나씩 교체되면서 어느 순간 우리는 완전히 달라진 세상에 서게 될 것이다.

그렇다면 무엇부터 시작해야 할까? 엄청난 지식이나 자본이 필요한 것은 아니다. 지금 당장 디지털 지갑 하나를 만드는 것부터 시작하면 된다. 이 지갑은 단순히 암호화폐를 보관하기 위한 수단이 아니다. 앞으로는 신분 확인, 온라인 투표, 쇼핑 등 모든 디지털 활동을 위한 중심 인터페이스가 될 것이다. 코인을 모으거나 단기 매매를 목적으로 한다면 거래소를 이용하는 것만으로도 충분하지만 진정으로 코인을 이해하고 싶다면 디지털 지갑에 익숙해져야 한다.

디지털 지갑을 보유한다는 것은 미래 사회에서 사용할 '기본 신분'을 미리 확보하는 것과 같다. 이후에는 블록체인 기반 애플리케이션을 직접 사용해보는 것이 좋다. 예를 들어 메타마스크(MetaMask) 같은 지갑을 설치하고, 블록체인 기반 마켓플레이스에서 NFT를 소액 구매해보는 것만으로도 블록체인을 이론이 아닌 현실로 받아들일 수 있다.

오늘날 대다수가 인터넷에 익숙하지만 1990년대 말만 해도 인터넷은커녕 이메일조차 많은 사람에게 낯설고 불편한 것으로 여겨졌다. 블록체인은 지금 그 시절의 인터넷과 같다. 아직 완성되지 않았기에 많은 기회가 열려 있다. 우리가 해야 할 일은 단 하나, 외면하지 말고 변화를 직접 경험해 보는 것이다.

새로운 질서의 판도를 바꿀 개척자

진짜 흥미로운 이야기는 지금부터 시작된다. 흔히 생태계의 규칙과 질서를 계획하는 이들로 개발자나 해커를 예상하기 쉽지만 실제로는 사람들의 행동과 관계를 설계하는 구조 디자이너가 개척자가 된다. 즉, 기술보다는 철학이나 심리가 더 중요하게 여겨진다.

예를 들어 한 예술가가 자신의 디지털 작품을 NFT로 발행하면서 단순히 판매하는 데 그치지 않았다. 그는 스마트 계약을 활용해 판매 수익이 함께 작업한 사람들에게도 자동으로 분배되도록 설계했고, 이를 통해 창작에 관여한 이들의 자발적 협력을 이끌어냈다.[96] 이 외에도 커뮤니티 중심의 프로젝트를 만들고, 커뮤니티에서 활동한 만큼 보상으로 토큰을 제공하는 구조를 도입한 이도 있었다. 이러한 구조는 참여자들에게 소속감과 영향력, 정체성을 안겨주었다는 점에서 사람들의 참여를 이끌어낸 효과적인 시스템이라 할 수 있겠다.

새로운 질서의 판도를 바꾸는 주인공이 되고 싶은가? 그렇다면 사람들의 적극적인 참여를 유도할 수 있는 구조에 대해 고민해보아야 한다. 우선, 다음과 같은 질문으로 시작해보자.

1. 이 시스템은 어떤 문제를 해결해줄까?
    : 뚜렷한 목적이 없는 프로젝트는 사람들을 끌어모으기 어렵다. 기존 방식에서 사람들이 무엇을 불편해하고, 믿지 못하는지 정확히 파악해서 어떻게 개선할지 확실하게 보여줘야 한다.

2. 사람들은 어떤 보상을 받아야 여기에 머무를까?

: 프로젝트에 참여하는 일 자체에 가치를 느끼고, 소속감을 가지며, 의미를 찾을 수 있도록 해야 오랫동안 사람들을 머무르게 하는 커뮤니티가 될 수 있다. 수익을 넘어 이러한 정신적인 보상까지 주어졌을 때 비로소 든든한 커뮤니티가 만들어지는 것이다.

3. 기존 시스템보다 더 낫다고 느끼게 하려면 무엇이 있어야 할까?

: 시스템의 승패를 가르는 핵심은 차별성이다. 접근성, 투명성 같은 구체적 장점이 사용자 경험에 잘 녹아들어야 한다.

이러한 질문을 던지고, 그에 대한 구체적인 답을 시스템으로 구현할 수 있을 때, 우리는 진정한 설계자가 될 수 있다. 실제로 기술적 전문성이 없더라도 철학이나 통찰로 생태계를 설계한 사례는 점점 늘고 있다. 예를 들어 한국과 중국, 베트남 등 여러 나라의 오프라인 상점에서 파이코인(Pi Network)을 시범적으로 결제 수단으로 도입하고, SNS와 커뮤니티를 통해 이를 홍보하면서 전 세계 Pi 투자자들의 관심을 끌고 있다.

이러한 움직임은 중국의 한 비야디(BYD) 자동차 매장에서 파이코인을 받고 차량을 판매한 사례[97]나 베트남의 소규모 카페와 상점에서 파이코인을 통한 소액 결제를 실험하며 스스로를 'Pi 프렌들리 상점'으로 내세우고 있는 것에서 확인할 수 있다.[98] 한국에서는 성형외과나 개인 미용 클리닉에서 시술료 일부를 Pi로 받은 사례도 보고된 바 있다.[99] 이러한 시도는 각 매장에 '블록체인이 열어갈 미래를 미리 선보이는 공간'이라는 이미지를 심어주고, 코인 커뮤니티에서 회자되거나 뉴스에서 다루어지는 등 홍보 효과를 톡톡히 가져왔다.

이처럼 블록체인을 활용하여 새로운 구조를 설계하고자 할 때 전문성보다 중요한 것은 사람들이 원하는 게 무엇인지 끊임없이 자문하고, 도출한 답을 블록체인 위에서 어떤 형태로든 구현하는 일이다.

기술은 참여자를 기다린다

스마트폰으로 강남 아파트를 만 원어치 구입한다는 말이 처음에는 막연하게 들렸다면 지금은 다르게 와닿기를 바란다. 우리는 지금 리셋의 시기 한가운데 서 있으며, 당신이 이 문장을 읽는 지금도 변화는 멈추지 않는다.

그렇다면 다가오는 변화 속에서 차트만 붙잡고 발만 동동 구르기보다는 거대한 흐름을 읽고 자신만의 입지를 구축하는 것이 무엇보다 중요하지 않을까?

우리는 누구나 격변의 시대에서도 주도권을 쥐기를 바란다. 또한 누구라도 리셋의 주인이 될 수 있다. 코인 생태계를 탐색하기 위해 디지털 지갑부터 설치하거나 아예 새로운 질서를 설계할 수도 있다.

한 가지 분명한 건 혁신 기술이 등장할 때마다 절호의 기회를 포착하는 사람은 딱 두 부류였다는 점이다. 첫째는 해당 기술을 개발했거나 활용하고 있는 기업에 투자한 사람, 둘째는 그 기술을 일상에 도입해 적극적으로 활용하고 있는 사람이다.

코인은 그 자체로 화폐이자 기술이라는 복합적 특성을 지닌다. 따라서 자산 일부를 코인에 분산하는 행위 자체가 기술에 간접적으로 투자하는 일이 될 수 있다. 하지만 이 말이 무분별한 투자를 권한다는 뜻은 아니다. 불확실성이 큰 코인 시장의 특성을 감안할 때, 투자에 앞서 철저하게 투자 대상을 분석하고 리스크를 관리해야 한다.

이 책은 투자 전략서를 지향하지 않는다. 다만 변화하는 금융 질서 속에서 투자에 임하는 가장 기본적인 자세 한 가지를 제안하고자 한다. 바로 기술의 방향성과 실용성을 기준으로 코인을 선별하고, 분산 투자하며, 장기적인 시각을 유지하라는 것이다.

블록체인은 이제 이론이나 실험 단계를 넘어 현실 속 인프라로 나아가는 전환기에 있다. 이 책에서 제시한 여러 사례와 전망이 미래 질서를 설계하고 있을 당신에게 도움이 되기를 바란다.

블록체인의 그림자

당신의 평판이 영구 보존되는
사회가 온다면

블록체인이 AI를 만나 신뢰할 수 있는 정보를 만들어내는 과정을 앞에서 살펴보았다. 가짜 후기를 걸러내고, 실제 경험에 기반한 데이터로 더 나은 판단을 내리는 시스템을 구축하는 데 블록체인이 핵심 역할을 한다는 설명은 이제 두말하면 잔소리다.

하지만 잊힐 권리를 무시한 채 모든 정보를 영구 보존하는 것에 대해서는 여전히 논란이 일고 있다.100 기술이 영역을 넓혀갈수록 우리는 모든 데이터를 평가 가능한 형태로 가공하려는 유혹에 빠지기 쉽다. 판단할 수 없는 정보는 시스템에서 배제되고, 기억에 남아 있지 않은 경험은 사회적으로 의미 없는 것으로 취급되기 시작한다.

지금 우리는 사람마저 평가하는 시대를 맞이했다. 그것도 지워지지 않도록 블록체인 위에 기록하면서까지 말이다. 중국의 '사회신용시스템'은 이를 극명하게 보여주는 사례다. 지하철 무임승차, 악성 댓글, 쓰레기 무단 투기, 대출 연체 등 모든 행동에 점수를 매기고, 낮은 점수를 받은 사람은 항공기 탑승이나 고급 호텔 숙박이 제한되는 등 불이익이 따른다. 즉, 국가 차원에서 사람들의 등급을 매겨 '좋은 시민'과 '나쁜 시민'으로 구분하고 있는 것이다.101

그렇다면 중국뿐만 아니라 전 세계에서 이런 일이 벌어진다면 어떻게 될까? 무지와 어리석음이 낳은 한때의 실수가 평생 남아 평판이 나빠지고, 취업, 주거, 연애, 진료, 학습에도 악영향을 준다면?

  기술 자체에는 선과 악이 존재하지 않는다. 하지만 어떤 기준으로 기술이 설계되고, 누가 어떤 목적으로 기술을 사용하는지에 따라 윤리적 문제가 불거질 수 있다.

  머지않아 우리는 누군가에게 '당신은 몇 점짜리 사람입니까?'라는 질문을 당연하게 받게 될지도 모른다. 성격, 정치 성향, 소비 습관, 직장 내 평판마저 수치화되고, 그 수치는 블록체인 위에 영원히 남을 수 있다. 이를 두고 누군가는 공정한 사회를 위한 불가피한 조치라고 말할지도 모른다. 어쩌면 그때, 무엇을 기록할지보다 무엇을 기록하지 않을지가 새로운 화두로 떠오를 수 있다.

블록체인의 맹점, 개인키

블록체인은 늘 완벽한 기술처럼 여겨졌다. 위조나 조작이 불가능하고, 거래 내역이 모두에게 공유되며, 다수의 참여자(노드)가 검증하는 방식 덕에 사람들은 블록체인을 코드로 신뢰를 만들어내는 기술이라고 믿었다. 하지만 모든 게 완벽해 보이던 블록체인도 개인 키라는 단 하나의 구멍 앞에서는 완전히 무력해질 수 있다. 아무리 블록체인 네트워크가 쉽게 뚫리지 않는 암호 알고리즘으로 돌아간다 해도 개인 키가 유출되는 순간 모든 권한이 순식간에 탈취될 수 있다.

개인 키는 블록체인상의 자산이나 데이터가 진짜 나의 것임을 입증하는 유일한 수단이다. 하지만 이 열쇠는 보통 긴 문자열의 형태를 취하므로 키로거 해킹(keylogger hacking)*이나 피싱(phishing)**만으로도 손쉽게 탈취될 수 있다. 실제로 2023년 한 해 동안, 소프트웨어 기반 암호화폐 지갑 해킹으로 인한 피해는 1억 달러가 넘었다.[102]

이렇게 유일한 신원 증명 수단인 개인키가 해커에게 넘어가는 순간, 블록체인이 지닌 모든 보안성과 무결성은 아무 의미가 없어진다. 그리하여 사람들은 더 복잡하

---

* 키로거 해킹은 사용자의 키보드 입력 내용을 자동으로 기록해 외부로 전송하는 악성 프로그램이다. 암호화폐 지갑의 복구 구문이나 비밀번호 등이 그대로 탈취될 수 있어 보안상 매우 위협적인 수단이다.

** 피싱은 해커가 은행·공공기관·기업 등을 사칭해 이메일, 문자메시지, 가짜 웹사이트 등을 통해 피해자로부터 개인정보(아이디, 비밀번호, 카드 정보 등)를 속여 빼내는 공격 방식이다.

고 안전한 인증 수단으로 생체 정보를 도입했다. 실제로 지문, 홍채, 안면, 음성, 정맥 패턴 등 다양한 생체 정보를 활용한 인증 기술이 공항 자동출입국 심사나 모바일 결제 시스템에 적용되고 있다.

하지만 생체 인증 기술 역시 완전하지 않다. AI와 3D 기술의 발달로 생체 인증 기술이 위협을 받게 된 것이다. AI는 이미 사람의 얼굴을 합성하고, 목소리를 모사하며, 손가락이나 홍채 모형을 제작하는 등 생체 정보를 모방하는 수준까지 발전했다. 2024년 미국 국립표준기술연구소에서 진행한 실험 결과, 고급 3D 마스크가 시중 얼굴 인식 시스템의 70% 이상을 뚫은 것으로 나타났다. 또한 유럽연합의 TReSPAsS 프로젝트에 따르면, 고무 모형 손가락으로 지문 센서를 속일 수 있다는 사실이 드러났다.[103] 한동안 생체 인증은 긴 문자를 나열한 형식의 비밀번호보다 안전한 수단으로 여겨졌지만 AI 기술이 인간의 고유 정보마저도 복제할 수 있게 되면서 새로운 대안을 마련해야 했다.

생체 정보도 안전하지 않다면 나라는 존재를 어떻게 입증해야 할까? 이에 대한 대안으로 인체 삽입형 칩이 떠오르고 있다. 스웨덴에서는 이미 손에 NFC 마이크로칩을 삽입한 사람들이 수천 명에 달하고, 출입 확인이나 간편결제에 이를 활용하고 있다. 이 칩에는 고유 식별 정보가 저장되어 있고, 출입문이나 결제 단말기에 손만 갖다 대면 본인 인증이 완료된다. 한때 현실성이 없다고 여겨지던 이 기술은 실제로 지금도 사용되고 있으며, 글로벌 시장조사기관에서는 생체 칩 시장이 2030년대에 1억 달러 규모에 이를 것으로 예측하고 있다.[104]

그러나 생체 칩 기술 발전에 우려를 표하는 목소리도 만만치 않다. 몸의 일부를 훼손하면서까지 자신을 증명해야 하는 현실에 불쾌함마저 느끼는 경우도 허다하다. 신뢰를 위한 기술이 되레 새로운 감시의 굴레를 만들어내면서 아이러니에 봉착한 것이다.

안전이라는 허울 좋은 명분 아래 생체 정보를 순순히 내어주던 우리는, 그마저도 불안해지자 급기야 몸에 칩을 새겨 넣는 지경에 이르렀다. 문제는 정부나 대형 플랫폼 기업에서 그 칩에 손쉽게 접근하게 된 것이다. 신뢰는 점점 개인이 아닌 시스템에 예속되고, 결국 인간은 기술로 스스로를 증명해야만 살아갈 수 있는 존재로 전락할 수도 있다.[105]

과연 그때도 우리는 자유롭다고 말할 수 있을까?

참고로 신체에 칩을 이식하지 않아도 자신을 증명할 수 있는 장치가 여럿 도입될 수도 있다. 이미 세계 각국에서 분산형 신원 증명(DID)과 검증 가능한 증명(VC)이라는 기술을 실험하고 있다. 이 기술은 사용자가 자신에 관한 정보를 직접 관리하며, 상대가 정보를 요구할 때 필요한 만큼만 제시할 수 있도록 설계되어 있다. 예를 들어 술집에 들어갈 때 오직 성인 여부만 증명하면 되고, 이름과 주소는 물론 나이도 밝히지 않아도 된다. 이를 가능하게 하는 기술 중 하나로 '제로 지식 증명(ZKP)'도 빼놓을 수 없다. 제로 지식 증명은 정보 자체는 노출하지 않고, 사실 여부만을 수학적으로 증명할 수 있게 한다.

과도한 에너지 소비
: 작업증명의 그늘

블록체인이 어째서 에너지를 많이 소모하는지 의아해할 수도 있다. 물론 모든 블록체인이 그런 것은 아니다. 그러나 비트코인을 포함한 일부 주요 블록체인은 작업증명(PoW) 방식에 기반하고 있으며, 이는 막대한 전력 소비를 수반한다.[106]

예를 들어 비트코인의 경우, 전 세계적으로 수십만 대의 고성능 컴퓨터가 복잡한 수학 문제를 풀기 위해 24시간 작동하며 경쟁을 벌이고 있다. 가장 먼저 문제를 풀면 블록 생성 권한을 얻고, 그 보상으로 비트코인을 받을 수 있기 때문이다. 그 과정에서 사용되는 한 해 전력은 아르헨티나 우크라이나 같은 중형 국가의 연간 전력 소비량에 필적하는 수준이라는 연구 결과도 있다.

일부 국가에서는 비트코인 채굴에 쓰이는 이런 막대한 전력을 역으로 활용해 새롭게 부를 창출하는 기회로 삼기도 한다. 예를 들어 부탄 왕국은 수력 발전으로 생산한 잉여 전기를 활용해 비트코인 채굴을 하고 있으며, 그 덕에 상당한 외화 수입을 창출하고 있다.

이처럼 작업증명 기반의 블록체인은 에너지 효율성과 환경 지속 가능성 측면에서 심각한 문제를 안고 있으며, 이는 ESG 경영 기조와 충돌하는 핵심 쟁점으로 떠오르고 있다.

탈중앙화의 허상

블록체인은 탈중앙화라는 개념으로 주목받았다. 하지만 현실에서 탈중앙화가 제대로 되고 있을까? 비트코인은 중앙 정부나 특정 기업의 통제를 받지 않는다고 알려져 있다. 그러나 최근 몇 년 간의 흐름을 보면, 비트코인의 실제 영향력은 일부 국가와 대기업에 집중되는 양상을 보이고 있다. 예를 들어 미국 정부는 비트코인을 전략자산으로 간주하며 비축하고 있고, 마이크로스트래티지(MicroStrategy) 같은 기업은 수십만 개에 달하는 비트코인을 보유하고 있다. 이들이 비트코인을 한꺼번에 매도하거나 매수할 경우, 시장은 급격히 출렁일 수 있다. 이는 탈중앙화라는 이상과는 분명 거리가 있다.

또한 코인 시장에서 고래(Whale)로 불리는, 막대한 물량을 쥔 투자자들의 존재가 큰 문제로 떠오른다. 많은 프로젝트가 초기 단계에서 개발자나 특정 투자자에게 토큰의 50% 이상을 배분하고는 '이 코인은 커뮤니티 중심으로 운영된다'는 허울 좋은 말로 마케팅을 한다. 그러나 보유량에 따라 의결권이 주어지는 구조에서는 이들이 곧 시장을 조종하는 실세가 될 수밖에 없다.

이처럼 블록체인 생태계는 현재 탈중앙화라는 명제 아래 운영되지만 실제로는 극소수의 이해관계자에 의해 지배되는 경우가 많다. 이러한 구조에서는 때때로 가격 조작, 일방적인 의사 결정, 사용자 기만 등 부정적인 결과가 나타날 수 있다.

탈중앙화 자율조직(DAO)은 중앙 기관을 따로 두지 않고 커뮤니티 구성원이 스스로 의사 결정을 내릴 수 있게 한다는 점에서 매력적인 구조다. 하지만 실제 탈중앙화 자율조직 프로젝트 중 상당수는 투표권 독점, 낮은 참여율, 의사 결정 지연 등의 문제를 겪고 있다.

예를 들어 한 탈중앙화 자율조직에서 소수 고래가 전체 투표권의 80% 이상을 보유하고 있다면, 이는 기존 주주총회와 다를 바 없는 기울어진 운동장이다. 또한 다수 참여자들이 단기간의 수익에만 관심을 두고 실질적인 거버넌스 활동에는 무관심한 경우도 많다. 이는 탈중앙화 자율조직이 이상적인 의사 결정 모델로 자리 잡지 못하는 주요 원인이다.

이처럼 탈중앙화 자율조직은 탈중앙화 구조와 민주적 운영을 지향하지만 현실에서는 여전히 중앙 집중적 구조의 그림자에서 벗어나지 못하는 경우가 많다.

블록체인은
투기의 수단인가

　코인 시장은 여전히 투기적 성격이 강한 시장으로 평가받는다. 극단적인 가격 등락, 낮은 유동성, 정보 비대칭 구조는 투자자에게 막대한 손실을 가져올 수 있다. 특히 펌프 앤 덤프(pump and dump), 즉 인위적인 가격 부양 후 덤핑으로 이익을 챙기는 방식은 지금도 암암리에 진행되고 있다.[107] 소셜미디어와 커뮤니티를 통해 특정 코인을 집단 매수한 뒤 가격이 오른 시점에 주도 세력이 대거 매도하고, 남은 투자자들은 손실을 떠안는 구조다.

　여기에 밈코인 열풍이 기름을 부으면서 또 다른 문제를 낳고 있다. 장난으로 탄생한 도지코인, 시바이누 등은 유사 코인이 다수 유입되면서 투기성 자산으로 전락하거나 사기 프로젝트에 악용되기도 했다. 그 과정에서 금융 지식이 부족한 코인 투자자들이 피해를 입는 사례가 잇따르고 있다.[108]

디지털 배제와
소외되는 사람들

블록체인은 모두를 위한 기술이라는 이상을 내세우지만 실제로는 일부 집단을 배제하는 새로운 장벽을 만들고 있다.

스마트폰 보급률이 낮은 국가, 인터넷 인프라가 취약한 지역, 디지털 문해력이 부족한 계층은 블록체인 기반 서비스에 접근 자체가 어렵다. 실제로 유니세프(UNICEF)에서 발표한 2024년 연차 보고서에 따르면, 고소득 국가의 인터넷 보급률은 95% 이상인 반면 저소득 국가는 26% 미만으로 국가 간 디지털 격차가 4배 이상 존재한다고 한다.[109]

설령 블록체인에 접근할 수 있는 물리적인 환경을 갖췄다고 하더라도 암호화폐 지갑 설치, 거래소 가입, 개인 키 관리 같은 복잡한 절차는 기술 친화적인 사용자에게도 어렵게 느껴질 수 있다. 특히 개인 키를 분실하거나 노출했을 경우 자산을 되찾을 수 없다는 점은 디지털 세계에 익숙하지 않은 이들에게는 심리적 장벽으로 작용한다.

블록체인은 이론상 투명하고 공정한 분산 시스템이지만 현실에서는 기존 사회 불평등을 재생산하거나 심화시킬 수 있는 위험을 안고 있다. 이는 기술 자체의 한계라기보다는 기술이 기존 제도나 인프라와 어떻게 결합되는지에 따라 파장이 달라질 수 있음을 시사한다.

예를 들어 중국의 모바일 결제 인프라는 세계적으로 가장 앞서 있는 것으로 평가된다. 알리페이(Alipay)와 위챗페이(WeChat Pay)는 대도시뿐 아니라 지방 전통시장, 지하철, 노점상까지 널리 확산되었다. 현금 없는 사회는 편리함을 극대화하는 동시에 기술에 익숙하지 않거나 해외에서 온 방문객에게는 오히려 디지털 장벽이 되기도 한다. 실제로 중국을 방문한 외국인 관광객 중 일부는 모바일 결제 수단이 없으면 일상 소비조차 불가능하다며 불편함을 호소한다. 이는 '기술적 시민권'이 결여된 상태에서 느끼는 소외감을 의미하기도 한다.

마찬가지로 블록체인을 활용한 디지털 화폐나 신원 인증 시스템을 급하게 도입할 경우, 유사한 문제가 발생할 수 있다. 예컨대 공공 서비스 이용 시 블록체인 지갑 인증을 요구하거나 복지 수당을 디지털 화폐로만 지급할 경우, 디지털 소외 계층은 공공 서비스에서 제외될 수 있다.[110]

따라서 블록체인 기술 도입은 기술적 문제를 넘어 사회적 포용성과 형평성을 고려한 제도 설계가 반드시 병행되어야 한다. 디지털 기술이 모두를 위한 공공재가 되기 위해서는 기술 접근성과 사용 편의성을 높이는 동시에 소외 계층을 위한 교육, 장비 보급, 규제 완화 등 정책적 지원이 함께 이루어져야 한다.

규제에서 벗어나고 싶은 블록체인

블록체인 지지자들 가운데 '규제 없는 자유'를 기술의 본질로 여기는 이가 많다. 탈중앙화, 익명성, 비가역성이라는 특성은 블록체인을 기존 제도나 법률 시스템을 우회하고, 개인의 권한을 극대화하는 수단으로 인식하게 했다. 그러나 윤리적 기준과 사회적 안전망을 갖추지 않고 그 기술을 구현하려고 했을 때, 심각한 부작용을 동반할 수 있음을 보여주는 사례가 속출했다.

대표적인 사건이 2022년 FTX 거래소 붕괴 사태다. 미국의 대형 암호화폐 거래소였던 FTX는 경영진의 자금 유용, 내부 통제 실패, 불투명한 회계 처리 등의 문제로 수백만 명의 투자자에게 피해를 입혔다.[111] 이 사태로 약 80억 달러(한화 약 10조 원)에 이르는 손실이 발생했으며, 전 세계 투자자들에게 블록체인 산업 규제 공백이 어떤 결과를 초래하는지를 극명하게 보여주었다.

이 사건 이후 미국 증권거래위원회(SEC)와 상품선물거래위원회(CFTC)는 암호화폐 시장 규제에 대한 논의를 본격적으로 진행했고, 유럽연합은 MiCA(Markets in Crypto-Assets) 규제안을 2023년 공식적으로 채택했다.

사기, 해킹, 자금 세탁, 금융 사고 등 블록체인 관련 피해는 매년 증가하는 추세다. 암호화폐와 블록체인 분야의 보안·분석 기업인 사이퍼트레이스(CipherTrace)에 따르면, 2023년 한 해 동안 블록체인 관련 범죄로 인한 피해액은 39억 달러에 달했다고 한다.[112] 이처럼 제도적 기반이 기술의 발전을 미처 따라가지 못하는 '비대칭 상태'가 지속되면, 결국 신뢰는 무너지고 산업 자체가 위축될 수 있다.[113]

그렇다고 해서 블록체인 기술에 대한 과잉 규제가 정답은 아니다. 정부의 지나친 개입은 혁신을 억제하고, 스타트업과 소규모 개발자들의 진입 장벽을 높일 수 있다. 따라서 규제는 기술에 신뢰와 안정성을 불어넣는 '디지털 사회의 안전장치'가 되어야 한다.

블록체인 기술의 특성을 고려할 때, 정적 규제(static regulation)*보다 기술의 발전 속도와 리스크 수준에 맞춘 지속적이고 조정 가능한 규제 체계, 즉 동적 규제(dynamic regulation)**가 필요하다.[114]

표. 규제방식 비교

구분	정적 규제 (static regulation)	동적 규제 (dynamic regulation)	규제 샌드박스 (regulatory sandbox)
조정 가능성	낮음 (법령 개정 필요)	높음 (시장에 맞춰 유연 대응)	제한된 범위 내 실험적 조정 허용
법적 안정성	매우 높음	중간	낮음 (한시적 특례 적용)
기술 수용성	낮음	높음	매우 높음
목적	일관성과 안정성 확보	혁신과 안정 사이 균형 유지	실증 테스트를 통한 제도화 가능성 평가

* 정적 규제란 일정한 법률 또는 규제 기준을 사전에 고정된 형태로 명확히 제시하고, 이를 지속적으로 적용하는 방식의 규제를 말한다. 기술 변화나 시장 환경의 변화와 무관하게 법령 개정 없이는 조정이 어려운 체계에 해당한다.
** 동적 규제란 기술 발전 속도, 위험 수준, 시장 반응에 따라 규제 기준을 유연하게 조정하는 체계를 의미한다. 실시간 모니터링, 리스크 기반 접근방식 등을 통해 법적 탄력성을 확보한다.

2부

시스템 리셋을 주도할 18가지 코인 프로젝트

들어가며

2부에서는 현재 블록체인 생태계에서 핵심 역할을 하고 있는 코인을 포함하여 독특한 프로젝트로 창의적인 아이디어를 구현한 코인 18종을 선별해 소개하고자 한다. 각 코인의 탄생 배경, 기술적 특성, 활용 사례 그리고 최신 발전 동향까지 폭넓게 다룰 예정이다.

이처럼 개별 코인의 탄생 배경이나 구조, 성격을 별도로 설명하는 이유가 있다. 1부에서 다룬, 블록체인이 설계하는 미래는 결국 이들 코인을 통해 구현되기 때문이다.

한편, 2부에서 미래를 주도하는 코인으로 소개했을지라도 일부는 시간이 지나 도태되거나 새로운 기술에 언제든 자리를 내줄 수 있다. 그러나 지금 이 시점에서 미래를 좌우할 코인들을 살펴보는 건 블록체인이 사회 전반에 어떤 방식으로 영향을 미치고, 어디서부터 변화를 불러올지를 파악하기 위함이다.

비트코인이나 이더리움처럼 전통 자산을 대체할 수도 있는 코인이 있고, 리플이나 스텔라처럼 글로벌 송금 구조를 개선하는 코인, 폴리곤과 체인링크처럼 기존 블록체인의 한계를 기술적으로 보완하는 코인들도 있다. 이들은 단순한 디지털 자산이 아니라 각각 고유한 문제의식을 갖고 실험 중인, 금융 및 행정 시스템의 대안이자 기술 진화의 표상이다.

독자에게 한 가지 당부드리고 싶은 부분은 2부에서 소개하는 코인을 유망한 투자 대상이라고 확언할 수 없다는 점이다. 코인 투자자라면 여기서 언급하는 코인 대부분을 한 번쯤 들어 봤겠지만 정작 이들 코인이 어떤 미래를 그리고 있는지 알지 못할 것이다. 그래서 2부는 코인 투자자는 물론 블록체인에 문외한인 독자까지도 코인이 어떻게 미래를 바꿔 나갈지 상상해 볼 수 있도록 구성하였다. 1부가 저자의 시선에서 블록체인이 바꿀 미래를 내다본 시간이었다면, 2부에서는 이제 독자 각자의 눈으로 코인이 만들어갈 미래를 그려보기를 바란다.

비트코인(BTC)과 도지코인(DOGE)
- 인간 본연의 욕망이 깃든 코인 -

 2부의 첫 장에서는 암호화폐의 시초이자 상징인 비트코인과 아무런 기능도 없이 장난처럼 시작된 도지코인을 나란히 소개한다. 두 코인은 겉보기에는 너무나 달라 보인다. 하나는 정교한 기술과 철학으로 무장한 반면 다른 하나는 인터넷 밈과 유머 코드에서 출발했기 때문이다.
 하지만 아이러니하게도 두 코인 모두 암호화폐에서조차 사람들이 얼마나 자유라는 상징적 가치를 중요하게 생각하는지를 보여주고 있다. 비트코인은 이를 가장 먼저, 가장 정밀하게 구현한 상징이다. 반면 도지코인은 최초 개발자들이 스스로 권력을 포기한 뒤 예상치 못하게 자유의 정신을 대변하는 상징이 되었다.
 이렇게 출발은 달랐지만 결국 '누구의 통제도 받지 않고 자유롭게 존재하고 싶다'는 인간 본연의 욕망을 공유하게 된 두 코인의 여정을 따라가보자.

비트코인, 기술로 설계된 자유

 10여 년마다 반복되는 금융 위기와 그때마다 되풀이되는 정부의 '돈 풀기'는 사람들에게 실망과 불안을 동시에 안겨주었다. 특히 2008년 리먼 브라더스 사태로 촉발된 경제 위기와 막대한 양적완화 정책은 달러와 미국 중심 금융 질서의 취약한 부분을 적나라하게 드러냈다. 이때 사람들 사이에서는 금이나 은 같은 실물 자산으로 눈을 돌려야 한다는 주장과 새로운 기축통화를 찾아야 한다는 목소리가 동시에 터져 나왔다.

바로 그때 비트코인 창시자인 사토시 나카모토(Satoshi Nakamoto)가 처음 인터넷에 등장했다. 그는 기존 금융 질서에 화폐의 본질에 대한 화두를 던지며, 2009년 비트코인 백서와 오픈소스 코드를 세상에 공개했다.

비트코인의 철학은 아주 단순하면서도 혁명적이었다. 누구나 비트코인을 거래할 수 있고, 누구나 비트코인 채굴에 참여할 수 있으며, 누구나 거래 내역을 확인할 수 있다는 원칙에는 권력은 물론 신뢰마저 새롭게 정의하려는 의지가 깃들어 있었다.

한편, 당시 대다수 사람들은 중앙정부에서 손댈 수 없고, 발행량마저 2,100만 개로 한정된 구조를 낯설고 불안하게 여겼다. 물론 그 중 일부는 이를 정부 통제에서 벗어난 경제적 탈출구로 인식하기도 했다. 이러한 인식은 금융위기 이후 만연했던 시대적 불안감과 맞물리며 비트코인이 주목받는 데 결정적인 역할을 했다.

도지코인, 권력의 빈자리에 채워진 자유를 향한 갈망

도지코인은 2013년 소프트웨어 개발자 빌리 마커스(Billy Markus)와 잭슨 파머(Jackson Palmer)가 만든 밈 기반 암호화폐다. 당시 수많은 알트코인이 비트코인을 모방하거나 기술적 우위를 점하고자 박 터지게 경쟁할 때, 이러한 모습을 풍자하고자 도지코인이 만들어졌다. 장난삼아 만든 화폐라 그 가벼움과 유머가 독이 될 줄 알았건만 오히려 대중의 관심을 끌면서 단기간에 수많은 지지자를 얻었다.

그러나 2015년, 두 개발자는 도지코인 프로젝트에서 공식적으로 손을 뗀다. 빌리 마커스는 "더 이상 도지코인에 관여하지 않으며, 보유하던 코인도 모두 처분했다"고 밝혔고, 잭슨 파머는 "암호화폐 시장의 탐욕에 환멸을 느껴 떠난다"고 말하며 권한을 완전히 포기했다.

개발자까지 떠난 뒤 역설적이게도 커뮤니티에 사람들이 몰려들면서 도지코인은 진정한 전환점을 맞이하였다. 순식간에 수많은 사람들의 이목을 사로잡았고, 거대한 유동성까지 흡수하기 시작했다. 우습지만 마냥 웃을 수만은 없는 상황이었다. 이후 일론 머스크가 테슬라 결제 수단으로 도지코인을 언급하자 도지코인의 실제 사용 여부에 대해 논의가 일기도 했다. 이는 마치 누구의 주목도 받지 못하던 비트코인이 점차 이목을 끌며 성장하던 시기를 떠올리게 한다.

실제로 도지코인은 비트코인을 닮은, 탈중앙 실험 중 하나로 평가된다. 특정 주체가 시스템을 좌우하지 않고, 커뮤니티 유지와 확장이 사람들의 자발적 참여로 이루어진다는 사실은 도지코인에 존재 의의를 부여한다.[1]

표. 비트코인과 도지코인

항목	비트코인	도지코인
시작 시점	2009년	2013년
출발 철학	중앙 통제 없는 화폐 실험	기존 질서에 대한 유쾌한 풍자
개발자 역할	사토시 나카모토, 돌연한 활동 중단	빌리 마커스 · 잭슨 파머, 명시적 권한 포기
탈중앙 방식	기술 설계 기반	권한 포기 기반, 커뮤니티 자율
상징성	디지털 금, 자산화	밈, 자유, 집단 창조성
철학적 기여	기술을 통한 자유 설계	권력의 비움을 통한 자유 구현

유사한 목적과 철학을 계승한 프로젝트

비트코인을 보완하거나 비트코인의 철학을 계승한 프로젝트도 다양하게 등장했다.

- 라이트코인(LTC): 더 빠른 속도, 더 많은 발행량으로 '디지털 은'이라 불림
- 비트코인캐시(BCH): 블록 크기를 키워 거래 속도와 효율성을 개선한 포크
- 비트코인에스브이(BSV): 사토시 나카모토의 본래 철학을 따르겠다며 분리된 프로젝트

이들 모두 비트코인이 던진 철학적 질문에 대한 각기 다른 해석이라 할 수 있다. 그러나 도지코인은 이들과 사뭇 다르다. 기능적 보완이 아니라 존재 방식 자체를 바꾼 코인이기 때문이다.

비트코인과 도지코인을 통해 사람들이 자율에 얼마나 큰 가치를 부여하는지를 살펴보았다. 이제 다음 장에서는 단지 자유로운 화폐라는 개념에서 멈추지 않고, '현대의 디지털 기술을 화폐에 녹여내겠다'는 더 대담한 상상에서 출발한 프로젝트인 이더리움을 살펴본다.

독자 스스로 생각해보기

비트코인은 자유를 위해 설계되었고, 도지코인은 자유롭게 존재함으로써 커뮤니티의 선택을 받았다. 이처럼 '자유'를 향한 갈망은 기술적 우위나 복잡한 기능보다 더 근본적인 힘을 지녀 한때 장난처럼 취급되던 도지코인조차 수십조 원 규모의 시가총액에 도달하게 했다. 이는 우리가 암호화폐 시장을 바라보는 관점마저 바꿔 놓았다.

당신은 기술 중심으로 정교하게 설계한 코인들이 향후 코인 시장을 주도할 것이라 생각하는가? 아니면 도지코인처럼 공감과 상징 그리고 자유를 향한 염원을 담은 코인들이 시장을 이끌어갈 것이라 보는가?

이더리움(ETH)
- 알트코인계의 비트코인 -

암호화폐에 대해 잘 모르는 사람도 비트코인과 이더리움 정도는 들어봤을 것이다. 이더리움보다 먼저 탄생한 알트코인이 여럿 존재함에도 이더리움은 비트코인을 바라볼 때와 비슷한 감정을 느끼게 한다. 왜일까? 그것은 아마도 비트코인 이후 최초로 디지털 화폐의 무한한 확장 가능성을 제시한 코인이기 때문일 것이다.

코인을 계약 시스템으로 확장한 사람

비트코인이 블록체인으로 만들어 낸 첫 번째 화폐로서 역사적 의미를 지녔다면, 이더리움은 블록체인을 자동 실행되는 계약 시스템으로 확장한 최초의 사례로 평가받는다. 기존에는 사용자가 계약 절차 중간중간에 확인하거나 개입해야 했다. 이더리움은 이러한 과정을 조건에 따라 자동으로 실행되도록 설계할 수 있는 기술적 기반을 제시했다. 이것이 블록체인 생태계에 두 번째 전환점이 되었다. 돈의 전송을 넘어 블록체인도 '시스템'이 될 수 있음을 처음으로 보여준 것이다.

아이디어 구현의 중심에는 한 명의 젊은 개발자가 있었다. 당시 19세였던 비탈릭 부테린(Vitalik Buterin)은 러시아 태생의 캐나다 청년으로, 어릴 때부터 수학과 프로그래밍에 천재적인 재능을 보였다. 그는 비트코인에 열광하며 커뮤니티 활동을 이어갔지만 어느 순간 기능적 한계를 느끼고, 블록체인을 훨씬 더 범용적인 플랫폼으로 바꿀 수 있는 방안을 구상하기 시작했다. 그의 비전은 간단했다. '블록체인을 누구나 계약을 만들고 자동으로 실행할 수 있는 컴퓨터로 만들자.'

2013년 비탈릭은 이 천재적인 아이디어를 담은 백서를 온라인에 올렸고, 전 세계 개발자들을 열광하게 했다. 그들은 자발적으로 팀을 꾸려 '이더리움(Ethereum)'이라는 프로젝트를 시작했고, 2015년 정식으로 이더리움 블록체인이 가동되었다.

계약을 자동으로 실행하는 세상

책의 1부에서 이더리움의 가장 큰 특징으로 스마트 계약 기능을 언급했다. 겉보기엔 단순한 기능이지만 스마트 계약은 블록체인의 영역을 폭발적으로 확장시켰다. 은행, 보험, 게임, 부동산, 투표 등 수많은 분야에서 사람이 아닌 코드가 계약을 자동으로 검증하고 실행하게 된 것이다. 참고로 이더리움 위에서 이러한 코드로 만들어지고 운영되는 수많은 응용서비스를 디앱(DApp)*이라 부른다. 일부 디앱은 수십억 원 이상의 가치를 지닌 플랫폼으로 성장하면서 블록체인이 단순한 인프라를 넘어 생태계로 확장될 수 있음을 입증하고 있다.

철학자의 탈을 쓴 개발자, 비탈릭 부테린

이더리움 개발자 비탈릭 부테린은 디지털 화폐에 특별한 기능이 더해질 수 있음을 보여주면서도 비트코인같이 철학적 사고가 반영되도록 노력해왔다. 그의 이러한 행보로 이더리움은 단순한 기술 프로젝트라기보다 하나의 철학적 고찰의 산물처럼 느껴지기도 한다.

2021년 5월, 비탈릭 부테린은 전 세계 암호화폐 시장을 뒤흔드는 뜻밖의 행동을

---

* 디앱은 특정 기업이나 중앙 서버 없이 블록체인 네트워크 위에서 실행되는 탈중앙 애플리케이션을 뜻한다.

했다. 그는 당시 폭발적인 인기를 끌던 밈코인인 시바이누(SHIB) 토큰 수천억 원 어치를 한 번에 인도 코로나19 구호기금(Crypto Relief Fund)에 기부한 것이다.

흥미로운 점은 부테린이 애초에 시바이누를 원해서 산 게 아니었다는 사실이다. 시바이누 프로젝트 팀은 마케팅을 위해 발행량의 절반을 부테린의 지갑으로 보내 '그가 시바이누를 지지한다'는 인상을 투자자들에게 주려고 했다. 즉, 부테린은 본인 의지와 상관없이 거대한 물량을 보유하게 되었고, 이 때문에 시바이누의 가격은 더욱 급등했다.

그러나 부테린은 이 물량을 자신의 부를 축적하는 데 쓰지 않았다. '블록체인은 인류의 문제 해결에 기여해야 한다'는 철학을 실현하고자 그는 엄청난 양의 시바이누 토큰을 인도에 기부했다. 부테린의 기부 덕분에 인도는 코로나19 대응을 위한 자금을 마련할 수 있었다.

이 사건 이후 부테린의 평판은 크게 달라졌다. 그는 단순히 천재 개발자가 아니라 부의 유혹을 뿌리치고 사회적 책임을 다하는 인물로 주목받았다. 반대로 시바이누는 대규모 매도와 기부 이후 가치가 급락했지만 커뮤니티의 결집과 '도지 패밀리' 밈코인 열풍 덕분에 여전히 대중적 인기를 유지했다. 이 과정은 밈코인이 투기적 성격을 갖고 있으면서도 커뮤니티의 힘과 사회적 이슈를 연결하는 매개가 될 수 있음을 보여주는 대표적 사례로 남았다.

비탈릭은 이후에도 SNS에서 존 롤스(John Rawls), 피터 싱어(Peter Singer), 닉 보스트롬(Nick Bostrom) 같은 철학자의 글귀를 자주 인용하며, 기술 사용에 따른 윤리적 책임에 대해 꾸준히 발언해왔다. 그는 "기술은 모두를 위한 것이어야 한다"라고 말하며, 부유한 소수가 아닌 사회 전체의 신뢰를 설계하는 데 블록체인이 기여해야 한다고 주장한다. 이러한 이상주의적 철학은 이더리움 생태계에 반영되어 수익이 아닌 확장성, 접근성, 탈중앙성을 중시하는 개발 문화를 만들었다.

이더리움이 지닌 한계, 이더리움이 찾은 돌파구

이처럼 뚜렷한 철학과 방향성을 지닌 이더리움도 다음의 기술적 한계를 피할 수는 없었다. 첫째, 거래 수수료가 비쌀 수 있다. 이용자가 몰리면 네트워크가 혼잡해지고, 단순한 전송에도 수만 원의 수수료가 발생하는 경우가 있다. 둘째, 거래 처리 속도가 제한적일 수 있다. 비트코인보다 빠르지만 실시간 결제에는 적합하지 않다. 이러한 문제를 해결하기 위해 이더리움은 지속적으로 구조를 개선해왔다.

특히 2022년에는 '이더리움 머지(The Merge)'라는 대규모 업그레이드를 실시해 에너지 소비를 99% 이상 절감하고, 환경 친화적인 합의 방식인 지분증명(PoS)으로 전환하는 데 성공했다. 이는 기술 업데이트를 넘어 지속 가능한 블록체인 생태계를 향한 중요한 발걸음으로 평가된다.

이더리움과 유사한 프로젝트

이더리움과 유사한 기능을 가진 프로젝트도 여럿 등장하고 있다.

- 이더리움클래식(ETC): 이더리움의 초기 원장을 그대로 유지한 체인으로 스마트 계약은 같지만 철학적으로 '불변성'을 더 중시한다.
- 솔라나(SOL): 빠른 처리 속도와 낮은 수수료를 강점으로 삼아 실시간 거래와 대규모 응용 서비스 제공을 목표로 한다.
- 니어프로토콜(NEAR): 개발자 친화성과 확장성을 중시한 플랫폼으로 쉬운 코딩과 빠른 처리 속도를 내세우며 급성장 중이다.

이들 프로젝트는 모두 '누가 이더리움을 이을 차세대 계약 플랫폼이 될 것인가'라는 질문에 각자의 방식으로 답하고 있다. 비트코인이 '디지털 금'이라 불리며 가치 저장에 중점을 두었다면, 이더리움은 그 가치가 실제로 움직이고 작동하는 구조를 설계했다. 그리고 이더리움을 계승하거나 이더리움에 도전하는 수많은 프로젝트가 지금도 전 세계에서 이루어지고 있다.

다음 장에서는 코인에 적용하려는 다양한 기술 가운데 가장 흥미로운 분야인 글로벌 송금 시스템에 주목한다. 수수료, 속도, 접근성이라는 해묵은 문제를 블록체인으로 해결하고자 한 리플(XRP)과 스텔라루멘(XLM)를 중심으로 살펴본다.

독자 스스로 생각해보기

이더리움이 선보인 스마트 계약 기능은 블록체인이나 프로그래밍에 익숙하지 않은 사람이라면 직관적으로 이해하기 쉽지 않은 기술이다. 그럼에도 이더리움이 블록체인의 활용 범위를 처음으로 확장시켰다는 점에서 그 의의는 비트코인에 필적한다.

비트코인 가격이 신뢰라는 토대 위에서 움직인다면, 이더리움은 '활용도'와 '가격'이 서로 영향을 주고받는 구조 속에서 진화한다. 이용자가 늘어날수록 가격이 오르고, 가격이 오를수록 개발과 활용 범위가 확대되는 선순환이 만들어지는 것이다.

이 책의 내용을 잘 따라온 독자라면 방금 말한 구조를 쉽게 이해할 수 있을 것이다. 앞으로도 이더리움이 계속해서 쓰일지 직접 자료를 찾아 분석해 본다면 블록체인 생태계를 이해하고 앞으로의 접근 방식을 결정하는 데 큰 도움이 될 것이다.

리플(XRP)
- 내가 왕이 될 상인가 -

리플(XRP)의 탄생 배경

만약 당신이 대통령 같은 정책 결정권자라면 정부가 만들어낼 수도 없고, 통제도 불가능한 화폐를 공식 통화로 받아들일 수 있겠는가? 각국 정부는 자국 통화량을 조절해 거시 경제를 관리하는데, 이는 단기 경기 부양이나 물가 안정 등 경제 정책을 결정하는 핵심 도구로 기능한다. 따라서 중앙은행의 정책적 통제에서 벗어난 비트코인은 오랫동안 제도권에서 환영받지 못했고, 코인 회의론자들에게 투기성 자산이라는 평가를 받아왔다.

그러나 코인에 붙은 투기 자산이라는 오명을 씻은 프로젝트가 있으니 바로 리플랩스(Ripple Labs)가 발행한 XRP이다. XRP는 탈중앙화 자체를 최우선으로 삼은 비트코인이나 이더리움과 달리 정부와 금융기관이 당장 실무에 도입할 수 있는 실용성을 최우선 가치로 설계되었다. 개발사 리플랩스는 2012년 실리콘밸리에서 출범하며 '해외 송금 문제를 해결하겠다'는 단일 미션을 내세웠다. 이는 당시 국제 송금망인 스위프트(SWIFT)가 느린 속도와 높은 수수료로 비판받던 상황과 맞물리며 주목을 받았다.

XRP는 전체 발행량 1,000억 개가 한 번에 사전 발행(premint)되었고, 그 가운데 일부는 회사의 에스크로(escrow) 계정에 예치되어 공급 속도를 조절할 수 있도록 설계되었다. 이는 채굴로 유통량이 점진적으로 늘어나는 비트코인과 근본적으로 다른 방식이다. 또한 네트워크 검증 구조는 금융기관과 기업이 중심을 이루되 누구나 검증 노드(validator) 운영에 참여할 수 있는 기회를 열어주었다. 다만 리플랩스에서 제공하는 추천 검증인 목록(UNL)이 실질적 기준이 되면서 일정 부분 중앙 조정 기능이 남아 있다는 점에서 완전한 탈중앙보다는 '제도권에 맞춘 분산형 구조'에 가깝다. 이러한 특성 덕분에 정부나 은행 등에서 XRP를 현실적으로 채택할 만한 블록체인으로 주목하게 된 것이다.

리플과 XRP 제대로 구분하기

2025년까지만 해도 대부분의 거래소에서는 XRP를 '리플(XRP)'로 표기했다. 이 때문에 '리플 = XRP'라는 인식이 굳어졌고, 실제로 두 용어를 구분하지 않고 쓰는 경우가 많았다. 그러나 엄밀히 따지면 리플랩스의 목표와 전략이 XRP 코인을 활용하는 데 맞춰진 것은 아니다.

이 책에서는 가능하면 리플(회사·네트워크)과 XRP(코인)를 구분해 표기하려 한다. 다만 모든 상황에서 이를 완벽히 나눠 설명하기란 쉽지 않다. 여러분은 리플랩스에서 하는 모든 사업이 항상 XRP와 맞물려 돌아가는 게 아니라는 점을 염두에 두고 읽으면 이해에 도움이 될 것이다.

최근 들어 리플이 더욱 주목받는 이유

XRP가 최근에 받는 스포트라이트는 시세 변동 때문이 아니다. 실제로 금융기관에서 도입 테스트를 마치고, 송금 서비스에 활용하고 있는 유일한 암호화폐 인프라로 부상했기 때문이다. 2025년 7월 기준, 글로벌 1,000여 개 금융사가 가입한 리플넷은 스위프트 메시지 처리의 빈틈—느린 속도와 높은 수수료—을 정조준하고 있다. 일본–필리핀, 인도–중동, 유럽–남미 노선에서 수초 이내에 자금을 정산한 사례가 증가하면서 XRP는 자연히 '브릿지 자산'으로 자리매김했다. "비트코인이 금이라면, XRP는 환전소의 기축 통화"라는 업계 농담도 이 때문에 나왔다.

또한 미국의 스테이블코인 규제 법안 도입과 함께 세계적으로 가속화되는 자산 토큰화 그리고 CBDC를 포함한 국제 디지털 화폐 송금 시장이 확대되리라는 기대감 역시 리플의 존재감을 더욱 부각시키고 있다. 본문에서 살펴본 것처럼 100개의 CBDC를 직접 연결하려면 4,950쌍의 연결 조합이 필요하지만 브릿지 자산을 활용하면 이를 단 100개로 줄일 수 있었다. 현재는 CBDC 연결만을 가정한 수치지만 토큰화된 부동산·채권·주식 등 실물 자산의 유통이 본격화되면 XRP 같은 브릿지 자산은 실물 자산을 스테이블코인 등으로 실시간 환전하는 중추적 역할을 맡게 될 가능성이 높다.

XRP 가격이 얼마나 상승할지 단정할 수는 없지만 XRP가 암호화폐 생태계에서 핵심 기반 인프라로 자리를 잡았다는 점만큼은 부인하기 어려운 사실이 되었다.

미국 증권거래위원회(SEC)와의 긴 소송전 종결

2020년 말, 미국 증권거래위원회는 XRP를 '미등록 증권'이라 판단하고, 리플을 상대로 정식 소송을 제기했다. 이는 암호화폐 시장 전체를 뒤흔든 충격적인 사건이었다. 소송 직후 XRP 가격은 일시적으로 약 60% 이상 폭락했고, 미국 내 주요 거래소에서는 XRP 상장이 연달아 중단되었다.

이 소송이 중요한 이유는, 만약 XRP가 '증권'으로 판정된다면 기존의 증권법 규제를 그대로 적용받기 때문이다. 증권으로 간주되는 순간, 해당 자산을 발행하고 판매한 기업은 증권거래위원회 등록 의무, 공시자료 제출, 감사 및 회계 기준 준수 등 복잡하고 엄격한 조건을 모두 따라야 한다. 이는 블록체인 프로젝트로서는 감당하기 어려운 수준이며, 거래소와 투자자들도 증권법 위반 소지에서 자유로울 수 없다.

예컨대 증권으로 분류된 암호자산은 증권거래위원회의 허가 없이 미국 내 거래소에서 거래될 수 없으며, 이 경우 거래소는 '증권중개인' 또는 '대체거래소'로 등록되어야만 한다. 결국 증권거래위원회가 XRP를 증권으로 규정할 경우, XRP 기반 서비스는 미국 내에서 실질적으로 중단될 수밖에 없다. XRP를 기점으로 다른 브릿지 자산까지 연쇄적으로 증권으로 분류된다면 우리가 지금까지 논한 자산 시장의 구조적 변화 자체에 커다란 차질이 생길 수 있다. 브릿지 자산은 화폐처럼 자유롭게 거래가 가능해야만 제대로 기능할 수 있으며, 브릿지 자산이 존재해야 아파트, 자동차, 예술작품 같은 실물 자산을 디지털 화폐처럼 활용하는 생태계를 조성할 수 있기 때문이다.

하지만 2023년 7월, 미 연방지방법원은 "거래소 및 개인 간 유통되는 XRP는 증권이 아니다"라고 판단하며 사태는 급반전되었다. 비록 기관 투자자에게 직접 판매한 일부 리플은 '투자계약'으로 간주될 수 있다고 보았지만 시장에서 유통되는 XRP 대부분이 증권이 아니라는 판결로 사실상 리플의 생존을 공식적으로 인정한 셈이었다.

2025년 6월, 리플이 교차 항소를 철회하고, 이어 8월에는 증권거래위원회 측도 공식적으로 항소를 철회하겠다고 발표하며 이 오랜 소송은 마침내 종결되었다. 판결 이후 미국 내 주요 거래소에서 XRP 거래를 재개했으며, 기관 투자자들도 XRP를 다시 포트폴리오에 편입하는 움직임을 보였다. 이로써 XRP는 미국 내에서 가장 큰 규제 리스크를 해소한 코인이 되었고, 법적 안정성을 갖춘 동시에 공식적으로 제도권에 진입한 코인으로 재평가되고 있다.

누구도 넘기 어려운 네트워크 효과[2]

리플랩스는 송금 인프라 확대를 위해 인수 전략도 공격적으로 펼쳐 왔다. 2021년에는 동남아 25개국에 송금망을 보유한 트랭글로(Tranglo) 지분 40%를 인수[3]하여 현지 결제 통로를 즉시 확보했다. 2023년에는 스위스의 암호화폐 기관 수탁사 메타코(Metaco)를 2억 5000만 달러에 인수[4]하며 제도권 은행 수준의 자산 보관 역량을 갖추게 되었다. 나아가 2025년 4월, 리플은 글로벌 종합 프라임 브로커 기업 히든 로드(Hidden Road)를 12억 5000만 달러에 인수[5]하며 본격적으로 기관 투자자를 대상으로 하는 금융 인프라 시장에 뛰어들었다. 이 거래는 디지털 자산과 전통 금융을 연결하는 거대한 전환점으로 평가받고 있다.

이처럼 기업 인수를 통한 지역 규제 우회, 유동성 확대, 기관 신뢰 확보, 종합 금융 서비스 제공 등이 유기적으로 맞물리며, 리플의 브릿지 자산화 전략은 경쟁자들이 쉽게 모방하기 어려운 진입 장벽을 쌓아 가고 있다.

탈중앙성이 부족한 게 오히려 강점이다

비트코인 마니아들은 XRP는 반(反) 블록체인이라며 탈중앙성 결여를 비판하지만 서두에서 언급했듯 정부·중앙은행·대형 은행 등은 통제 가능성을 오히려 장점으로 본다. 컴퓨터(노드)가 검증된 기관에 집중돼 있어 규제 준수가 쉬우며, 대량 송금 시 발생할 수 있는 자금 세탁·제재 회피 위험을 모니터링하기 수월하다. 이를 통해 리플은 '블록체인의 이상'과 '제도권의 현실'의 간극을 메우는 절충형 솔루션이라는 평가를 받는다.

한계와 논란

XRP에 대한 비판 가운데 탈중앙성 부족이 자주 거론된다. 이는 곧 거버넌스 리스크이자 가격 리스크로 이어질 수 있다. 특히 리플 창업팀과 재단에서 보유한 막대한 XRP 물량은 자칫 대규모 매도로 이어져 시장의 신뢰를 흔드는 뇌관이 될 수도 있다.

한편, 중앙은행 디지털화폐(CBDC)를 자체 플랫폼에서 독자적으로 발행하는 국가가 늘고 있는 만큼 리플이 모든 국가의 표준이 될 것이라는 지나친 낙관론은 경계해야 한다.

XRP와 리플의 독립성

또한 XRP 토큰과 리플 기술의 연결 고리가 약하다는 한계도 자주 언급된다. 기술적으로 리플이 스위프트를 대체하는 방식은 두 가지로 나뉜다.

첫 번째 방식은 리플넷의 메시지 시스템만 사용하는 것이다. 이 경우 송금 메시지 전송은 리플의 시스템을 이용하되 기존처럼 각 은행이 외화 계좌를 개별적으로 보유하고 정산을 처리한다. 고객의 송금은 수 초 이내에 완료되지만 실제 정산은 기존 방식을 따르기 때문에 XRP는 전혀 사용되지 않는다. 즉, 리플넷이 국제 송금 시장을 장악하더라도 메시지 시스템만 활용한다면 XRP 수요는 증가하지 않으며, 가격에도 영향을 주지 않는다.

두 번째 방식은 XRP를 직접 사용하는 ODL(On-Demand Liquidity)을 활용하는 것이다. ODL을 활용하면 송금을 처리하는 은행에서 직접 XRP를 구매하고, 이를 브릿지 자산으로 활용해 실시간으로 외화를 교환하거나 전송할 수 있다. 이러한 방식은 XRP의 실질적 수요와 가격 상승을 유도하는 핵심 메커니즘을 형성한다.

그러나 ODL을 활용해도 XRP의 가격 변동에 따른 리스크는 여전하다. 다만 리플랩스는 최근 다양한 헤징 및 자동 환전 시스템을 도입하여 거래소와 파트너 금융기관의 리스크를 줄이고 있다.

결론적으로 리플랩스가 국제 송금 시스템을 성공적으로 대체한다 해도 ODL 방식이 널리 사용되지 않으면 XRP의 수요와 가격에 직접적으로 영향을 주기 어렵다. 따라서 XRP 투자자라면 리플넷의 기술 도입보다 XRP 사용 여부에 주목해야 한다.

과연 XRP는 비트코인 자리를 대체할 것인가

인터넷 커뮤니티에는 "머지않아 XRP가 기축통화가 되면 일반인은 사지 못할 것이다"라는 말이 떠돌고 있다. 그러나 비트코인이 지금껏 쌓아올린 신뢰와 네트워크 효과를 하루아침에 무너뜨리기는 어렵다. 다만 정부나 은행 등에서 리플의 존재감은 갈수록 커질 가능성이 높다. 왕좌까지는 아닐지라도 국제 금융 배관(配管)을 장악할 후보 중 하나라는 점은 부인하기 어렵다.

XRP와 유사한 프로젝트

- 스텔라루멘(XLM): 리플 공동창업자 제드 맥케일럽(Jed McCaleb)이 만든 '오픈 네트워크' 버전, NGO 및 개인 송금 중심
- 알고랜드(ALGO): 고성능 블록체인으로 CBDC 파일럿에 적극 참여
- XDC 네트워크(XDC): 무역 금융 및 서류 자동화를 집중 공략하며 남아시아에서 빠르게 성장 중

현재 이들 프로젝트도 주목받고 있으나 글로벌 커버리지, 규제 대응, 인프라 인수 속도 측면에서 리플이 여전히 앞서 있다.

다음 장에서는 송금 시스템에 새로운 대안을 제시한 프로젝트인 스텔라루멘(XLM)의 여정을 살펴본다. 리플과 닮았지만 철학은 사뭇 다른, 흥미로운 비교 대상이 될 것이다.

독자 스스로 생각해보기

전 세계에서 투자자들이 XRP를 가장 많이 보유한 나라가 한국이라는 주장은 XRP에 대한 국내 투자자들의 높은 관심도를 방증하는 지표 중 하나다. 그래서일까? 유독 한국 커뮤니티에서 XRP를 둘러싸고 흥미로운 소문과 추측이 난무한다. 대표적인 예로 리플랩스의 최고기술책임자(CTO)가 비트코인의 개발자인 사토시 나카모토라는 주장이나 비트코인이 사실상 XRP의 초기 프로토타입이라는 말이 있다.

물론 이러한 주장은 공식적으로 확인된 바 없으며, 대부분 명확한 근거나 기술적 분석 없이 과장되거나 왜곡된 측면이 많다. 다만 리플랩스가 2012년 설립되었고, 이더리움 백서가 2013년에 발표되었다는 점에 미루어 리플랩스사가 블록체인을 활용한 결제 시스템을 선제적으로 탐색했음을 알 수 있다.

한편, 발행량이 1,000억 개로 고정된 XRP 구조에는 시장의 신뢰를 흔들 수 있는 리스크가 잠재한다. 발행량이 많은 만큼 언제든 시장에 유동성 충격을 줄 수 있기 때문이다. 그럼에도 최근 미국에서 통과한 스테이블코인 규제 법안으로 XRP가 실질적 수혜를 입을 가능성이 높다는 분석도 제기된다.

이처럼 XRP를 둘러싼 평가는 엇갈리고, 해석은 여전히 다양하다. 독자 여러분은 어떻게 생각하는가?

XRP는 정말 왕이 될 상인가?

스텔라루멘(XLM)

- 누구나 쓸 수 있는 글로벌 송금망을 갖추다 -

열린 송금 시스템

　스텔라루멘(이하 스텔라)의 개발자 제드 맥케일럽(Jed McCaleb)은 원래 리플 공동 창립자였다. 하지만 리플이 점차 기업 중심의 운영 모델로 바뀌어가자 이를 우려한 그는 보다 개방적이고 민주적인 송금 시스템을 만들기 위해 2014년 스텔라 개발 재단(Stellar Development Foundation)을 설립했다. 이로써 스텔라는 기술적으로 유사하면서도 철학적으로 완전히 다른 길을 걷는 새로운 블록체인 프로젝트로 출범하게 되었다.

　스텔라는 리플(XRP)과 마찬가지로 국경에 구애받지 않고 자유롭게 송금하는 시스템을 핵심 미션으로 삼는다. 그러나 그 철학과 운영 구조는 리플과 정반대다. 스텔라는 비영리 재단이 중심인 오픈 네트워크로 운영되며, 누구나 참여 가능한 개방형 금융 인프라를 지향한다. 특히 저소득 국가의 금융 접근성을 높이겠다는 분명한 사회적 목적을 안고 설계되었다.

누구나 쓸 수 있도록 설계된 금융 인프라

스텔라와 리플 모두 처리 속도가 빠르고, 수수료가 거의 들지 않는 송금 시스템을 자랑한다. 하지만 두 시스템은 사용 주체에 차이를 보인다.

스텔라는 누구나 자유롭게 사용할 수 있는 금융 인프라다. 예를 들어 아프리카에 있는 한 개발자가 현지 농민들을 위한 송금 앱을 만들고 싶어한다고 해보자. 그는 스텔라를 이용해 지역 통화를 디지털 토큰으로 만들고, 미국 달러나 유로로 자동으로 환전하는 기능까지 포함한 앱을 직접 개발할 수 있다. 별도의 허가를 받지 않아도 되고, 중앙 기관의 승인을 기다릴 필요도 없다. 실제로 여러 비영리단체에서 스텔라를 기부금 지급, 난민 지원, 지역 화폐 운영 등에 활용하고 있다.

반면 리플은 그렇게까지 열려 있지 않다. 리플은 기본적으로 은행이나 금융 기관을 위한 시스템이다. 리플이 운영하는 리플넷은 허가받은 기관에서만 사용할 수 있도록 설계되었다. 예를 들어 개인이 리플을 활용해 해외 송금 앱이나 환전소를 만들고 싶다고 해도 리플 본사와 정식 계약을 맺고, 각종 규제 조건을 충족해야 한다. 기술적으로는 XRP를 주고받을 수 있지만 리플이 제공하는 핵심 금융 인프라에는 쉽게 접근할 수 없다.

이러한 차이 때문에 사람들은 스텔라를 개방형 금융 네트워크, 리플을 기관 전용 금융 시스템이라고 부른다. 기술 기반이 같더라도 참여 주체의 범위에 따라 실제 쓰임새는 완전히 달라질 수 있다.

최근 동향과 실제 사례

2024년부터 스텔라는 유럽과 남미의 여러 중소 금융 기관과 활발하게 협력하고 있다. 일부 지역에서는 송금 수수료를 기존보다 대폭 줄인 사례가 보고되었으며, 브라질, 나이지리아, 우간다 등지에서는 스마트폰 지갑 앱만 있으면 현지 통화를 수령할 수 있는 서비스가 제공되고 있다.[6] 특히 2025년 초, 일부 블로그와 업계 일각에서 스텔라 개발 재단이 미국 연방준비제도의 실시간 결제 시스템인 페드나우

(FedNow)와의 연동 테스트를 진행했다는 이야기를 전하면서 스텔라 기술의 신뢰성과 제도권 편입 가능성이 다시 한 번 주목받고 있다.

기술적 이상과 현실적 제약

스텔라의 미션은 분명 이상적이다. 그러나 다음과 같은 현실적인 제약도 따른다. 첫째, 수익 창출 구조가 제한적이다. 스텔라가 비영리 재단 중심으로 운영되다 보니 대규모 투자 유치나 공격적 확장이 쉽지 않다. 둘째, 지나치게 개방적인 네트워크 구조는 때때로 보안상 약점이 될 수도 있다. 이러한 한계를 극복하기 위해 스텔라는 거버넌스를 개선하고, 기술적 검증 체계를 도입하는 등 생태계 안정성을 확보하고자 노력하고 있다.

스텔라는 '기술은 공공재'라는 철학을 실천하고 있는 드문 프로젝트로 평가받는다. 실리콘밸리의 논리가 아닌 '인류 전체의 필요'에 주목한 구조라는 점에서 스텔라는 블록체인의 사회적 활용 가능성을 증명해 보이고 있다.

스텔라의 미래

전통 금융 시스템에 접근할 수 없던 수많은 개인과 지역 사회가 스텔라를 통해 금융 시스템에 참여할 권리를 얻고 있다. 앞서 살펴본 스마트폰 기반 디지털 환전소 모델 역시 제도권 밖에서 경제 시스템을 구현하려는 스텔라의 철학에 부합한다고 볼 수 있다.

스텔라와 유사한 프로젝트

- 셀로(CELO): 휴대폰 번호를 지갑 주소에 연결하여 누구나 쉽게 송금할 수 있도록 지원하며, 특히 개발도상국에 거주하는 사람들도 모바일로 송금할 수 있도록 장벽을 낮추었다.
- 코코스 BCX(COCOS): 게임·디지털 콘텐츠 시장을 겨냥한 블록체인으로 소액 결제와 접근성을 강화하였다.

이들도 스텔라처럼 개인 사용자 중심의 네트워크로 나아가고자 하지만 사회적 미션, 제도권 실험 사례, 파트너십 범위 등에서 스텔라를 따라잡지 못하고 있다.

다음 장에서는 이더리움의 확장성 문제를 해결하기 위해 등장한 폴리곤 에코시스템 토큰(POL)을 소개한다. 폴리곤은 낮은 수수료와 빠른 처리 속도를 바탕으로 수많은 디앱 기반 플랫폼이 되고 있으며, 이더리움 생태계를 확장하는 핵심 프로젝트로 주목받고 있다.

독자 스스로 생각해보기

XRP은 대규모 금융기관 간 자금 이전에 초점을 맞추고 있으며, 개인이나 소규모 기업 간 송금에는 상대적으로 덜 관여한다. 이와 달리 스텔라는 누구나 접근할 수 있는 글로벌 송금망을 목표로 하며, 실제로 개인 사용자를 위한 송금 인프라 구축에 집중해 왔다. 이에 스텔라는 스마트폰 하나만으로도 해외 금융 업무를 다 볼 수 있게 해주는 잠재력을 지니게 되었다.

만약 스텔라가 더욱 확산된다면 우리는 어떤 비즈니스 모델까지 구현할 수 있을까? 예를 들어 국경에 구애받지 않는 1인 프리랜서 결제 서비스, 지역 화폐와 연동된 디지털 포인트 교환소 혹은 NGO가 직접 구축한 투명한 기부금 전달망 등을 만들어낼 수 있지 않을까?

지금 이 순간 당신이 스텔라로 설계할 수 있는 서비스에 대해 한 번 상상해 보라.

폴리곤 에코시스템 토큰(POL)

― 이더리움의 한계를 넘어서다 ―

느리고 비싼 이더리움, 그 대안은?

이더리움은 스마트 계약과 탈중앙 애플리케이션의 선두주자로 자리 잡았지만 거래 처리 속도와 수수료 측면에서 큰 한계를 드러냈다. 수많은 사용자가 몰리면서 이더리움 네트워크는 종종 병목현상을 겪었고, 거래 한 건에 적으면 수천 원에서 많으면 수만 원에 이르는 수수료가 발생하기도 했다.

이러한 상황에서 등장한 것이 폴리곤 에코시스템 토큰(이하 폴리곤)이다. 폴리곤은 이더리움의 보안성과 생태계를 유지하면서도 훨씬 더 빠르고 저렴하게 거래할 수 있도록 지원하는 확장 솔루션이다.

폴리곤은 무엇이고, 왜 주목받는가?

폴리곤은 2017년 인도 출신 개발자 3인에 의해 설립된 프로젝트로 초기 명칭은 매틱(MATIC)이었다. 이후 이더리움 기반의 다양한 확장 기술을 통합하면서

2021년 폴리곤으로 리브랜딩했다. 현재는 ZK 롤업(Zero-Knowledge Rollup), 옵티미스틱 롤업(Optimistic Rollup), 사이드체인(Sidechain)[7] 등 다양한 확장 기술을 지원하며, '멀티체인 이더리움'이라는 목표 아래 생태계를 확장하고 있다.

폴리곤 활용 사례

폴리곤은 다양한 디앱, NFT 마켓플레이스, 게임 등에 활용되고 있다. 대표적인 예로 오픈씨(OpenSea)의 NFT 거래는 수수료가 거의 들지 않는 폴리곤 네트워크에서 진행할 수 있고, 스타벅스는 2023년 자사 NFT 멤버십 프로그램을 폴리곤 네트워크에서 시작하기도 했다. 또한 디파이 분야에서는 에이브(Aave), 커브(Curve) 같은 대표 서비스를 이미 폴리곤 위에서 제공하고 있다. 폴리곤에서는 거래가 보통 2~3초 안에 처리되며, 한 번 결제할 때 드는 비용도 수십 원 정도에 불과하다. 이는 기존 이더리움에서 거래를 처리하는 데 몇 분 이상 걸리고, 수수료가 몇천 원에서 많게는 몇만 원까지 드는 경우가 있다는 점을 고려하면 훨씬 빠르고 저렴하다고 할 수 있다.

──────── **폴리곤의 파트너십과 성장**

폴리곤은 메타, 디즈니, 나이키, 아디다스, 스타벅스 등 글로벌 브랜드와 협업[8]을 진행하며 사용 범위를 빠르게 확대하고 있다. 2024년 기준, 폴리곤 네트워크에 등록된 애플리케이션 수는 3만 개를 넘어섰으며, 구글 클라우드와 파트너십을 체결해 소프트웨어와 개발자 도구 같은 블록체인 개발 인프라를 지원받고 있다.

또한 폴리곤은 탄소 중립을 달성하기 위한 전략으로 ESG 경영을 주도하는 기업에 블록체인 채택을 유도하고 있으며, 인도 정부와 디지털 자산 정책에 대해 논의[9]하는 등 제도권 안에서 빠르게 입지를 넓히고 있다.

폴리곤 토큰의 활용 메커니즘

폴리곤 토큰은 폴리곤 네트워크에서 거래 수수료를 지불하고, 블록체인 검증자에게 보상을 지급하며, 네트워크 거버넌스에 참여할 때 주로 사용된다. 폴리곤은 이더리움의 확장성 문제를 해결하기 위해 만들어진 레이어2(확장 네트워크)[10] 플랫폼으로 디파이, NFT, 게임, 기업용 블록체인 서비스 등 다양한 애플리케이션을 운용하기 위한 견고한 터전이 된다. 이들 애플리케이션에서 일어난 모든 거래와 스마트 계약을 실행하고 발생한 비용이 폴리곤 토큰으로 치러지기 때문에 폴리곤을 기반으로 한 프로젝트가 늘어날수록 폴리곤 토큰의 사용량과 실제 수요도 함께 증가한다.

폴리곤의 성장 가능성

폴리곤은 이더리움의 확장성 문제를 해결하는 핵심 인프라로 자리 잡고 있다. NFT, 게임, 결제 등 다양한 분야에서 영향력을 빠르게 확대하고 있으며, 기술력과 파트너십 모두에서 뛰어난 성장 가능성을 보여주고 있다. 향후 디지털 경제에서 폴리곤은 속도와 효율성을 대표하는 코인으로 계속해서 중요한 역할을 수행할 것이다. 다만 트럼프 2기 행정부에서 소위 '미국 코인' 중심으로 블록체인 생태계를 구축할 것으로 보이기에 단기적으로 글로벌 확장성을 보여줄 수 있을지에 대해서는 의문이 남는다.

폴리곤과 유사한 프로젝트

폴리곤과 유사한 기능을 가진 주요 코인으로는 다음과 같은 프로젝트가 있다. 이들 모두 '누가 이더리움의 병목을 넘어 차세대 블록체인의 표준이 될 것인가'라는 질문에 각자 해답을 제시하고 있다.

- 옵티미즘(OP): 이더리움의 확장을 목표로 하는 옵티미스틱 롤업 기반 L2 솔루션
- 아비트럼(ARB): 빠른 처리 속도와 낮은 수수료로 주목받는 이더리움 확장 프로젝트
- 지케이싱크(ZK): ZK 롤업 기반으로 보안성과 확장성을 동시에 추구하는 차세대 솔루션

다음 장에서는 블록체인 기반 신뢰 시스템의 한 축을 담당하는 데이터 연결 및 오라클 기술에 대해 살펴본다. 이더리움과 폴리곤이 빚어낸 디지털 계약 공간이 외부 세계와 안전하게 연결되기 위해서는 신뢰할 수 있는 데이터 연결망이 반드시 필요하다. 이 역할을 수행하는 대표적인 프로젝트인 체인링크에 대해 알아보자.

독자 스스로 생각해보기

이더리움이 느린 처리 속도와 높은 수수료로 도마 위에 오르자 폴리곤 같은 프로젝트가 해결책으로 등장했다. 이는 블록체인 생태계가 스스로 진화하는 환경임을 잘 보여주는 대표적 사례다. 앞으로 블록체인이 일상에 본격적으로 도입될 때 큰 걸림돌이 될 수 있는 요소에는 또 무엇이 있을까? 그 문제를 해결하기 위해서는 어떤 기술적·사회적 접근이 필요할까?

체인링크(LINK)

– 외부 정보를 블록체인에 연결하다 –

기온, 주가, 스포츠 경기 결과까지 블록체인에?

   블록체인 시스템은 스스로 외부 세계를 인식할 수 없다. 예를 들어 '오늘 외부 온도가 38도 이상으로 올라가면 보험금을 자동 지급하라'는 계약을 만들었다고 하자. 블록체인은 외부 온도를 감지할 수 없기 때문에 외부 정보를 전달해주는 오라클 시스템이 필요하다.
   현재 체인링크는 날씨 정보뿐 아니라 주가, 환율, 스포츠 경기 결과, 상품 가격 등 다양한 데이터를 연결하고 있다. 체인링크가 없었다면 블록체인은 현실과 단절된 시스템으로 남았을 가능성이 크다.

체인링크 활용 사례

체인링크는 이미 여러 산업 현장에서 현실과 블록체인을 잇는 다리 역할을 하고 있다. 예를 들어 에이브(Aave)와 신세틱스(Synthetix) 같은 대형 디파이 플랫폼은 체인링크의 실시간 가격 연동 시스템(오라클)을 활용해 담보 자산의 가치를 실시간으로 확인한다. 사용자가 암호화폐를 담보로 대출을 받으면 체인링크는 여러 거래소에서 수집한 가격 데이터를 평균하여 제공한다. 만약 담보 가치가 계약에서 정한 기준 이하로 떨어지면 이를 감지한 스마트 계약이 대출금을 자동 청산해 손실을 최소화한다. 이 모든 과정이 사람의 개입 없이 자동으로 진행된다.

보험 분야에서도 체인링크의 역할은 크다. 농업 보험 서비스인 아르볼(Arbol)은 특정 지역의 강수량 데이터를 체인링크를 통해 받아온다. 계약에서 정한 기간 동안 비가 일정량 이상 내리지 않으면 즉시 해당 농가에 보험금을 지급한다. 이를 위해 체인링크는 여러 기상 관측소나 공신력 있는 데이터 제공자에게 정보를 받는다. 이렇게 하면 복잡한 서류 심사나 현장 조사를 거치지 않아도 공정하고 신속하게 보험금을 지급할 수 있다.

게임과 NFT 분야에서도 체인링크는 공정성을 보장하는 데 활용된다. 블록체인 게임이나 NFT 프로젝트에서는 종종 추첨이나 특별 이벤트 결과 등을 무작위로 결정해야 할 때가 있다. 이때 '검증가능한 무작위 함수(VRF)'라는 기능을 사용한다. VRF는 블록체인에 기록된 값을 무작위로 생성하되 그 값이 실제로 무작위로 나온 것임을 누구나 검증할 수 있도록 한다. 덕분에 게임 개발자조차 결과를 조작할 수 없으며, 참가자들은 결과에 신뢰를 가질 수 있다.

심지어 보수적인 전통 금융권에서도 체인링크를 활용하기 시작했다. 예를 들어 주식 가격이나 환율이 일정 수준에 도달하면 자동으로 결제되거나 자산이 이전되는 계약을 만들 수 있다. 체인링크는 이러한 오프체인 금융 데이터를 안전하게 블록체인으로 전달하여 계약 조건이 충족되는 즉시 계약이 실행되도록 돕는다.

이처럼 체인링크는 단순히 데이터를 불러오는 도구가 아니라 블록체인과 현실 세계가 상호 작용을 할 수 있도록 하는 필수 인프라로 자리 잡았다. 앞으로 블록체인 기반 서비스가 확산될수록 체인링크의 위상은 더욱 높아질 것이다.

체인링크 토큰 활용 메커니즘

체인링크 토큰은 체인링크 네트워크에서 오라클 서비스를 이용하거나 제공할 때 필수적으로 사용된다. 스마트 계약이 외부 데이터에 반응하여 자동으로 실행되려면 오라클 노드가 데이터를 안전하게 전달해야 하는데, 이때 데이터 제공자에게 건네는 보상과 서비스 이용료 모두 체인링크 토큰으로 지급된다. 따라서 금융, 보험, 게임, 공급망 관리 등 외부 데이터 연동이 필요한 블록체인 기반 서비스가 늘어날수록 체인링크 토큰의 사용량과 실제 수요도 함께 증가한다.

체인링크와 유사한 프로젝트

체인링크처럼 오라클 서비스를 제공하는 프로젝트로는 다음과 같은 코인들이 있다.

- API3: 개발자에게 친화적인 인터페이스를 제공하며, 데이터 제공자가 직접 오라클 역할을 수행할 수 있도록 하는 구조
- BAND: 체인링크보다 빠른 응답 속도와 낮은 비용을 자랑. 여러 블록체인과의 연동 지원
- DIA: 투명한 데이터 소스를 중시하며, 특히 디파이 시장을 주요 타깃으로 함

다음 장에서는 에이다가 그리는 미래 사회의 풍경을 함께 들여다보자. 에이다는 블록체인 기술에 학문과 윤리가 개입하면 어떤 미래가 펼쳐질지 보여주고자 하는 코인이다.

독자 스스로 생각해보기

체인링크는 블록체인과 현실을 연결해주는 기술로 주목받고 있다. 그렇다면 여러분이 생각하기에 블록체인에 반드시 연결해야 할 외부 정보는 무엇인가? 우리의 일상이나 산업에 가장 큰 변화를 일으킬 수 있는 정보는 무엇인가? 나아가 그러한 정보가 자동 계약과 만났을 때 어떤 서비스가 새롭게 시작될지도 한번 상상해보자.

에이다(ADA)

– 속도보다 완성도에 집중하다 –

형식 검증에서 출발한 느림의 미학

에이다는 블록체인 업계에서 개발 속도는 느리지만 완성도가 높은 것으로 유명하다. 느림의 미학을 꿈꾸던 에이다가 세상의 빛을 보기까지는 찰스 호스킨슨(Charles Hoskinson)이라는 인물이 있었다. 그는 이더리움의 공동 개발자였으나 개발 방향에 대한 이견이 좁혀지지 않아 팀을 떠난 뒤, 보다 체계적이고 수학적으로 검증할 수 있는 블록체인 플랫폼을 만들고자 했다.

수학과 철학에 지대한 관심을 보인 찰스는 블록체인을 논리적으로 완벽한 시스템으로 설계하고자 했다. 그래서 그는 블록체인 업계에서는 드물게 논문 기반 개발 방식을 채택했다. 이는 세계 각국의 연구자와 개발자들이 작성한 논문을 바탕으로 기능을 설계하고, 반드시 동료 검토[11]를 거친 뒤에야 개발에 착수하는 방식을 말한다. 비록 개발에는 오랜 시간이 걸리지만 보안성과 신뢰도를 높일 수 있는 독특한 방식이다.

아프리카에서 진행한 실험

에이다는 아프리카 대륙을 핵심 전략 지역으로 설정하고, 그곳에 블록체인 기술을 활용한 교육 및 공공 데이터 시스템을 구축하는 데 집중하고 있다. 찰스 호스킨슨은 2021년 이후 르완다, 에티오피아 등 여러 아프리카 국가를 직접 방문하며 교육 기관은 물론 정부와도 손을 잡고 여러 프로젝트를 주도해 왔다.

가장 대표적인 사례는 에티오피아 정부와 맺은 협약으로, 수백만 학생의 학업 성적과 졸업 기록을 블록체인에 저장하고, 대학이나 기업에서 그 정보를 신뢰하고 활용하는 시스템을 구축하는 것을 목표로 한다. 실제로 UN이나 다른 국제기구에서도 이를 주목한 바 있으며, 블록체인이 공공 데이터에 대한 신뢰를 높이는 인프라로 작동할 수 있음을 보여주는 사례로 평가된다.

또한 에이다는 상당히 난해한 프로그래밍 언어를 사용하도록 설계되어 있어 개발자 양성을 위한 교육 프로그램도 활발하게 운영하고 있다. 에이다의 프로그래밍 언어는 코드 오류를 줄이고 안정성을 확보하는 데 유리한 언어로 평가되지만 난도가 높기 때문에 개발자 교육에 상당한 투자가 필요하다. 그래서 찰스는 아프리카 현지에 소프트웨어 개발 교육을 지원하고, 지역 개발자들이 에이다 생태계를 주도할 수 있도록 기반을 마련하고 있다.

공공 블록체인을 향한 느리지만 단단한 행보

금융기관부터 공공기관, 나아가 공무원들까지 발 빠른 도입에 따른 찰나의 빛나는 성과보다 안정적이고 확실한 시스템을 더 선호한다. 당장의 박수갈채보다 혹시 모를 작은 오류 하나가 불러올 치명적인 사고에 더욱 민감하기 때문이다.

여타 프로젝트가 단기 시세 상승이나 빠른 시장 점유에 매진할 때, 에이다는 기술 완성도와 제도권 편입에 초점을 맞춘 거시 전략을 밀어붙이며 많은 이들의 주목을 끌고 있다. 간혹 느긋함으로 비칠 수 있는 철학 때문에 투자자들 사이에서 답답하다며 볼멘소리가 흘러나오기도 하지만 바로 그 철학 덕분에 신뢰와 지속 가능성을 최우선하는 공공 블록체인의 모델로 각인되고 있다.

에이다 코인 활용 메커니즘

에이다는 카르다노 프로젝트에서 제공하는 모든 거래와 서비스에 필수적으로 사용되는 토큰이다. 스마트 계약 실행, 거래 수수료 결제, 네트워크 검증 보상 등 플랫폼에서 보유한 핵심 기능은 모두 에이다로 처리되기 때문에 카르다노를 기반으로 한 프로젝트가 금융, 공공, 교육, 콘텐츠 등 다양한 영역으로 확대될수록 에이다 수요도 함께 늘어난다.

에이다와 유사한 프로젝트

에이다와 비슷한 개발 철학이나 기술 기반을 가진 코인으로는 다음과 같은 프로젝트가 있다. 이들 모두 에이다처럼 높은 완성도를 위한 신중한 개발 전략을 추구하고, 제도권에 속한 기관과 협업하며, 학문적 기반을 확대하기 위해 노력하고 있다.

- 알고랜드(ALGO): 수학자 실비오 미칼리가 개발한 고성능 블록체인으로 합의 도달에 몇 초밖에 걸리지 않는다는 점과 낮은 수수료를 강조한다.
- 테조스(XTZ): 온체인 거버넌스를 강조하며, 자동 업그레이드 기능이 특징이다.
- 코스모스(ATOM): 블록체인 간 상호 운용성에 중점을 두고, 각기 다른 체인을 연결하는 허브를 구축한다.

다음 장에서는 이더리움 생태계에서 새롭게 등장한 고성능 블록체인 프로젝트인 아발란체(AVAX)에 대해 살펴본다. 다중 체인 구조를 통해 확장성과 호환성을 모두 갖고자 한 아발란체는 탈중앙성과 속도 간 상충이라는 블록체인의 오랜 딜레마를 해결하는 것을 목표로 한다.

독자 스스로 생각해보기

여러분이라면 어떤 시스템을 더 신뢰하겠는가?
- 빠르게 기능을 지원하지만 가끔 오류가 발생하는 시스템
- 개발 속도는 느리지만 수학적으로 오류 가능성을 줄인 시스템

아발란체(AVAX)

— 수천 개의 블록체인을 동시에 운영하다 —

블록체인도 멀티태스킹이 가능할까?

  블록체인은 대개 하나의 기능, 하나의 체인, 하나의 네트워크라는 고정된 구조를 가지고 있다. 그러나 아발란체는 여기에 정면으로 도전한 프로젝트다. 아발란체는 하나의 플랫폼 안에서 수천 개의 블록체인을 동시에 생성하고 독립적으로 운영할 수 있도록 설계되었다.

  이를 쉽게 설명하자면 스마트폰 안에 안드로이드, iOS, 리눅스 운영체제를 동시에 실행하고, 각 운영체제가 독립적으로 앱을 구동한다고 보면 된다. 아발란체는 하나의 플랫폼 안에서 여러 블록체인(서브넷)을 나란히 작동시켜 확장성과 처리 속도 문제를 동시에 해결하려는 구조적 혁신을 보여준다.

빠른 처리 속도가 만드는 가능성

아발란체는 다른 블록체인에 비해 거래 처리 속도가 매우 **빠른** 것으로 유명하다. 거의 모든 거래가 몇 초 만에 이루어지며, 수천 건에 달하는 거래도 정체 없이 처리할 수 있다. 이처럼 **빠른** 처리 속도를 구현한 것은 단순히 기술 우위를 뽐내기 위함이 아니라 블록체인을 실생활에 적용할 수 있는 가능성을 넓혀주기 때문이다. 예를 들어 수많은 사람이 동시에 몰리는 전자지갑, 게임, 결제 서비스 같은 환경에서는 거래 지연이 곧 불편함으로 이어진다. 아발란체는 이러한 문제를 눈에 띄게 줄여준다.

한편 아발란체가 구현한 빠른 처리 속도의 비결은 에너지를 적게 쓰는 등 효율적인 운영 구조에 있다. 복잡한 채굴 과정을 거치지 않아도 안전하게 거래를 처리할 수 있기 때문에 환경 부담을 줄이고, 운영비도 낮출 수 있다. 그래서 많은 기업과 정부 기관에서 실제 서비스에 블록체인을 적용할 때 아발란체를 유력한 카드로 검토[12]하고 있는 것이다.

민관이 함께 선택한 아발란체

아발란체는 이 같은 기술적 강점을 바탕으로 정부와 함께 프로젝트를 진행하는 한편 글로벌 기업들과 파트너십을 강화하고 있다. 2022년 아프리카의 여러 도시와 협력하여 부동산 등기, 공공 기록, 도시 행정 데이터 등을 블록체인에 저장하는 실험을 진행하였고, 이 실험은 공공 서비스 영역에서 투명성을 높인 시도로 주목받았다.

또한 세계적인 회계 법인인 딜로이트(Deloitte)는 아발란체 기술을 활용해 미국 재난 복구 자금을 효율적으로 배분하는 시스템을 개발[13]하고 있으며, 일부 도시에서 이를 시범 적용하고 있다. 이는 아발란체가 행정 시스템과 실제로 연동될 수 있음을 보여주는 중요한 사례다.

아발란체는 게임과 NFT 분야에서도 빠르게 존재감을 드러내고 있다. 높은 처리량과 짧은 대기 시간 덕분에 아발란체는 다수의 사용자가 동시에 참여하는 NFT 마켓플레이스나 블록체인 게임 분야에 매우 적합한 인프라로 평가받고 있으며, 이미 여러 디앱이 아발란체 위에서 운영되고 있다.

아발란체와 유사한 프로젝트

아발란체처럼 확장성과 다중 블록체인 구조를 지향하는 프로젝트가 여럿 존재한다. 그중 대표적인 코인 2가지를 소개한다. 이들 프로젝트 모두 '누가 차세대 멀티체인 생태계의 주도권을 쥘 것인가'라는 질문에 각자 다른 방식으로 해답을 제시하고 있다.

- 폴카닷(DOT): 서로 다른 블록체인을 연결하는 패러체인(parachain) 구조로 유명하며, 체인 간 데이터 통신을 지원한다.
- 셀레스티아(TIA): 합의와 실행을 분리해 누구나 쉽게 블록체인을 배포할 수 있도록 지원하는 모듈형 블록체인 구조를 갖는다.

한편, 다음 장에서 살펴볼 테조스(XTZ)는 자체 수정(self-amending)*이라는 독특한 철학으로 블록체인의 생존을 모색한 코인이다. 비트코인, 이더리움 등 우리가 아는 주요 블록체인은 한때 분기되어 새로운 블록체인 라인으로 성장해 가고 있다. 테조스를 통해 다소 생소할 수 있는 분기에 대해서 다루어보고 이 문제를 해결하는 게 왜 중요한지 알아보고자 한다.

독자 스스로 생각해보기

국가나 기업 차원에서 자체 행정망이나 내부 데이터 시스템을 블록체인 위에 구축한다면 어떤 방식이 더 적합할까?

- 하나의 블록체인 위에 모든 기능과 데이터를 올린 단일 구조
- 업무별로 독립된 체인을 운영하고, 필요 시 연결되는 멀티체인 구조

여러분이 정부나 기업의 블록체인 인프라를 설계하는 책임자라면 어떤 구조를 채택할 것인가? 그 선택이 어떤 리스크와 기회를 불러올지 상상해 보라.

---

* 자체 수정이란 코드를 새로 짜지 않고 시스템 내부에서 스스로 규칙을 바꾸는 능력을 갖춘 구조를 말한다.

테조스(XTZ)

— 업그레이드가 쉬운 블록체인 —

둘로 나뉜 비트코인

블록체인 위에서 다양한 앱을 만들어 사용하고, 화폐에 소프트웨어를 내장하는 등 다양한 기술을 코인에 접목하려는 시도로 미루어 코인은 하나의 프로그램처럼 움직인다는 것을 알 수 있다. 또한 어떤 프로그램이든 생존을 위해서는 업그레이드가 필요한 법이다. 보통 블록체인은 기능을 개선하거나 정책을 변경하기 위해 블록체인의 규칙이나 코드에 변화를 주는 포크(fork)라는 절차를 거쳐야 한다. 다만 이 과정은 종종 커뮤니티의 분열을 초래하고, 블록체인을 둘로 나누기도 한다.

대표적인 사례로 비트코인과 비트코인캐시(BCH)의 분리를 들 수 있다. 2017년 블록 크기와 거래 처리 속도를 두고 개발자와 채굴자 간 의견이 갈렸고, 결국 비트코인 체인에서 독립한 새로운 체인이 만들어졌다. 비트코인과 비트코인캐시는 현재 호환되지 않는 완전히 별개의 체인이 되었다.

이더리움도 마찬가지로 한 차례 분열을 겪었다. 2016년 '더 다오(The DAO)'라는 스마트 계약 기반 펀드 프로젝트에서 해킹 사건이 발생하자 이더리움 커뮤니티는 해킹 이전의 상태로 되돌릴 것인지 아니면 그대로 유지할 것인지를 두고 둘로 나뉘었다. 그 결과 이더리움은 하드포크(hard fork)*를 통해 복구한 체인(이더리움, ETH)과 상태를 그대로 유지한 체인(이더리움클래식, ETC)으로 나뉘었다. 이처럼 업그레이드가 체인 분열로 이어지면 블록체인의 유연성은 물론 장기적인 신뢰 구축에 제약이 생길 수 있다.

스스로 개선하고 진화하는 블록체인

테조스는 이러한 문제를 해결하기 위해 자체 수정이라는 개념을 블록체인에 도입한다. 블록체인을 완성된 결과물이 아니라 '계속 진화하는 시스템'으로 바라본 것이다. 테조스의 가장 큰 특징은 업그레이드가 소프트웨어 업데이트처럼 자연스럽게 일어난다는 점이다. 개발자가 새로운 코드나 개선안을 제출하면 사용자들이 이를 검토하고, 투표로 승인 여부를 결정하는 식이다. 일정 수준 이상 찬성표를 얻으면 하드포크를 별도로 진행하지 않아도 자동으로 네트워크 전체에 업그레이드가 적용된다.

다툼을 지양하다

사람들의 생각은 저마다 다를 수밖에 없다. 그래서 설득과 토론을 통해 같은 방향으로 나아가려 노력해도 매번 갈등을 피하기란 여간 어렵지 않다. 만약 사람들이 블록체인을 두고 끝없이 평행선을 달리다 쪼개지고 갈라진다면 블록체인을 향한 신뢰는 크게 떨어질 것이다. 그러나 테조스는 서로 다른 생각을 지닌 두 주체가 접점을 찾느라 논쟁을 벌일 때, 내부 거버넌스만으로 업그레이드를 실시해 다음 단계로 나아갔다. 불필요한 다툼 대신 사용자들이 직접 시스템 개선에 뛰어드는 등 민주적으로 블록체인을 운영한 덕에 기술 안정성과 신뢰를 동시에 거머쥘 수 있었던

---

* 하드포크가 이루어지면 두 개로 나뉜 블록체인은 서로 호환되지 않아 기존과 새 버전의 블록체인이 서로 독립하여 존재하게 된다.

것이다. 향후 블록체인이 이러한 철학을 주체적으로 수용하고, 하드포크를 거치지 않는 구조를 구축한다면 사회적 합의를 이끌어내는 사회 인프라로 굳건히 자리할 수 있지 않을까?

유럽 예술 시장에서 주목받는 친환경 블록체인

테조스는 기술 혁신뿐 아니라 NFT 아트 분야에서도 독특한 입지를 갖추고 있다. 특히 지속가능성을 중시하는 유럽 예술계에서는 테조스를 '친환경 블록체인'으로 선호하는 흐름이 뚜렷하다. 이는 이더리움이 과거 작업증명 방식으로 막대한 전력을 소비한 것과 달리 테조스는 지분증명 방식을 활용해 에너지 소비를 대폭 줄였기 때문이다.

또한 테조스는 안정성이 높고, NFT 발행과 거래 과정에서 드는 수수료가 저렴해 신진 아티스트부터 유명 작가까지 부담 없이 활용할 수 있었다. 게다가 테조스 재단이 아트 바젤(Art Basel), 파리 등 유럽 주요 아트 페어와 협업하며 브랜딩을 강화한 점도 예술계의 선택을 이끌어내는 데 한몫했다.

실제로 프랑스, 독일 등 주요 예술 기관에서는 테조스를 활용해 NFT 전시와 디지털 예술 프로젝트를 운영하고 있으며, 유명 작가들이 테조스를 기반으로 한 NFT 작품을 발행하는 사례도 꾸준히 늘고 있다.[14] 유연한 기술을 보유하고, 수수료가 저렴하며, 예술 분야와 뛰어난 조화를 이룬 테조스는 예술과 블록체인의 새로운 지평을 연 플랫폼으로 자리하고 있다.

테조스 코인 활용 메커니즘

테조스 코인은 자체 블록체인 네트워크에서 거래 수수료 결제, 스마트 계약 실행, 네트워크 검증 보상 등 운영 과정에서 필수적으로 사용되는 코인이다. 테조스는 온체인 거버넌스 기술을 갖추고 있어 테조스 코인 보유자가 네트워크 업그레이드를 제안하거나 프로토콜 변경을 두고 투표를 진행할 수 있도록 지원한다.

테조스와 유사한 프로젝트

테조스와 유사한 철학이나 구조를 가진 대표적인 블록체인으로는 다음과 같은 프로젝트가 있다.

- 에이다(ADA): 수학적 검증과 논문 기반 개발로 신뢰성과 확장성을 동시에 추구
- 코스모스(ATOM): 체인 간 상호 운용성과 온체인 거버넌스를 강조
- 플로우(FLOW): 콘텐츠 중심 블록체인으로 NFT와 게임에 최적화된 구조와 업그레이드 프로세스 도입

이들 프로젝트 모두 '블록체인은 얼마나 유연하게 진화할 수 있는가'라는 질문에 각자 다른 방식으로 해답을 제시하고 있으며, 그중에서도 테조스는 '자체 수정'이라는 기술 철학을 실현한 사례로 손꼽힌다. 다음 장에서는 혁신적인 아이디어로 블록체인에 공유 경제 개념을 적용한 파일코인에 대해서 알아본다.

독자 스스로 생각해보기

여러분은 어떤 방식의 진화를 더 신뢰하는가?

이번 장을 꼼꼼히 읽은 독자라면 비트코인이나 이더리움이 과거에 분기(포크)되었다는 사실이 다소 낯설게 느껴졌을지도 모르겠다. 특히 블록체인에 익숙하지 않은 독자라면 하나의 네트워크가 갈라져 전혀 다른 코인이 된다는 게 어떻게 가능한 건지 의문을 가질 수 있다. 그렇다면 다시 한 번 이 장을 읽고, 과거에 실제로 일어났던 비트코인과 이더리움의 분기에 대해 좀 더 찾아보자. 그리고 그 사례가 테조스와 어떻게 다른지도 비교해보자. 블록체인의 진화는 기술만이 아니라 합의에 이르는 구조에 달려있음을 알 수 있을 것이다.

파일코인(FIL)

– 남는 하드디스크 공간으로 용돈 벌기 –

세상에는 수많은 컴퓨터가 있고, 대부분은 하드디스크 공간이 남아 있다. 만약 남는 저장 공간을 전 세계 사람들이 서로 빌려 쓰고, 그 대가로 보상을 주고받는다면 어떨까?

바로 이러한 아이디어에서 출발한 프로젝트가 파일코인이다. 사용하지 않는 저장 공간을 누구든 다른 사람에게 제공할 수 있고, 그 대가로 파일코인을 받는, 다시 말해 여분 공간을 '공유 자산'으로 만들어 보상받는 구조인 셈이다.

분산 저장과 데이터 주권

우리가 흔히 사용하는 클라우드 서비스는 대부분 중앙 집중형 구조다. 예를 들어 구글 드라이브나 애플의 아이클라우드(iCloud), 아마존 웹 서비스 같은 시스템은 모두 특정 회사에서 대형 서버를 운영하고, 거기에 데이터를 저장한다. 이러한 구조가 편리하긴 해도 해킹에 취약하고, 서비스 장애나 개인정보 유출 문제에 자주 노출되고는 한다.

반면 파일코인은 데이터를 조각으로 나눠 수천 대의 컴퓨터에 분산 저장하는 방식을 사용한다. 누가 언제 어떤 데이터를 저장했는지 블록체인에 기록되기 때문에 투명성과 보안성이 훨씬 높다. 또한 파일코인 위에서 사용자 본인이 데이터의 저장 위치, 접근 권한, 삭제 여부를 직접 설정할 수 있어 데이터 주권을 세울 수 있다.

웹3 시대, 저장이 중요해진 이유

웹3(Web3)*는 인터넷에서 기업이 아닌 개인 스스로 데이터를 소유하고 통제할 수 있는 패러다임을 말한다. 이러한 패러다임 안에서는 데이터가 기업에 종속되지 않도록 분산 저장해야 한다.

파일코인은 웹3를 구현할 수 있는 프로젝트 중 하나다. 단순히 저장 공간을 제공하는 것을 넘어 웹사이트, 앱, 메타버스 등 다양한 서비스가 파일코인 위에서 돌아갈 수 있도록 하는 핵심 인프라가 되고 있다. 실제로 2022년부터 몇몇 블록체인 기반 소셜미디어와 NFT 마켓플레이스에서 파일코인을 백엔드 저장소로 사용하고 있다. 덕분에 영구 저장이라는 개념이 빠르게 확산되고, 중요한 정보나 역사적 기록을 영구히 보존할 수 있게 되었다.

파일코인 활용 메커니즘

파일코인은 네트워크에 저장 공간을 제공하는 저장 채굴자(storage miner)와 데이터를 검색하거나 전송하는 검색 채굴자(retrieval miner)가 각각 기여한 만큼 파일코인 토큰을 받게끔 설계되어 있다. 저장 채굴자는 사용자가 업로드한 데이터를 장기간 안전하게 보관할수록 더 많은 보상을 받으며, 이를 위해 일정량의 파일코인 토큰을 담보로 예치해야 한다. 약속된 기간 동안 데이터를 제대로 유지하지 못하거나 검증 증명에 실패하면 담보 일부가 소각되거나 몰수된다. 반면 검색 채굴

---

* 웹3란 중앙 플랫폼(예: 유튜브)에 의존하지 않고, 블록체인 기반 기술을 이용해 사용자가 직접 소유하고 참여하는 인터넷 환경을 말한다. 기존의 정보 중심 웹(Web1), 참여 중심 웹(Web2)을 넘어 사용자 주권과 탈중앙화를 핵심으로 한다.

자는 네트워크에 저장된 데이터를 빠르고 효율적으로 전달하는 역할을 하며, 데이터 요청 시 발생하는 전송 수수료를 보상으로 받는다. 이렇게 장기 저장을 유도하는 보상과 빠른 전송을 독려하는 보상이 맞물려 돌아가면서 파일코인은 저장 공간을 확장하고 데이터 유통 속도를 높이는 인센티브 구조를 완성할 수 있었다.

자신의 컴퓨터로 직접 참여해보고 싶다면?

파일코인 생태계에 참여하는 방법은 크게 두 가지로 나뉜다. 하나는 직접 저장 공간을 제공하는 방식, 다른 하나는 스토리지 프로바이더(storage provider)에게 자금을 맡기고 간접적으로 참여하는 방식이다.

먼저, 직접 저장 공간을 제공하는 방식은 말 그대로 자신이 보유한 하드디스크나 SSD 같은 저장 장치를 파일코인 네트워크에 연결해 사용자가 올린 데이터를 대신 보관하는 것을 말한다. 또한 저장 공간을 제공하는 스토리지 프로바이더는 어느 정도 성능을 지닌 장비와 안정적인 인터넷 환경을 갖추고, 파일코인 노드 운영에 필요한 기술을 이해하고 있어야 한다. 특히 블록체인에 저장된 데이터를 계속 안전하게 유지하려면 담보로 파일코인 토큰을 일정량 예치해야 하며, 데이터를 잘못 보관하거나 증명에 실패하면 패널티가 부과될 수도 있다. 쉽게 말해, 하드디스크를 파일코인 네트워크에 빌려주고, 정해진 규칙에 따라 보상을 받는 구조인 셈이다.

반면 기술을 갖추기 어렵거나 노드를 직접 운영하기엔 부담이 되는 사람이라면 스토리지 프로바이더에게 토큰을 맡기고 간접적으로 수익을 분배받는 방식으로도 참여할 수 있다. 이러한 방식은 스테이킹(staking) 또는 위임 참여(delegation)라고 불리며, 별도의 장비가 없어도 참여할 수 있다는 장점이 있다. 예를 들어 내가 보유한 파일코인 토큰을 검증자에게 예치하면 이 토큰이 저장 보증에 필요한 담보 역할을 대신하고, 나는 수익 일부를 나눠 가질 수 있다. 이는 마치 은행에 돈을 맡기고 이자를 받는 구조와 비슷하다.

파일코인과 유사한 프로젝트

파일코인처럼 분산 저장하는 블록체인 프로젝트로는 다음과 같은 3가지 코인이 있다. 이들 프로젝트 모두 중앙 서버에 얽매이지 않고 안정적으로 데이터를 저장하고, 탈중앙 인프라를 운영하려는 공통 목표를 갖고 있는데 파일코인은 그중에서도 사람들이 직접 참여하여 가장 활발하게 판을 키워나가는 프로젝트라고 할 수 있다.

- 알위브(AR): 한 번 저장하면 삭제할 수 없는 영구 보존 시스템 구축
- 스토리지(STORJ): 분산형 클라우드 파일 호스팅에 특화
- 시아코인(SC): 저장 공간 대여 및 임대료 정산 구조를 갖춘 초기 분산 저장 프로젝트

이 책을 주의 깊게 읽은 독자라면 비트코인은 가치 저장에 초점이 맞춰져 있다는 것을 기억할 것이다. 그런데 만약 이더리움처럼 비트코인도 스마트 계약을 지원할 수 있다면? 다음 장에서는 비트코인의 안정성과 이더리움의 유연성을 결합하려는 프로젝트인 스택스(STX)를 소개한다. 정적인 비트코인 위에 동적인 스마트 계약을 더하면 어떤 가능성이 펼쳐질까?

독자 스스로 생각해보기

'남는 저장 공간을 공유하고 보상을 받는다'는 아이디어는 일상 속 여러 영역에서 활용될 수 있는 잠재력을 지닌다. 그렇다면 이러한 아이디어를 우리의 일상 속 어디에 적용하면 좋을까?

지금 여러분 주변에는 공유되지 않은 수많은 기회가 숨어 있을지도 모른다. 만약 여러분이 블록체인을 활용한다면 어떤 것을 공유하고 싶은가? 당신의 참신한 아이디어가 새로운 분산 생태계의 출발점이 될 수도 있다.

스택스(STX)

− 비트코인 위에 구현한 웹3 −

비트코인에 앱 생태계를 덧붙이는 시도

비트코인은 처음부터 송금만을 염두에 두고 설계된 디지털 화폐다. 따라서 복잡한 조건을 자동으로 실행하는 스마트 계약이나 다양한 디앱을 구현하지는 못한다. 이러한 한계를 극복하기 위해 등장한 것이 바로 스택스 프로젝트다.

스택스는 비트코인이 지닌 보안성과 탈중앙성을 그대로 유지하면서도 스마트 계약 기능과 애플리케이션 생태계를 비트코인 위에 구축한 레이어 구조의 블록체인이다. 이름 그대로 비트코인 위에 하나의 층(stack)을 쌓는 방식이다. 예를 들어 비트코인이 철통 같은 금고 역할을 한다면, 스택스는 금고 위에 운영 체제를 더한 플랫폼이라고 볼 수 있다.

스택스는 자체 스마트 계약 언어인 클래러티(Clarity)를 기반으로 하며, 스마트 계약은 스택스 네트워크에서 실행되지만 중요한 데이터나 상태는 비트코인 블록체인에 연동된다. 그래서 스택스는 비트코인이 지닌 뛰어난 보안성을 활용하면서도 확장된 기능을 구현할 수 있는 것이다.

─────── **비트코인이 지닌 보안성을 활용한다는 말의 의미**

스택스의 특징은 모든 거래가 최종적으로 비트코인 블록체인에 기록된다는 점이다. 즉, 스택스에서 실행한 스마트 계약이나 애플리케이션도 비트코인의 보안 체계 안에서 든든하게 보호받을 수 있다.

스택스 코인 활용 메커니즘

스택스 코인, 즉 STX는 스택스 블록체인에서 사용되는 디지털 화폐다. 이 코인은 네트워크 안에서 거래 수수료를 내거나 스마트 계약과 애플리케이션을 실행하는 데 쓰인다. 또한 STX를 일정 기간 잠그는 스테이킹에 참여하면 네트워크 보안과 운영에 기여한 대가로 비트코인(BTC)을 보상으로 받을 수 있다.

스마트 계약의 약점을 보완하다

스택스는 스마트 계약을 구현하기 위해 클래러티라는 독자적인 프로그래밍 언어를 사용한다. 이 언어는 '명확성'이라는 이름에 걸맞게 실행 결과가 예측 가능하고, 오류 가능성이 적도록 설계되었다. 예를 들어 기존 스마트 계약 언어는 가끔 예상치 못한 방식으로 작동하거나 해킹에 노출될 수 있는데, 클래러티는 결과가 사전에 명확히 정의되어 있어 금융 서비스나 보안이 중요한 앱에서 유리한 특징을 갖는다.

스택스와 유사한 프로젝트

스택스처럼 비트코인 위에서 확장 기능을 제공하는 프로젝트도 존재한다. 대표적인 예는 다음과 같다. 이들 프로젝트는 서로 다른 방식으로 비트코인의 한계를 보완하고 있으며, 스택스는 그중에서도 가장 포괄적인 웹3 기능을 비트코인에 연결했다는 점에서 주목받고 있다.

- 오디널스(Ordinals): 비트코인 위에 NFT를 구현할 수 있도록 만든 프로토콜
- 루트스탁(RSK): 비트코인에 스마트 계약 기능을 제공하기 위한 사이드체인 기반 플랫폼
- 라이트닝 네트워크(Lightning Network): 비트코인의 송금 속도와 확장성을 보완하기 위한 결제 전용 레이어

지금까지 우리는 견고한 비트코인 위에 기능을 쌓아올리는 방식을 살펴보았다. 하지만 한쪽에선 처음부터 사용자 경험에 최우선 순위를 두고, 누구나 쉽게 쓸 수 있는 블록체인 플랫폼이 존재감이 드러내고 있다. 다음 장에서는 사용자도 초보 개발자도 부담 없이 접근할 수 있도록 설계된 '쉬운 블록체인'의 대표 주자, 니어프로토콜(NEAR)을 소개한다.

독자 스스로 생각해보기

지금까지 우리는 비트코인을 통제받지 않는 디지털 화폐로만 인식해 왔다. 그러나 스택스는 비트코인 위에 앱과 계약 기능을 덧붙일 수 있다는 가능성을 보여주며 통념을 뒤집는다. 이는 곧 블록체인이라는 기술이 단순한 시스템이 아니라 누군가의 상상력에 따라 계속해서 확장될 수 있음을 보여준다.

새로운 세상을 만들기 위해 여러분은 어떤 영역에 블록체인을 접목할 것인가? 그리고 어떤 새로운 기능을 블록체인 위에 더할 것인가?

니어프로토콜(NEAR)

- 손쉬운 앱 개발 환경에 빠른 속도를 더하다 -

초보자도 쉽게 앱을 만들 수 있다고?

 니어프로토콜(이하 니어)은 누구나 블록체인 기술에 쉽게 다가가도록 설계한 플랫폼이다. 특히 개발 경험이 적은 사람도 웹3 애플리케이션을 만들 수 있도록 구성되었다는 점에서 다른 프로젝트와 뚜렷한 차이를 보인다.
 기존의 블록체인 플랫폼에서는 스마트 계약을 작성하기 위해 복잡한 프로그래밍 언어를 새로 배워야 했고, 특유의 체인 구조도 함께 이해해야 했다. 하지만 니어는 러스트(Rust)나 자바스크립트(JavaScript)같이 일반 프로그래머들에게 이미 익숙한 언어를 사용하도록 하여 개발 진입 장벽을 대폭 낮췄다.
 또한 니어는 지갑 생성과 수수료에 대한 사용자들의 불만을 반영해 이메일 기반 로그인, 사람이 읽을 수 있는 계정 이름, 명확한 수수료 구조 등을 도입했다. 이는 기존 블록체인 시스템과는 다르게 일반 인터넷 서비스처럼 친숙한 사용자 인터페이스를 제공하려는 철학을 반영한 것이라 볼 수 있다.

─── 앱 개발 환경의 중요성

니어가 손쉬운 앱 개발 환경을 제공한다고는 하지만 대부분의 사람들에게 프로그래밍 언어를 사용한다는 개념은 여전히 낯설게 느껴질 것이다. 단순히 어렵다는 차원을 넘어 나와 어떤 관련이 있을지 의문을 가지는 것이 일반적인 반응이다.

그러나 쉬운 개발 환경이란 곧 참여 확대를 의미하고, 이는 생태계가 빠르게 성장하기 위한 든든한 발판이 될 수 있다. 그래서 쉬운 개발 환경은 니어라는 플랫폼과 코인의 성장 가능성을 가늠해볼 수 있는 하나의 기준이 된다. 앱 개발에 관심이 없는 독자라도 개발 환경이 왜 중요한지 이해한다면 니어의 전략적 강점을 더 잘 파악할 수 있을 것이다.

은행 시스템에 가까운 구조

니어는 '계정 기반 블록체인(account-based blockchain)' 구조를 채택했다. 이는 전통적인 은행 시스템과 유사하다. 예를 들어 내 계좌에 10만 원이 있을 때, A에게 3만 원, B에게 2만 원을 송금하면 내 계좌에는 5만 원이 남는다. 여러 차례 송금을 해도 계좌에는 항상 현재 잔액 하나만 기록되기 때문에 이해하기 쉽다.

반면 비트코인은 'UTXO(Unspent Transaction Output)' 방식을 사용한다. 이는 잔액을 숫자 하나가 아닌 조각 형태로 따로따로 기록하는 것을 말한다. 예를 들어 내가 A에게서 2BTC, B에게서 3BTC를 받아 총 5BTC를 보유하고 있다면 내 지갑에는 2BTC 조각과 3BTC 조각이 각각 따로 기록된다. 이때 A에게 1.5BTC를 송금하려 하면 비트코인은 2BTC 조각을 통째로 꺼내 사용하고, 그중 1.5BTC를 A에게 전송하며, 남은 0.5BTC를 새로운 조각 형태로 지갑에 다시 기록한다. 따라서 거래 후 내 지갑에는 0.5BTC 조각과 3BTC 조각이 따로 남게 된다.

사실 사용자 입장에서는 비트코인 지갑에 잔액이 하나로 표시되기 때문에 계정 기반과 큰 차이를 체감하기 어렵다. 그러나 개발자들은 내부 구조를 상당히 중요하게 여긴다. 비트코인은 여러 조각을 합치고 쪼개는 과정을 반드시 거쳐야 하지만 니어는 계정 잔액을 업데이트만 하면 되기에 개발자 친화적인 블록체인으로 평가된다.

개발자가 좋아할 수밖에 없는 생태계

이처럼 니어는 개발자 친화적인 생태계를 만들기 위해 다양한 노력을 기울이고 있다. 공식 문서, 튜토리얼, 개발 도구 모음은 물론 오픈소스 커뮤니티 활동과 보상 프로그램을 운영하여 개발자들의 활발한 참여를 유도하고 있다.

예를 들어 특정 애플리케이션을 개발하거나 네트워크에 기여한 개발자에게 보상을 제공하고, 일정 기준을 충족한 프로젝트에는 재단 차원에서 펀딩도 지원한다. 이러한 구조 덕분에 니어 생태계는 초보 개발자와 스타트업이 안착하기 좋은 환경으로 평가받는다.

또한 샤딩(sharding) 기술을 통해 네트워크 확장성 문제도 해결하고 있다. 샤딩은 데이터를 여러 조각으로 나누어 병렬로 처리하는 기술로 네트워크가 혼잡해져도 속도가 느려지지 않고 처리량이 일정하게 유지되는 구조다. 이는 실제 사용을 전제로 하는 서비스에 매우 중요한 기술적 기반이 된다.

관건은 생태계 활성화

니어는 누구나 쉽게 사용할 수 있는 블록체인을 목표로 한다. 쉬운 개발 환경, 친숙한 인터페이스, 효율적인 계정 구조, 빠른 처리 속도 등은 니어가 추구하는 핵심 철학을 잘 보여준다.

그러나 관건은 이러한 환경에서 얼마나 실질적이고 유용한 앱과 서비스가 만들어지느냐에 달려 있다. 아무리 뛰어난 기술이라도 선택받지 못하면 결국 버려지거나 기억에서 사라지게 되기 때문이다.

니어프로토콜 코인 활용 메커니즘

개발자는 니어프로토콜 코인을 활용해 애플리케이션을 배포하고, 사용자는 거래나 서비스 이용 시 발생하는 수수료를 니어프로토콜 코인으로 낸다. 또한 니어프로토콜 코인 보유자는 토큰을 일정 기간 잠가 스테이킹에 참여할 수 있으며, 이는 네트워크의 합의 과정에 기여한다. 스테이킹에 참여한 검증자와 위임자는 새로 발행된 니어프로토콜 코인을 보상으로 받는다. 이 외에도 니어프로토콜 코인은 거버넌스 참여를 위한 투표 권한을 제공해 프로토콜 업그레이드나 정책 변경에 영향을 미친다. 결과적으로 니어프로토콜 코인은 네트워크 운영, 보안 강화, 생태계 확장에 필수적인 역할을 수행하며 니어프로토콜의 디지털 경제를 유지하는 핵심 수단이 된다.

니어와 유사한 프로젝트

니어처럼 빠른 처리 속도와 사용자 친화적 개발 환경을 강조하는 블록체인 프로젝트로 다음과 같은 사례들이 있다. 이들 프로젝트 모두 블록체인이 일상에 스며들기 위해 어떤 방향으로 나아가야 하는지를 보여준다.

- 솔라나(SOL): 초당 수천 건의 거래를 처리할 수 있는 고속 블록체인
- 에이다(ADA): 논문 기반 검증 방식을 택한 스마트 계약 플랫폼
- 아발란체(AVAX): 확장성과 유연성을 중시하는 멀티체인 구조의 블록체인

다음 장에서는 글로벌 거래소 크립토닷컴에서 직접 개발한 크로노스(CRO)를 소개한다. 거래소에서 직접 만든 체인은 과연 얼마나 실용적일지, 어떤 방식으로 디앱 생태계를 확장해 가는지 알아보자. 접근성에서 활용성으로 나아가는 블록체인의 새로운 모습을 함께 살펴보자.

독자 스스로 생각해보기

니어와 유사한 프로젝트는 앞에서 이미 살펴보았다. 겉보기엔 비슷한 철학과 목적을 지닌 듯하지만 각 플랫폼이 지향하는 방향과 구조는 분명히 다르다. 만약 여러분이 초보 개발자라면 어떤 플랫폼을 선택하겠는가? 여러분이 보안과 신뢰를 중시하는 공직자라면 어떤 선택을 하겠는가? 혹은 수천억 원 규모의 자금을 관리해야 하는 금융기관의 책임자라면 어떤 기준을 우선하겠는가?

사용자의 관점과 목적에 따라 최적의 블록체인은 달라질 수 있다. 각자 다른 입장에서 고민해보는 것만으로도 니어를 비롯한 여러 플랫폼의 장단점과 활용 가능성을 훨씬 명확하게 알 수 있을 것이다.

크로노스(CRO)

– 세계적 규모의 코인 거래소가 만든 블록체인 –

'크립토닷컴에서 직접 만든 체인'이 주는 의미

어떤 코인이 대세가 될지 알려면 프로젝트를 꼼꼼히 분석하고 일정 기간 지켜봐야 한다. 홍보, 유통, 관리, 개발 등 기업을 성장시키는 데 필요한 요소들이 고스란히 들어가야 하기 때문이다. 그렇다면 수천만 명의 회원을 보유한 글로벌 거래소에서 자체 블록체인을 만든다면 어떨까?

과거에는 개발자가 디앱이나 서비스를 만들 때, 회원 확보부터 결제 시스템 구축, 보안 강화, 서버 속도 개선까지 모든 것을 직접 해결해야 했다. 하지만 크로노스를 사용하면 이야기가 달라진다. 이미 전 세계 1억 5천만 명 이상의 회원과 월간 약 180조 원 규모의 거래량을 보유한 글로벌 2위 거래소 크립토닷컴(Crypto.com)이 마련한 대규모 이용자 풀과 고성능 인프라, 최고 수준의 보안성을 그대로 활용할 수 있기 때문이다.

크로노스는 이더리움 가상 머신(EVM)과 호환되도록 설계되었다. 그래서 개발자들은 새로이 무언가를 익히지 않고도 기존에 이더리움 환경에서 개발하던 블록체인 앱을 손쉽게 이전하거나 확장할 수 있다. 이로써 디파이, NFT, 자산 토큰화 등 다양한 서비스를 훨씬 빠르고 안정적으로 상용화하는 길이 열린 셈이다.

중앙에서 통제하는 거래소라는 금융 구조와 블록체인이라는 탈중앙화 기술을 결합한 디지털 금융 플랫폼으로 확장하려는 크립토닷컴의 비전은 크로노스를 통해 뒷받침되고 있다.

블록체인으로 새롭게 구현한 결제 시스템

우리는 그동안 카드사, 가맹점, 항공사 등 여기저기서 포인트를 쌓아 왔다. 이를 적극적으로 활용하는 사람이 있는 반면 전혀 사용하지 않는 사람도 있다. 아무래도 포인트가 여러 곳에 흩어져 있다 보니 어디에 얼마나 쌓여 있는지 잊는 경우가 많은 듯하다.

크로노스는 블록체인 기술을 활용해 일상 속 포인트·리워드·결제 시스템을 새롭게 구현할 수 있다. 실제로 크립토닷컴은 비자카드로 결제 시 자체 발행 토큰인 CRO를 일정 비율 적립해주고 있다. 블록체인상에 자동으로 적립되는 리워드는 투명성과 속도 면에서 기존 마일리지와는 확연히 다르다.

기존 포인트 시스템은 기업 내부 시스템에 묶여 있어 조회와 사용이 제한적이지만 크로노스에서는 포인트를 디지털 자산처럼 지갑에 저장하고, 전송하거나 교환할 수도 있다. 예컨대 커피를 구매하고 결제 금액의 3%를 CRO로 돌려받은 사용자는 이 토큰을 즉시 영화 티켓을 구매하거나 다른 토큰과 교환하는 데 활용할 수 있다.

이렇듯 크로노스는 현재 기업 내부 시스템에 갇힌 수많은 포인트·리워드 체계를 블록체인으로 외부와 연결할 수 있음을 보여주며, 블록체인을 활용한 사례 가운데 가장 현실적이라 평가받는다.

중앙화와 탈중앙화 사이의 현실적인 균형

크로노스는 거래소에서 만든 블록체인이기 때문에 본질적으로 완전히 탈중앙화된 구조라고 보기는 어렵다. 노드 운영 주체는 제한적이며, 정책 변경 또한 거래소의 영향력 아래 이루어진다.

그러나 이를 단점으로만 볼 수 없다. 어느 정도 중앙화가 진행되면 빠른 의사 결정, 보안 대응, 사용자 보호 측면에서 강점을 가진다. 특히 블록체인에 익숙하지 않은 일반 사용자 입장에서는 책임자가 있다는 사실에 오히려 신뢰를 느낄 수 있다. 이처럼 크로노스는 이상적인 탈중앙성과 실용적인 운영 사이에서 현실적인 균형을 추구하는 체인이라고 할 수 있다.

거래소 체인의 실용성

크로노스는 블록체인 기술이 우리 일상에 얼마나 자연스럽게 녹아들 수 있는지를 보여준다. 블록체인에 대한 지식이 전무한 사용자도 크립토닷컴을 통해 크로노스 생태계를 경험하다보면 자연스레 블록체인을 이해할 수 있다. 이는 지갑 생성이나 토큰 송금 같은 복잡한 절차를 거치는 대신 거래소에서 제공하는 서비스를 경험해 보는 것만으로도 블록체인 사용자가 될 수 있다는 점에서 의미가 크다.

크로노스와 유사한 프로젝트

크로노스처럼 거래소에서 직접 운영하거나 주도하는 블록체인 플랫폼으로는 다음과 같은 사례들이 있다.

- BNB 체인(BNB Chain): 바이낸스 거래소에서 운영하며, 세계 최대 규모의 디앱 생태계를 보유
- OKX 체인(OKT): OKX 거래소가 개발한 고속 퍼블릭 체인

이들 모두 실제 사용자 기반을 지닌 거래소가 블록체인 플랫폼을 운영할 경우 어떤 시너지를 낼 수 있는지를 보여주는 사례이며, 크로노스는 그중에서도 소비자를 끌어들이는 리워드 시스템과 디앱 생태계를 확장하는 기발한 전략으로 두각을 나타내고 있다.

다음 장에서는 한때 대한민국은 물론 전 세계를 충격과 공포에 빠뜨렸던 바로 그 코인, 루나(LUNA)에 대해 살펴본다. 코인 투자가 미래를 대비할 유용한 수단이 될 수도 있지만 루나 사태는 시장에 숨어있던 리스크가 얼마나 치명적인 결과로 이어질 수 있는지 제대로 보여준 사례였다. 루나를 통해 블록체인 생태계가 지닌 본질적인 위험과 투자자 보호에 생긴 구멍을 함께 짚어보고자 한다.

독자 스스로 생각해보기

크로노스는 세계 2위 거래소라는 막강한 인프라를 활용하여 블록체인 생태계를 구축하고, 일상에 녹아든 결제 시스템과 리워드 구조를 블록체인으로 연결한 대표적인 사례다. 특히 신용카드를 사용할 때마다 포인트 대신 디지털 토큰을 보상으로 받는다는 점에서 주목할 만하다.

우리가 익숙하게 사용해온 포인트, 쿠폰, 결제·멤버십 시스템은 사실 폐쇄적이고 유통이 제한된 구조였다. 그렇다면 이 시스템을 블록체인 위에서 구현한다면 기존과는 어떤 점이 달라질까? 그리고 보상으로 받은 디지털 토큰은 적립 수단을 넘어 어떻게 활용될 수 있을까?

작은 변화처럼 보이지만 그 파급력은 결코 작지 않을 수 있다.

루나(LUNA)
- 블록체인의 실패는 어떻게 시작되는가 -

테라 US 달러(UST)의 붕괴와 시장 충격

2022년 전 세계 블록체인 생태계를 뒤흔든 사건이 발생했다. 바로 한국에서 시작된 프로젝트 테라(Terra)와 루나(LUNA)의 붕괴다. 테라는 미국 달러 가치에 연동되도록 설계된 알고리즘 기반 스테이블코인으로 실제 코인 이름은 UST다. 반면 루나는 UST의 가치를 1달러에 고정하기 위해 사용되는 보조 코인이다. 두 코인은 맞물려 움직이며, UST 가격이 1달러를 초과하면 루나를 소각하고 그만큼의 UST를 발행해 공급량을 늘려 가격을 낮춘다. 반대로 UST 가격이 1달러 밑으로 떨어지면 UST를 매입하거나 소각하고, 그 대가로 루나를 발행해 공급량을 줄이는 구조다.

이를 자세히 살펴보면 실질 화폐로 사용될 수 있는 1달러의 가치가 아무런 실체도 없는 루나라는 코인에 의해 매입되거나 매각되는 방식으로 유지되고 있다는 점을 알 수 있다. 사실 이러한 구조가 지닌 위험은 테라의 백서에도 분명히 명시돼 있었지만 많은 투자자가 이를 충분히 인식하지 못하거나 위험을 과소평가했다. '연 20% 수익률'과 같은 혹할 만한 마케팅 문구와 빠른 생태계 확장에 눈이 멀어 그 구조가 지닌 허점은 시장에서 제대로 논의조차 되지 않았다. 사실상 투자자들은 간과해서는 안 될 위험에 속아 넘어간 셈이었다.

2022년 5월 초, 수천억 원 규모의 UST가 한꺼번에 매도되면서 시스템에 치명적인 충격이 가해졌다. UST는 1달러 가치를 유지하지 못하고 하락하기 시작했는데—이를 디페깅(depegging)이라 부른다—테라의 설계상 UST가 1달러 아래로 떨어지면 이를 루나로 교환할 수 있었기 때문에 대량의 UST가 소각되고 그만큼 루나가 새롭게 발행되었다. 여기서 중요한 점은 기존 루나 보유자들이 자발적으로 루나를 내놓아 가격을 방어한 것이 아니라 사용자들이 UST를 소각하면 프로토콜 규칙에 따라 새로운 루나가 발행되어 공급되었다는 사실이다. 이 과정에서 기존 루나 보유자들의 지분은 강제로 희석되었고, 시장에서는 이를 '사기적인 구조'라고 강하게 비판했다. 이때부터 루나 공급은 폭발적으로 증가했고, 가격 하락 속도는 더 빨라졌다.

루나 가격이 떨어질수록 동일한 1UST를 소각할 때 발행되는 루나 수는 더 많아졌다. 결과적으로 시장에는 하이퍼인플레이션을 방불케 할 만큼 엄청난 양의 루나가 쏟아졌고, 루나의 가치 체계는 급격히 붕괴했다. 이러한 상황이 반복되면서 루나를 향한 투자자들의 신뢰는 완전히 무너졌고, 대형 투자자와 기관들이 루나 가격 하락에 숏 포지션을 취하며 하락을 부추겼다. 결국 UST와 루나 모두 시장에서 사실상 사라졌고, 알고리즘 스테이블코인 모델 전반에 대한 회의론이 확산되었다. 이 사건으로 수십 조 원 규모의 시가총액이 증발했으며, 수많은 투자자가 하루아침에 전 재산을 잃는 비극적인 결과를 낳았다.

알고리즘 스테이블코인의 위험성

UST가 선보인 실험의 최종 목표는 따로 담보를 설정하거나 중앙기관을 거치지 않아도 가격을 유지할 수 있는 스테이블코인을 만드는 것이었다. 그러나 시장은 알고리즘만으로는 가격을 안정적으로 유지할 수 없다는 점을 여실히 보여줬다. 특히 담보 설정 없이 수요와 공급을 조절하는 것만으로 1달러 가치를 유지하겠다던 아이디어는 매도 압력이 커지면 언제든 쉽게 무너질 수 있었다. 마치 뱅크런이 일어난 것처럼 모두가 UST를 팔기 시작하자 시스템은 이를 감당하지 못하고 붕괴했다.

테라와 루나의 백서에는 이러한 시스템이 지닌 한계가 이미 언급돼 있었음에도 시장 참여자 다수가 이를 가볍게 여기거나 무시했다. '프로토콜이 알아서 1달러를 지켜줄 것'이라는 막연한 기대와 고수익의 환상에 빠져 있었던 것이다. 결국 이 사건은 블록체인 생태계 전반에 알고리즘 스테이블코인에 대한 불신과 규제 도입의 목소리가 터져 나오게 했다.

실패에서 얻은 교훈

루나와 UST의 실패는 블록체인 역사상 가장 큰 사고라 할 수 있다. 그러나 이 사고는 다시는 같은 일이 일어나서는 안 된다는 교훈을 전하며 다음과 같은 화두를 곱씹게 했다. 첫째, 기술만으로는 가격 안정성과 신뢰를 확보할 수 없다는 점이다. 투자자들의 심리와 시장의 복잡한 구조까지 함께 고려해야 실패가 되풀이되지 않을 것이다. 둘째, 탈중앙화라는 이상만을 좇기보다 시스템의 실효성과 리스크 대응 능력에 주안점을 두어야 한다는 점이다. 셋째, 정부를 포함한 규제 기관에서 스테이블코인과 디지털 자산에 대한 감시를 아예 저버려서는 안 된다는 점이다. 루나 사태는 향후 스테이블코인 제도화 논의에 실질적인 영향을 미치는 전환점이 되었다.

루나의 몰락은 블록체인 역사에서 기술이 이상을 뒷받침하지 못할 때 어떤 결과가 발생하는지를 보여준 사건이다. 한편으로 이 실패를 통해 더 탄탄한 설계와 담보 구조, 더 명확한 책임 체계를 갖춘 프로젝트가 등장하기도 했다.

루나와 유사한 프로젝트

루나와 유사하게 알고리즘 기반 또는 혼합형 스테이블코인 모델을 도입한 프로젝트로는 다음과 같은 사례가 있다. 이들 프로젝트는 루나의 실패를 반면교사로 삼아 설계 구조를 보완하고 리스크 대응력을 강화하려는 움직임을 보이고 있다.

- 프랙스(FRAX): 부분 담보 기반 알고리즘 스테이블코인
- 메이커다오(MakerDAO): 초과 담보 방식을 채택한 분산형 스테이블코인 시스템
- USDD: 트론 기반 알고리즘 스테이블코인으로 UST 붕괴 이후 더욱 강화된 담보 구조 도입

독자 스스로 생각해보기

여러분이 투자자라면 루나 사태와 비슷한 일로 피해를 입지 않기 위해 어디에 어떻게 투자하면 좋을지 생각해보자. 만약 정책 입안자라면 블록체인 사업을 두고 어떤 규제를 가하면 좋을지 고민해보는 것도 좋을 것이다.

수이(SUI)
- NFT와 찰떡궁합인 블록체인 -

기술만으로 세상을 바꿀 수는 없다

전 세계 수십억 사용자를 보유한 메타는 한때 자체 암호화폐를 만들겠다는 계획을 발표하며 큰 주목을 받았다. 메타가 선보인 야심찬 계획은 결제를 넘어 송금, 온라인 쇼핑, 금융 서비스까지 아우를 것으로 기대를 모았고, 이를 실현할 기술과 인력, 자본 등을 모두 갖추고 있었다. 그러나 각국 정부의 강한 반발에 부딪히면서 2022년 초 공식적으로 계획을 중단했다.

메타의 실패는 우리에게 중요한 사실을 다시금 상기시킨다. 아무리 앞선 기술을 갖추고 있다 하더라도 사회와 제도, 사람들의 인식이 함께 움직이지 않는다면 세상은 쉽게 변하지 않는다는 점을 말이다. 실제로 2024년 도널드 트럼프 대통령이 재선에 성공한 이후, 미국 정부가 암호화폐 인프라 도입에 적극적인 태도를 보이자 전 세계 다른 나라들도 암호화폐 관련 정책 추진에 속도를 냈고, 대중들은 너 나 할 것 없이 암호화폐 투자에 불이 붙어 거래량도 폭발적으로 늘어났다.

메타에서 독립한 기술진이 시작한 프로젝트

메타가 주도한 블록체인 프로젝트인 '디엠(Diem)'이 종료된 후, 해당 프로젝트에 참여했던 주요 기술진이 독립하여 새롭게 시작한 프로젝트가 바로 수이와 앱토스(APT)다. 수이는 신생 블록체인이긴 하나 세계 최대 소셜미디어 기업에서 실험한 차세대 블록체인 기술과 철학을 고스란히 계승한 프로젝트다. 이러한 배경 덕분에 수이는 초기부터 높은 기술 완성도와 탁월한 설계 비전을 보여주었다.

수이는 무브(Move)라는 새로운 프로그래밍 언어를 채택해 자산 보안과 시스템 안정성을 우선시한다. 이는 이더리움에서 주로 쓰이는 솔리디티(Solidity)라는 언어보다 실행 결과를 예측하기 쉽고, 보안상 안전하게 설계되어 있어 해킹이나 오류를 줄이는 데 유리하다. 이러한 특성 덕분에 수이는 전 세계 사용자가 안심하고 자산을 보관하거나 이체하고, 다양한 웹3 서비스를 안전하게 이용할 수 있는 글로벌 디지털 인프라를 구축하는 데 힘을 쏟을 수 있었다. 메가 소셜 네트워크를 설계하고 운영한 경험이 있는 기술진답게 블록체인이 일상에서 자연스럽게 쓰이고 사회·경제 전반에 기여하는 차세대 인터넷의 토대를 이루는 것을 궁극의 목표로 삼고 있다.

초당 10만 건의 처리 속도

수이가 내세우는 핵심 장점으로 빠른 처리 속도를 꼽을 수 있다. 시험 환경에서 발표된 자료에 따르면 수이는 초당 최대 약 30만 건에 가까운 거래를 처리할 수 있는 것으로 나타났다. 이는 현존하는 블록체인 가운데 압도적으로 빠른 수치다. 다른 블록체인은 대부분 거래를 순차적으로 처리하지만 수이는 병렬 처리(parallel execution)라고 불리는 방식을 활용해 여러 거래를 동시에 실행하므로 처리 속도가 상당히 빠르다. 이론상 매우 뛰어나 보이지만 사용자가 몰리는 실제 환경에서 얼마나 안정적으로 작동하는지에 대해서는 아직 더 지켜봐야 한다.

고속 체인의 가능성과 과제

수이는 메타의 뼈아픈 실패 덕분에 세상에 나온 프로젝트다. 거대 플랫폼에서도 포기한 비전을 민간 개발자들이 이어받아 다시 실현하고자 한 실험이라 할 수 있다. 기술 완성도, 개발자 중심 생태계, 빠른 속도를 지향하는 설계는 수이를 단숨에 주목받는 신예 블록체인으로 만들었지만 장기적인 성공은 활용 범위와 커뮤니티 확장에 달려 있다.

진짜 스마트 계약은 이런 것이 아닐까

우리는 지금까지 이더리움이 스마트 계약 기능을 블록체인에 도입하면서 코인 생태계가 무한히 확장되는 과정을 지켜보았다. 그러나 실제로 스마트 계약을 현실에 적용하려 하면 예상보다 많은 장애물에 부딪히게 된다.

예를 들어 특정 아파트와 연결된 부동산 NFT를 상상해보자. 여기에 소유권뿐만 아니라 월세 수익 분배, 등기 이전, 전세 계약 체결, 보험 등록 기능까지 모두 담고자 할 때 기존 블록체인에서는 기능별로 계약을 달리 설정하고, 데이터도 따로 구성해야 했으며, 이를 복잡한 방식으로 연결해야 했다. 이러한 시스템을 구현하려면 외부 정보를 불러오기 위한 오라클 연결, 계약 간 상호 호출 설계, 역할 및 권한 제어 등 까다로운 작업이 필요하며, 그만큼 오류가 발생할 여지가 많았다.

하지만 수이는 새로운 방식으로 이러한 문제를 풀어 간다. 하나의 NFT에 소유권, 수익 배분, 등기 정보, 보험 계약 등 다양한 기능을 통합할 수 있는 구조를 설계한 것이다. 겉으로 보기엔 단순하고 쉬운 기술로 보일 수 있지만 우리가 사는 현실에 대입해보면 이러한 구조가 얼마나 파격적인지 알 수 있다.

실제로 부동산 등기는 대법원 산하 등기소에 등록되며, 월세 수익은 대개 은행 계좌에 이체된다. 전입신고는 행복센터에 직접 방문하거나 온라인 정부24에서 할 수 있으며, 관련 정보는 행정정보 공동이용 시스템 등 공공 전산망에 저장된다. 보험 계약은 민간 보험회사 또는 공적 보험기관에서 각각 이루어진다. 즉, 아무리 블록체인 기술이 도입되었다고 하더라도 기관마다 사용하는 시스템이 상호 연동되지 않고 상이하면 전체적인 데이터 흐름은 여전히 분절적일 수밖에 없다. 기존 블록체인 시스템은 기관별로 분산된 데이터를 각각 별도로 구현한 뒤, 스마트 계약을 통해 복잡하게 연결하는 방식이었다.

그러나 수이는 기능별로 나누는 대신 모든 정보를 하나의 블록체인 안에 통합하는 방식을 선택했다. 중앙기관에서 수이를 채택할 경우, 기능마다 어떤 체인을 쓸지 고민하지 않아도 되므로 체인을 선택할 때마다 겪을 번거로움을 크게 줄일 수 있다.

게임 산업의 판도를 바꾸다

앞서 설명한 수이만의 독특한 기술은 게임 산업에도 큰 변화를 가져올 수 있다. 한국 게임 시장에서 '린저씨' 현상으로 대표되는 게임 아이템 거래 문화는 아이템과 캐릭터의 소유권을 둘러싼 논쟁을 끊임없이 부추겼다. 이는 게임사가 아이템 거래를 공식적으로 허용하더라도 회사가 파산하거나 유저가 규정을 위반하면 캐릭터와 아이템은 언제든 몰수될 수 있기 때문이다. 하지만 수이는 게임 속 캐릭터와 아이템을 NFT로 구현하고, 이를 유저가 소유할 수 있도록 했다. 게임 내에서 일어나는 모든 활동을 블록체인에 실시간으로 기록할 수 있게 한 것이다. 이렇듯 수이는 소유권을 장부에 기록하는 수준을 넘어 자산이 게임 안에서 어떤 변화를 겪었는지까지 블록체인 안에서 소상히 추적할 수 있도록 하였다.

예를 들어 유저가 검을 강화하거나 캐릭터가 레벨업을 하는 등 모든 과정이 NFT에 반영되어 블록체인에 자동으로 기록되는 것이다. 이처럼 자산이 실시간으로 살아 움직이는 객체가 되면서 게임사는 설계 단계부터 유저에게 자산의 소유권을 온전히 넘기는 방식으로 게임을 개발할 수 있게 되었다.

수이 생태계에서는 이미 NFT 기반 모바일 게임, 디지털 티켓, 실시간 소셜 챗 기능 등을 결합한 게임 서비스도 등장하고 있다. 유저는 NFT 아이템을 보유하는 데 그치지 않고 이벤트에 참여하고, NFT를 티켓처럼 사용하거나 게임 내 대화방에서 인증 수단으로 활용할 수 있게 되었다. 이는 NFT가 단지 자산이 아닌 멀티 기능형 인터랙션 수단으로 진화하고 있다는 뜻이다. 결과적으로 유저는 앞으로 기업 소유의 게임과 유저 소유의 게임 중 어디에 참여할지 스스로 선택할 수 있게 될 것이다.

실용성에 중점을 둔 주요 글로벌 기업들과의 협업

수이는 아마존 웹 서비스, 구글 클라우드와 연동하여 개발자 친화적인 환경을 제공하고 있으며, 게임사 미스틱 게임즈(Mysten Labs)는 수이 블록체인을 활용해 게임을 출시하고 있다. 이처럼 제휴 발표를 넘어 실제 서비스를 운영하고 있다는 점은 수이가 상용 블록체인 플랫폼임을 여실히 보여준다.

특히 수이는 '블록체인을 몰라도 쓸 수 있는 환경'을 지향하며, 가스비나 까다로운 지갑 설정에 구애되지 않고 앱이나 게임을 사용할 수 있도록 시스템을 설계했다. 이렇듯 수이는 복잡한 구조를 꺼리는 대기업이나 일반 사용자들에게 더욱 실용적인 선택지가 되고 있다.

수이와 유사한 프로젝트

수이와 유사한 기능을 가진 프로젝트로는 앱토스(APT) 외에도 플로우(FLOW), 이뮤터블엑스(IMX) 등이 있다. 이들 체인도 NFT, 게임, 콘텐츠 중심의 블록체인 생태계를 지향하고 있다.

지금까지 우리가 살펴본 블록체인 프로젝트는 대부분 디지털 자산, 스마트 계약, NFT, 게임, 결제 등 가상 공간 안에서 정보를 처리하거나 교환하는 데 집중되어 있었다. 하지만 블록체인이 반드시 가상 세계에만 국한될 필요는 없다. 실제 도시의 통신망, 물류 네트워크, 에너지 시스템 등 핵심 인프라를 블록체인으로 연결하려는 움직임이 활발해지고 있다.

바로 그런 대표적인 사례가 '헬륨(HNT)'이다. 다음 장에서는 블록체인이 현실의 무선 통신망과 어떻게 결합될 수 있는지 그리고 사람들이 직접 통신 인프라를 만들고 보상받는 구조가 어떻게 작동하는지 알아보자.

독자 스스로 생각해보기

지금 우리의 일상 속에서 블록체인 도입이 가장 시급한 영역은 어디일까? 여러분이 일상에서 마주하는 크고 작은 불편함이나 비효율을 블록체인으로 어떻게 해결할 수 있을지 한 번 상상해보자.

헬륨(HNT)

- 집에서 무선 통신망을 만들어 수익을 창출하다 -

집에서 통신망을 만든다고?

헬륨은 블록체인 기술을 실제 인터넷 인프라에 접목시킨 독특한 프로젝트다. 핵심 아이디어는 이러하다. 자신의 집이나 사무실에 '헬륨 핫스팟'이라는 소형 장치를 설치하면 그 기기가 본인의 집이나 사무실 일대에 무선 통신망을 제공하고, 보상으로 암호화폐(HNT)를 받을 수 있다. 즉, 국가나 기업에서 통신망을 설치하는 것이 아니라 수많은 개인이 네트워크를 직접 구성하고 유지하며 보상받는 구조인 것이다. 이는 블록체인의 '분산' 철학을 인프라 속에 녹여내 개인이 소득을 창출하는 시스템이라 할 수 있다.

사물인터넷(IoT)과 블록체인의 만남

헬륨이 가장 먼저 주목한 분야는 사물인터넷(IoT)이다. IoT 기기란, 예를 들어 다음과 같은 장치를 말한다.

- 농장의 온도·습도 센서
- 도시의 스마트 주차 센서
- 배달용 위치 추적 장치

이들은 작은 데이터를 자주 보내야 하는데 이를 LTE나 5G 같은 통신망으로 연결하면 비용이 많이 든다. 이에 헬륨은 로라망(LoRaWAN)이라는 저전력 장거리 통신망을 활용하여 저렴하게 데이터를 주고받을 수 있는 탈중앙화 네트워크를 만든다. 즉, 사람들이 설치한 핫스팟이 모여 전국을 아우르는 IoT 전용 통신망을 구성하는 것이다. 이러한 방식은 통신 인프라가 부족한 시골, 산간 지역, 개발도상국 등에서 진가를 발휘할 수 있다. 거대한 통신탑을 두지 않고 소형 기기만 설치해도 네트워크가 확장될 수 있기 때문이다.

한때 열풍을 일으킨 헬륨 핫스팟 설치

헬륨은 초창기 큰 보상과 간단한 설치 방식 덕분에 전 세계적으로 수십만 대의 핫스팟이 설치되며 열풍이 불기도 했다. 특히 도심 지역에서는 몇 개월 만에 장비 가격을 회수하고 수익을 내는 사례도 등장해 많은 관심을 끌었다. 하지만 시간이 지나면서 고질적인 문제가 표면 위로 떠올랐다. 도심에 핫스팟이 과도하게 몰리면서 보상이 급격히 줄어들고, 일부 지역에서는 핫스팟을 통신망이 아닌 보상 채굴 목적으로 사용하였다. 또한 헬륨 네트워크를 실제로 활용하는 IoT 서비스가 기대만큼 빠르게 확산되지 못했고, 결과적으로 HNT 토큰의 가격 변동성도 심화되었다.

분산형 통신망의 가능성과 현실

헬륨은 분산형 네트워크가 품고 있는 빛과 그림자를 동시에 보여주며 우리에게 다음과 같은 중요한 질문을 던진다. '인터넷 인프라도 블록체인처럼 분산형으로 운영할 수 있을까?' 이 질문에 헬륨은 기술로써 가능성을 충분히 입증했지만 경제성과 지속 가능성, 실용성 측면에서는 여전히 의문 부호를 떨쳐 내기 어렵다. 네트워크 품질과 보상 분배 구조를 개선하고, 실제 수요에 따라 확산된다면 헬륨이 지닌 가능성은 비로소 빛을 발하게 될 것이다.

헬륨과 유사한 프로젝트

헬륨과 유사한 기능을 가진 프로젝트로는 노들(NODL), 머신익스체인지(MXC), 파이 네트워크(PI) 등이 있다. 이들도 블록체인 기술을 활용해 현실의 인프라와 데이터를 탈중앙화하는 시스템을 구축하려 하고 있다.

다음 장에서는 '블록체인의 구글'이라 불리는 더그래프(GRT)에 대해 살펴본다. 블록체인 데이터를 더 쉽고 효율적으로 쓸 수 있게 한 인덱싱 기술은 어떤 새로운 생태계를 열어줄까?

독자 스스로 생각해보기

헬륨 프로젝트는 아직 해결해야 할 과제가 많지만 블록체인 시스템과 집에서 사용하는 와이파이를 결합해 참여자 모두가 보상받는 '분산형 플랫폼'을 구축할 수 있음을 분명히 보여주었다. 특정 기업이나 개발자가 수익을 독점하는 구조가 아니라 사용자 스스로 기여한 만큼 보상을 받을 수 있는 시스템은 앞으로도 다양한 분야에 적용될 수 있다. 만약 여러분이 블록체인 스타트업을 만든다면 이러한 참여형 보상 시스템을 어떻게 구현할 것인가? '기여한 만큼 보상을 받는다'는 원칙이 실현될 수 있도록 다양한 아이디어를 떠올려보자. 당신의 상상이 미래의 블록체인 플랫폼이 될지도 모른다.

더그래프(GRT)

– 블록체인의 구글을 꿈꾸다 –

블록체인에도 '검색'이 필요하다

　블록체인은 정보를 시간순으로 기록하는 기술이다. 그런데 어떤 정보든 양이 많아지면 원하는 내용을 찾는 데 시간과 에너지가 많이 들기 때문에 정보 저장 방식이 종이든 컴퓨터든 똑같을 수밖에 없다.

　예를 들어보자. 도서관에 수천 권의 책이 있다면 내가 원하는 책을 빠르게 찾기란 쉽지 않다. 그래서 도서관에는 이용자가 원하는 책을 쉽게 찾을 수 있도록 분류하는 사서라는 전문가가 존재한다. 디지털 환경도 마찬가지다. 컴퓨터 속 특정 파일 하나를 찾기 위해 검색창에 키워드를 입력하면 잠깐이나마 '로딩'이 걸리는 이유도 그 때문이다. 정보량이 훨씬 더 방대한 디지털 환경에서는 우리가 원하는 정보를 찾아내려면 더욱 정교한 검색 기술이 필요한 법이다.

　다시 블록체인으로 돌아가보자. 블록체인은 모든 데이터를 시간 순서대로 블록에 담아 연결하여 기록한다. 하지만 원하는 데이터를 일일이 찾아보기에는 매우 비효율적인 구조라 할 수 있다. 블록체인에는 기본적으로 검색 기능이 존재하지 않기 때문에 필요한 정보를 찾기 위해서는 추가적인 기술 지원이 필수적이다.

과거 인터넷 시대에 구글이 등장해 혁신적인 검색 기능으로 세상을 바꾸었듯 블록체인 시대에 새로운 구글을 꿈꾸는 프로젝트가 바로 더그래프다.

더그래프 코인의 수익 창출 구조

더그래프 프로젝트에서 큐레이터로 활동하면 코인을 보상으로 받을 수 있다. 큐레이터는 신뢰할 수 있는 정보를 찾기 쉽게 정리한 '즐겨찾기(서브그래프)'[15]를 선택해 GRT를 예치하고, 이후 해당 즐겨찾기가 많이 사용되면 정보 검색(쿼리) 수수료 중 일부를 보상으로 받는다. 많은 GRT 토큰을 예치할수록 해당 즐겨찾기는 상단에 노출되며, 이는 큐레이터가 그 정보에 대한 높은 신뢰와 확신을 가지고 있다는 신호로 여겨진다.

이 외에도 데이터를 직접 인덱싱(indexing)*하고 검색 기능을 제공하는 인덱서(indexer)와 즐겨찾기를 설계하는 개발자들도 존재하지만 이는 상당한 전문지식이 필요하므로 이 책에서는 다루지 않는다.

더그래프는 어떤 기술인가?

더그래프는 블록체인 위에 저장된 데이터를 미리 구조화하고 인덱싱하여 검색 가능한 형태로 바꿔주는 검색 엔진이다. 즉, 블록체인에 특정 데이터를 보여 달라고 요청하면 정리된 결과를 실시간으로 보여준다.

2025년 기준, 더그래프는 이더리움, 폴리곤, 아발란체, 아비트럼, 옵티미즘 등 40개가 넘는 블록체인의 정보 검색을 지원하며, 다양한 체인의 데이터를 통합 검색할 수 있는 인프라로 발전하고 있다.

---

* 인덱싱이란 대량의 데이터를 빠르게 검색할 수 있도록 미리 정리해 색인을 붙이는 과정으로 도서관의 책을 분류하는 것처럼 정보를 구조화하는 작업을 말한다.

더그래프와 유사한 코인

- 오션 프로토콜(OCEAN): 데이터 거래소 역할을 하는 프로젝트
- 코발란트(CQT): 멀티체인 블록 데이터 API 제공

언급한 블록체인들은 각각 데이터 거래소, 멀티체인 API 제공, 정보 큐레이션* 생태계라는 점에서 그래프와 차별점이 존재하지만 모두 '정보를 손쉽게 이용하게 한다'는 공통의 철학을 바탕으로 하고 있다.

독자 스스로 생각해보기

어쩌면 이쯤에서 블록체인 프로젝트 전부를 알아야 하는지 의문이 들지도 모르겠다.

결론부터 말하면 그렇지 않다. 지금까지 살펴본 알트코인 프로젝트 모두 이미 만들어졌거나 앞으로 펼쳐질 블록체인 생태계의 기반 인프라를 구성해 가는 과정에 있다. 여러분이 블록체인을 사용하는 시점이 되면 이들은 이미 사회 곳곳에 깔려 있는 인프라가 됐을 가능성이 크다.

하지만 여기서 한 가지 생각해볼 질문이 있다. 기술이 깔려 있다는 사실조차 모른 채 사용하는 사람과 인프라 구조를 이해하고 정보를 찾아 활용하는 사람 사이에 어떤 차이가 생길까?

블록체인이라는 새로운 디지털 환경에서 데이터를 검색하고 해석하는 능력은 곧 경제적 기회와 연결된다. 지금 이 책을 읽고 정보 구조를 이해하고 있는 여러분은 어쩌면 미래에서 한발 앞서 있는 사용자일지도 모른다.

---

* 정보 큐레이션이란 방대한 데이터를 그대로 보여주는 게 아니라 중요한 정보만 선별해 구조화하고, 이해하기 쉽게 재배치해서 전달하는 것을 말한다.

트론(TRX)

– 탈중앙 인터넷은 과연 성공할 수 있을까 –

사람들은 기술에 열광하는 것이 아니다

탈중앙 인터넷(decentralized internet)이라는 개념은 유튜브 같은 플랫폼에 올라온 콘텐츠를 중앙 서버나 기업이 아니라 블록체인과 분산 파일 네트워크 위에서 유통하고 저장하며 심지어 결제까지 하겠다는 야심 찬 비전이다. 탈중앙 인터넷을 구현하면 특정 정부나 기업에서 독점적 지위를 이용해 콘텐츠를 검열하기도, 수익 배분을 통제하기도 어려워진다. 창작자는 작품을 올리고, 소비자는 직접 결제하는 등 모든 과정이 스마트 계약을 통해 자동으로 이루어진다.

트론은 탈중앙 인터넷을 실현하기 위해 등장한 대표적인 프로젝트 중 하나다. '인터넷을 다시 사용자 손에 돌려주자'는 구호 아래 콘텐츠 유통망과 분산형 저장 시스템을 통합했고, 나아가 탈중앙 금융과 결제까지 아우르는 생태계를 설계했다.

하지만 기술적으로 구현이 가능하다고 해서 그것이 곧 대중적으로 성공을 의미하는 것은 아니다. 현실에서 트론이 직면한 가장 큰 장벽은 콘텐츠의 매력 부족이다. 비트토렌트(BitTorrent), 비트토렌트 파일 시스템(BTFS) 등 세계 최대 규모의 P2P(개인 간 직접 연결) 파일 공유 기술을 인수했음에도 현재 공식 네트워크에서 유통되는 인기 콘텐츠 대다수가 상대적으로 대중성이 떨어지는 영어권 독립영화나 리뷰 영상이다. 또한 넷플릭스나 유튜브처럼 대중의 구미를 당길 만한 자체 제작 콘텐츠도 부족한 상황이다.

여기서 우리는 중요한 교훈을 얻을 수 있다. 블록체인 기술로 무언가를 구현하는 것과 그 결과물을 사람들이 실제로 쓰게 하는 것은 완전히 별개의 문제라는 사실이다.

범용 블록체인으로 도약하다

트론은 2017년 출범 당시만 해도 탈중앙 인터넷을 구현하려는 목표가 뚜렷했다.[16] 중앙 서버의 굴레에서 벗어나 동영상, 음악 같은 디지털 콘텐츠를 창작자와 소비자가 직접 주고받고, 중간에서 수수료 떼일 일 없이 창작자가 모든 보상을 받는 구조가 핵심 비전이었다. 그러나 현실은 달랐다. 콘텐츠 유통망만으로는 빠르게 시장을 확대하고 안정적으로 수익을 확보하기 어려웠다.

그사이 블록체인 업계는 빠르게 변화했고, 특히 이더리움이 스마트 계약과 탈중앙 애플리케이션을 기반으로 폭발적인 성장을 보여주었다. 트론은 방향을 전환했다. 이더리움 네트워크의 설계 언어와 프로그램 실행 환경을 그대로 사용하기 위해 호환 시스템을 도입했다.

이더리움 가상 머신(EVM)이라고 부르는 이 기술은, 쉽게 말해 이더리움용으로 만든 프로그램을 트론에서도 똑같이 실행할 수 있게 해주는 번역기 같은 역할을 한다. 이 기술 덕분에 기존 이더리움 앱과 서비스를 별다른 수정 없이 트론으로 옮겨올 수 있게 됐다. 나아가 탈중앙 금융, NFT, 탈중앙 자율 조직 등 이더리움이 제공하는 거의 모든 기능을 지원하는 범용 블록체인으로 확장할 수 있었다.

게다가 비트토렌트 인수를 통해 전 세계 수억 명이 사용하는 P2P 분산 저장 인프라를 확보했고, 테더사의 스테이블 달러 코인인 USDT의 트론 네트워크(TRC-20)를 발행하면서 초저가·고속 송금망이라는 전혀 다른 영역에서도 확고한 입지를 다질 수 있었다.

오늘날 트론은 탈중앙 콘텐츠 플랫폼을 넘어 송금·스마트 계약·탈중앙 금융·NFT·분산 저장까지 아우르는 종합 블록체인 플랫폼이자 이더리움에 버금가는 기능을 가진 네트워크로 자리매김했다. 다만 이러한 변화 속에서도 핵심 비전이었던 탈중앙 인터넷 구현이라는 목표는 여전히 갈 길이 멀어 보인다.

트론의 보상 구조

트론 생태계는 콘텐츠 유통과 저장을 뒷받침하는 토큰 보상 구조를 근간으로 삼는다. 이 구조의 장점은 중간에서 수수료를 떼일 일이 거의 없다는 점이다.

- 비트토렌트 파일 시스템에서는 저장 공간 제공자가 비트토렌트 토큰(BTT)을 받고, 콘텐츠 업로더는 토큰을 지불해 저장 공간을 사용한다.
- 디라이브(DLive) 같은 스트리밍 서비스에서는 시청자가 방송인에게 트론 또는 비트토렌트 토큰으로 직접 후원할 수 있다.
- 저스트렌드(JustLend) 등 트론 기반 탈중앙 금융 서비스에서는 트론을 예치하고 이자를 받거나 다른 토큰을 빌릴 수 있다.

다만 여기에도 한계가 있다. 트론과 비트토렌트 토큰은 가격 변동성이 크기 때문에 창작자 수익이 안정적으로 유지되지 않는다. 결국 장기적인 창작자 유입과 유지에는 불리하게 작용할 수 있다.

트론과 유사한 프로젝트

트론과 비슷하게 콘텐츠 유통·저장·결제를 아우르거나 저비용 송금망을 제공하는 프로젝트로는 다음과 같은 사례가 있다. 이들은 서로 다른 방식으로 검열 저항성·저비용 결제·분산 저장이라는 목표를 추구하며, 트론과 경쟁 또는 보완 관계를 형성하고 있다.

- 파일코인(FIL): IPFS 기반 분산 저장 네트워크, 데이터 영구 저장 가능

- 알위브(AR): 한 번 업로드하면 영구 보관 가능, 주로 아카이브 · 저널리즘 분야에서 사용
- 디피니티(ICP): 웹사이트 · 백엔드까지 완전 분산화한 '인터넷 컴퓨터' 프로젝트
- 스텔라루멘(XLM): 저비용 국제 송금망, 특히 개발도상국에서 사용률 높음

독자 스스로 생각해보기

비트토렌트 사례에서 보듯 기술적 가능성과 대중적 성공은 엄연히 다르다. 블록체인 위에 인터넷을 올리는 것이 가능하더라도 사람들이 거기에 머물 이유가 없다면 성공하기 어렵다. 그렇다면 질문의 방향은 이렇게 바뀔 수밖에 없다.

'트론이 탈중앙 인터넷을 구현하는 것이 중요한가 아니면 사람들이 실제로 쓰는 생태계를 만드는 것이 중요한가?'

당신이 블록체인 프로젝트 설계자라면 기술 구현과 사용자 유도 중 어디에 더 비중을 두겠는가?

에필로그

리셋 이후의 세상을 살아가는 법

블록체인은 단순히 새로운 기술이 아니다. 이것은 오래된 시스템의 끝자락에서 출발한, 새로운 질서의 설계도다. 은행이 돈의 흐름을 독점하고, 국가가 권력의 주체였던 시대는 이미 균열이 나기 시작했다. 우리는 이제 돈의 소유 방식은 물론 가치 판단의 영역까지 더 이상 남에게 맡기지 않는다. 블록체인은 그 모든 권한을 우리 손에 쥐여 주고 있다.

이 책은 단지 블록체인 기술을 설명하는 데서 멈추지 않았다. 비트코인의 탄생부터 강남 아파트 한 평이 토큰으로 쪼개지는 미래, NFT가 작품의 소유권을 어떻게 바꾸고 스테이블코인이 국가 경제의 흐름을 어떻게 좌우하려 하는지까지 우리는 그 모든 변화의 흐름을 함께 짚어보았다.

그러나 여기서 끝이 아니다. 앞으로는 알고 있는 자와 모르는 자 사이가 아니라 준비한 자와 준비하지 못한 자 사이에 엄청난 격차가 생겨날 것이다. 지금의 코인 가격은 중요하지 않다. 어떤 종목이 1등이 될지도 그리 중요하지 않다. 진짜 중요한 건 당신이 이 새로운 시스템 속에 적응할 준비가 되었느냐는 것이다.

누군가는 단지 투자자로 남겠지만 누군가는 이 시대의 설계자로 우뚝 설 것이다. 그리고 아무것도 모른 채 거대한 리셋에 휩쓸려가는 사람도 있을 것이다.

이 책의 마지막 페이지를 덮는 지금, 당신은 어떤 사람이 되고 싶은가?

지금부터 조금씩 '리셋 이후의 세상'을 살아갈 준비를 시작해보자. 그것은 디지털 지갑을 여는 일일 수도 있고, 블록체인 커뮤니티에 첫 인사를 건네는 일일 수도 있다. 혹은 이 책을 친구에게 권하는 일일지도 모른다. 변화는 거창하게 오지 않는다. 작은 호기심, 작은 실천 그리고 멈추지 않는 질문 속에서 당신만의 길이 열릴 것이다.

리셋은 이미 시작되었다. 이제는, 그 이후를 살아갈 차례다.

참고자료

- 1부 -

1. 이진연, "'우리 문화유적 사실 분?' 경제난에 문화유적 줄줄이 매각하는 이탈리아", KBS 뉴스, 2024.9.1., https://news.kbs.co.kr/news/pc/view/view.do?ncd=8048544

2. 정명화, "XPLA, 실물 자산과 웹3 융합...부동산 소유권 NFT '오픈메타시티'와 협업", 와우테일, 2024.4.29., https://wowtale.net/2024/04/29/75906/

3. SWIFT, https://www.swift.com/about-us

4. World Bank, "Remittances Remain Resilient But Are Slowing, Migration and Development Brief 39", 2023.6.

5. United Nations, "Sustainable Development Goals: Goal 10", 2025., https://sdgs.un.org/goals/goal10

6. SBI Holdings, SBI Remit and Ripple Partner to Expand Remittance Services, 2021. / Coins.ph, Remittance Partnership with Ripple, 2022. / Ripple, Siam Commercial Bank Delivers Instant Payments into Thailand with RippleNet, 2020.

7. Sedric, "MiCA Compliance for Crypto Firms in the EU: A Practical Guide to Regulation and Risk Management", https://www.sedric.ai/blog/mica-compliance-for-crypto-firms-in-the-eu-a-practical-guide-to-regulation-and-risk-management

8. Ryan King, "House passes trio of crypto bills — here's what it means for the future of digital currency", NEW YORK POST, 2025.7.17., https://nypost.com/2025/07/17/us-news/house-passes-trio-of-crypto-bills-to-help-regulate-digital-currency-bars-fed-from-making-its-own/

9. Sanction Scanner, "Singapore and Virtual Assets Regulations", 2020.2.21., https://www.sanctionscanner.com/aml-guide/anti-money-laundering-aml-in-singapore-96

10. Bank for International Settlements, "Payment systems in EMEAP economies - Korea", p.253.

11. June Wong, "GSBN collaborates with COSCO SHIPPING, OOCL & SICIT to enhance safe transportation of chemical cargo", GSBN, 2023.3.9., https://www.gsbn.trade/post/gsbn-collaborates-with-cosco-shipping-oocl-sicit-to-enhance-safe-transportation-of-chemical-cargo

12. 관세청, "세계최초 블록체인 기반 수출통관 서비스 기술검증 완료", 보도자료. / 한국무역협회, "블록체인 기반 e-C/O(원산지증명서) 발급·교환 서비스 시범사업", 보도자료.

13 IBM은 자사 블록체인 무역금융 플랫폼 설명에서 "스마트 계약을 통해 무역 조건이 충족되면 자동으로 거래가 실행된다"라고 밝히고 있다.

14 관세청, "블록체인 기반 수출통관 물류서비스 및 e-C/O 플랫폼 시범사업 보고서", 정부 보고서.

15 Holland & Knight LLP, "Improving the Supply Chain through Technology", White Paper.

16 UNDP, "Blockchain for Agri-Food Traceability", UNDP 보고서. / Coindesk, "How GSBN Is Transforming Global Shipping With Blockchain", 2021.

17 GSBN, https://www.gsbn.trade/ / Samuel Haig, "Walmart China Subsidiary Teams Up With VeChain to Trace Food Products", COINTELEGRAPH, 2020.6.4., https://cointelegraph.com/news/walmart-china-subsidiary-teams-up-with-vechain-to-trace-food-products

18 BrainStation, "Starbucks Launches Blockchain-Enabled Traceability", 2020.8.21., https://brainstation.io/magazine/starbucks-launches-blockchain-enabled-traceability

19 PYMNTS, "Are Blockchain-Based Smart Contracts a Smart Option for Global Financing?", 2024.2.28., https://www.pymnts.com/blockchain/2024/are-blockchain-based-smart-contracts-a-smart-option-for-global-financing

20 Klaytn은 카카오의 블록체인 자회사인 그라운드X(Ground X)가 개발한 기업 친화적인 퍼블릭 블록체인 플랫폼이다.

21 Ankur Lohachab, "Performance evaluation of Hyperledger Fabric-enabled framework for pervasive peer-to-peer energy trading in smart Cyber-Physical Systems", ScienceDirect, 2021., https://www.sciencedirect.com/science/article/abs/pii/S0167739X21000339 기업 간 거래에 특화된 프라이빗 블록체인 플랫폼이다. 참여자 간의 신원 확인(KYC), 비공개 채널을 통한 데이터 분리, 모듈형 스마트 계약 기능(Chaincode)을 지원하며, 국내외 공공·금융기관에서 널리 채택 중이다.

22 기업 내 생산, 재무, 회계, 인사 등 여러 부서를 하나의 통합된 시스템에서 관리하기 위한 정보 시스템을 의미한다.

23 SAP 시스템은 회계, 재무, 생산, 유통 등 기업 운영 전반을 통합적으로 관리할 수 있도록 설계된 소프트웨어이다.

24 다양한 ERP 시스템과 블록체인을 연결해주는 프레임워크를 제공하는 독일의 블록체인 기술 기업을 말한다.

25 예를 들어 회계 프로그램과 블록체인 플랫폼이 자동으로 정보를 주고받을 수 있도록 해주는 연결 구조를 의미한다.

참고자료

26. KTC, 2024.8.4., https://ktc7514.tistory.com/1112 / 빗썸, https://bithumbcorp.com/ko/business/payment_bithumb_cash.php
27. ConsenSys, "What is a Smart Contract?", 2023.
28. Chainlink, "What is a Blockchain Oracle?", 2022.
29. OECD, "The Policy Environment for Blockchain Innovation and Adoption", 2022.
30. ConsenSys, "The Creator Economy and Web3", 2023.
31. World Economic Forum, "Decentralized Autonomous Organizations: Beyond the Hype", 2022.
32. World Economic Forum, "A Global Framework for Digital Platform Governance", 2022.
33. Brookings Institution, "Tech Platforms and the Manipulation of Public Opinion", 2021.
34. Lens Protocol, https://lens.xyz / Arweave, https://arweave.org
35. Lens Protocol, https://www.lens.xyz
36. Arweave, https://www.arweave.org
37. Mirror, https://mirror.xyz
38. 보건복지부·한국사회보장정보원, "복지사각지대 발굴 시스템 운영현황 및 성과", 2024년 보도자료.
39. 이러한 시스템을 본격적으로 도입하기 위해선 정보통신망법, 주민등록법 등의 개정이 병행되어야 하며, 개인정보 보호 및 시스템 보안에 대한 사회적 합의도 필요하다.
40. 사용자의 개인키로만 접근 가능한 해시값이나 검증용 자격증명이 기록되기 때문에, 개인정보 유출 우려를 최소화할 수 있다.
41. e-Estonia, "Estonia's e-Residency program and digital ID system", e-Estonia Official Website.
42. CoinDesk, "India Explores Blockchain for Aadhaar Digital ID System", 2018.10.08.
43. GovTech.com, "UAE Launches Blockchain-Based Digital Identity Platform", 2020.02.27. / GovInsider, "Singapore's GovTech explores blockchain for identity verification", 2021.06.15.
44. European Law Institute, Case Studies.
45. Platum, "리멤버 커뮤니티 속 '회사 욕'의 심리학…왜 회사를 믿지 못하나", 2023.10.23., https://platum.kr/archives/180133

46 Gallup, "Why We Need to Rethink Performance Management", https://www.gallup.com/workplace/236441/why-need-rethink-performance-management.aspx Gallup 조사에 따르면 연례 성과평가가 자신의 발전에 도움이 된다고 응답한 직원은 14%에 불과했으며, 같은 조사에서 최근 1주일 내 의미 있는 피드백을 받은 직원은 그렇지 않은 직원보다 참여도가 4배 높았다. 또한 Deloitte 연구는 상시 성과평가를 운영하는 조직이 전략 목표를 달성할 가능성이 30% 더 높다고 분석했다. 이러한 실증 결과들은 연 1~2회의 단발성 평가보다 수시 피드백이 직원 몰입도와 조직 목표 달성에 훨씬 효과적임을 보여준다.

47 Deloitte, "How Effective Feedback Fuels Performance", www.deloitte.com

48 IEA, "CO_2 Emissions in 2023", IEA 보고서.

49 World Bank, "State and Trends of Carbon Pricing 2022", 2022, https://openknowledge.worldbank.org/handle/10986/37455

50 South Pole, https://www.southpole.com/

51 KlimaDAO, https://docs.klimadao.finance/

52 Moss.Earth, https://moss.earth/

53 Shuji Nakamura, "Invention of High Brightness GaN Blue LED", Japanese Journal of Applied Physics, Vol.32, Part 2, No.1B, 1993.

54 The Japan Times, "Inventor of blue LED awarded ¥billion", 2004.01.31., https://www.japantimes.co.jp/news/2004/01/31/national/inventor-of-blue-led-awarded-y20-billion/

55 IPwe & IBM의 특허 프로젝트

56 IMF, "Tokenization and Financial Market Inefficiencies", 2025.

57 Chen, Li, Zhang, "Tokenized assets in a decentralized economy: Balancing efficiency, value, and risks", 2025, https://doi.org/10.1016/j.jebo.2025.01.039

참고자료

58 Himeur et al., "Blockchain-based Recommender Systems: Applications, Challenges and Future Opportunities", arXiv, 2021. 서비스 추천 시스템과 블록체인을 연계하는 방안을 다룬 연구들이 제시되고 있다. 예를 들어 Himeur et al. (2021)은 블록체인 기반 추천 시스템의 보안과 프라이버시 강화 가능성을 종합적으로 분석하였다. / Wang et al., "Blockchain-based service recommendation and trust enhancement model", Knowledge-Based Systems, Elsevier, 2024. 또한 Wang et al. (2024)은 블록체인을 활용하여 서비스 추천의 신뢰성을 높이는 모델을 제안하였다.

59 Wired, "Hackers Remotely Kill Jeep on the Highway", 2015, https://www.wired.com/2015/07/hackers-remotely-kill-jeep-highway/

60 Future Internet, "Enhancing Autonomous Vehicle Safety with Blockchain Technology: Securing Vehicle Communication and AI Systems", 2024.

61 Forbes, "SIMBA Chain Wins $1.5M DoD Contract To Secure Supply Chain With Blockchain", 2020, https://www.forbes.com/sites/jasonbrett/2020/02/07/simba-chain-wins-15m-dod-contract-to-secure-supply-chain-with-blockchain/ / DARPA, "Secure, Resilient Communications Using Blockchain Technology", 2020, https://www.darpa.mil/news-events/2020-03-20a

62 NATO Communications and Information Agency, "NATO Tests Blockchain Applications for Secure Communications", 2021, https://www.ncia.nato.int/NewsRoom/Pages/210618_NATO-Tests-Blockchain-Applications.aspx

63 경찰청 통계에 따르면 2023년 기준 국내 범죄 검거율은 약 78% 수준이며, 강력범죄나 조직범죄는 그보다 낮은 편이다.

64 Brennan Center for Justice, "Predictive Policing Explained"

65 Patil et al., "Potential applicability of blockchain technology in the maintenance of chain of custody in forensic casework", Egyptian Journal of Forensic Sciences, 2024. / Tsai et al., "The Application of Blockchain of Custody in Criminal Investigations", Procedia Computer Science, 2021. / Liu et al., "A blockchain-based judicial evidence preservation scheme", Forensic Sciences International: Digital Investigation, 2024. / Bonomi et al., "B-CoC: A Blockchain-Based Chain of Custody for Evidence Management in Digital Forensics", arXiv, 2018.

66　유럽연합(EU)의 일반 개인정보 보호 규정(General Data Protection Regulation, GDPR) 및 캐나다의 개인정보 보호 및 전자문서에 관한 법률(Personal Information Protection and Electronic Documents Act, PIPEDA) 등은 시민이 자신의 정보에 접근하고 열람 사실을 통지받을 권리 그리고 알고리즘의 작동 원리에 대한 설명을 요구할 권리를 법으로 보장하고 있다. 한국에서도 이와 유사한 내용을 담은 개인정보보호법 개정이 논의 중이다.

67　예를 들어 개인정보 열람 이력 기록(데이터 접근 로깅), 스마트 계약 기반 권한 시스템, 투표 기반 거버넌스 모델(예: DAO) 등을 통해 구현할 수 있다.

68　Nakamoto, S., "Bitcoin: A Peer-to-Peer Electronic Cash System", 2008, https://bitcoin.org/bitcoin.pdf 비트코인은 다양한 원리(해시체인, 작업 증명 등)의 결합을 통해 사토시가 새롭게 구성한 구조일 뿐이다.

69　Puggioni, A., "Money is Trust: A Synthetic Theory of Money", 2024. 신뢰 기반 화폐 이론(Trust Theory of Money)에 따르면, 화폐는 법적 강제력뿐 아니라 사회 구성원 사이의 신뢰에 의해 기능한다. 알트코인은 중앙 정부의 보증 없이도 기술 구조와 사용자 커뮤니티의 신뢰에 기반하여 '가치 저장 수단'으로 작동한다는 점에서 이 이론과 부합한다.

70　Rogers, E. M., 『Diffusion of Innovations, 5th Edition』, Free Press, 2003. 사회적 확산 이론은 기술이나 아이디어가 어떻게 사회 전체에 확산되는지를 설명한다. 초기 수용자(early adopters)가 코인의 기능성과 신뢰성을 입증하면, 그 뒤를 따라 다수가 수용하게 되고, 궁극적으로 제도적 채택과 사회적 표준으로 이어진다.

71　박병종, "'비트코인' 받는 가게 첫 등장", 한국경제, 2013.12.03., https://www.hankyung.com/article/2013120209701 이 사례는 2013년 12월 3일 한국경제 등 주요 언론에 최초 보도되었다. 보도에 따르면 미국에서 금융을 전공한 점주의 자녀가 결제 시스템을 직접 구축했던 것으로 알려졌다.

72　엄밀히 말하자면 비트코인 네트워크는 2010년에 소규모 오류, 2013년에 체인 분리(bug fork) 같은 사건도 있었으나 이를 작동 중단 등의 본질적 장애로 바라보지는 않는다.

73　Binance, BTC Trading Pairs Market Listings / Coinbase, BTC Markets / Kraken, Spot Pairs Overview

74　DAI나 sBTC 등 일부 알고리즘 기반 스테이블코인은 BTC를 스마트 계약에 예치하여 담보 자산으로 활용하며, 비트코인을 기반으로 발행된 wrapped BTC(wBTC) 등도 대표적인 예다 (MakerDAO Documentation).

75　Central Bank Digital Currencies in the Middle East and Central Asia, https://www.elibrary.imf.org/view/journals/087/2024/004/article-A001-en.xml

참고자료

76 Investopedia, "What Is the Nixon Shock? Definition, What Happened, and Aftereffects", https://www.investopedia.com/terms/n/nixon-shock.asp

77 Kate Duguid, "Scott Bessent bets on stablecoins to bolster demand for Treasuries", Financial Times, 2025.8.20., https://www.ft.com/content/1914c189-b4ed-46dd-adde-106b08a68183 일부 연구자들은 스테이블코인이 미국 국채 수요를 늘려 달러 패권을 강화한다고 보지만, 스테이블코인 규모는 전체 달러·국채 시장(수십 조 달러)에 비하면 아직 제한적이라는 점도 지적된다.

78 스테이블코인의 확산은 달러 사용 범위를 넓히는 효과는 있으나 반드시 통화량 증가와 동일시되지는 않는다. 이는 달러 예치금과 국채를 담보로 발행되기 때문에 기존 달러 총량 자체를 늘리지는 않는다.

79 김민주, "리플→스텔라루멘 '미국산 코인' 연일 폭등…트럼프 효과?", 아시아투데이, 2025.1.17., https://www.asiatoday.co.kr/kn/view.php?key=20250117010009234 / 최근도, "트럼프 취임 앞 美코인 대관식 … 리플 급등", 매일경제, 2025.1.2., https://www.mk.co.kr/news/stock/11208473

80 '미국코인'은 공식 용어가 아니라, 주로 암호화폐 커뮤니티에서 미국에 본사를 둔 암호화폐 또는 미국 규제 체계에 부합하는 코인(U.S.-based cryptocurrency)을 지칭하는 의미로 비공식적으로 사용되는 표현이다. 이 용어는 트럼프 전 대통령의 친(親) 암호화폐 발언과 미국 정부의 산업 육성 기조를 배경으로 등장하였다.

81 2024년 12월, 금융위는 '디지털 자산 기본법'의 입법 예고를 통해 스테이블코인과 민간 발행 디지털 자산의 제도화 방안을 발표하였고, 2025년 초, 기재부와 한국은행도 '디지털 금융 인프라 발전 로드맵'에 블록체인 기술 기반 결제 실험을 포함시키며 전방위 정책 검토에 착수하였다.

82 한 가지 주의할 점은, 미국 GENIUS Act법은 스테이블코인 발행자와 공식 중개기관(은행 포함)이 스테이블코인 단순 예치만으로 이자를 지급하는 행위를 금지하고 있다는 것이다. 다만, 발행사가 개입하지 않는 탈중앙형(Non-custodial) 디파이 예치에 대해서는 현재 명확한 법적 결론이 없으며, SEC·CFTC가 우회적 이자 지급에도 제재 가능성을 언급한 만큼 향후 규제 동향을 주의 깊게 지켜볼 필요가 있다.

83 Latin America Cryptocurrency Adoption: Data and Analysis.

84 Chainalysis, "Sub-Saharan Africa: Nigeria Takes ·2, South Africa Grows Crypto-TradFi", 2025.10.2., https://www.chainalysis.com/blog/subsaharan-africa-crypto-adoption-2024/

85 CCN, "China Crypto Trading Thrives Underground Despite Regulatory Grip: Report", 2024.9.19., https://www.ccn.com/news/crypto/china-crypto-trading-underground-despite-regulatory-grip/

86 U.S. Bureau of Labor Statistics, World Gold Council.

87 2015.1.1.~2025.9.1. 각 자산 가격을 기준으로 계산: 금($1,184.88/oz~$3,495.08/oz) / S&P 500(2,028.18~6,415.54) / 비트코인($314.25~$108,253.40)

88 Invest in Estonia, https://investinestonia.com/business-opportunities/cyber-security/e-identity/

89 Steve Kaaru, "South Korea tests digital vouchers, blockchain for item recovery", COINGEEK, 2024.11.13., https://coingeek.com/south-korea-tests-digital-vouchers-blockchain-for-item-recovery/

90 Barry Elad, "Ethereum Statistics 2025: Insights into the Crypto Giant", CoinLaw, 2025.7.1., https://coinlaw.io/ethereum-statistics/

91 Bloomberg, "U.S. House Approves Stablecoin Bill", 2024.07.10.

92 Ledger Insights, "Korea's Woori Bank, NH NongHyup Bank progress tokenization platforms separately", 2024.5.24., https://www.ledgerinsights.com/koreas-woori-bank-nh-nonghyup-bank-progress-tokenization-platforms-separately/

93 한국인터넷진흥원(KISA), "NFT 관련 시장 및 정책 동향 분석", 2022, p.33. 국내 아트테크 서비스 테사(TESSA)는 글로벌 미술품을 구매한 뒤 NFT 조각으로 분할 판매하고, 실제 미술품이 매각되면 NFT 보유자에게 수익을 분배하며, 일부 고객에게는 전용 전시 공간 무료 입장 혜택도 제공하고 있다.

94 Sweatcoin, "Sweatcoin: Healthier planet. Healthier, wealthier you", https://sweatcoin.com/ 마이크로 인센티브를 지급하는 방식은 다양한 앱에서 사용되고 있으며, 사용자의 활동을 유도하고 락인 효과(lock-in effect)를 창출하는 데 효과적이다. 예컨대 영국의 헬스 앱 Sweatcoin은 사용자가 걸을 때마다 포인트를 지급하고, 이를 리워드 상품이나 기부 등에 사용할 수 있도록 설계되어 있다. 이러한 구조는 게임, 퀴즈, 출석 체크 등 다양한 활동에도 적용 가능하며, 블록체인 기반 지갑과 연동될 경우 송금 수수료나 거래 보조금으로 전환될 수 있어 실용적이다.

참고자료

95 Carlo de Meijer, "Sarafu: Crypto Currency for Rural Communities", trea녀교티, 2023.3.13., https://treasuryxl.com/blog/sarafu-crypto-currency-for-rural-communities/ 지역 커뮤니티 연계란 블록체인 지갑을 NGO, 종교 단체, 소상공인 등과 연결하여 '지역 기반 경제 순환 구조'를 만드는 전략을 의미한다. 이런 방식은 케냐의 Sarafu Network, 필리핀의 GCash 리워드 연계 프로그램 등에서 사용된 바 있다.

96 Meegle, https://www.meegle.com/en_us/topics/nft/nft-creator-royalties

97 https://blog.jucoin.com/byd-auto-accepting-sales-pi/

98 https://bestofai.com/article/pi-networks-pi-coin-gains-traction-payment-acceptance-expands-amid-regulatory-uncertainty

99 https://www.binance.com/en/square/post/22934822263577

100 https://www.europarl.europa.eu/RegData/etudes/STUD/2019/634445/EPRS_STU(2019)634445_EN.pdf)

101 WIRED, "How the West Got China's Social Credit System Wrong", https://www.wired.com/story/china-social-credit-score-system/

102 financemagnates, "Crypto Hacking Losses Halved in 2023: A Surprising Turn", 2024.1.28., https://www.financemagnates.com/cryptocurrency/crypto-hacking-losses-halved-in-2023-a-surprising-turn/

103 Biometric, "NIST unmasks results of presentation attack detection and image defect software testing", 2023.9.21., https://www.biometricupdate.com/202309/nist-unmasks-results-of-presentation-attack-detection-and-image-defect-software-testing / Kenneth Okereafor, "Biometric Anti-spoofing Technique Using Randomized 3D Multi-Modal Traits", 2018.10., https://www.researchgate.net/publication/329152040_Biometric_Anti-spoofing_Technique_Using_Randomized_3D_Multi-Modal_Traits

104 MarketsandMarkets, Microchip Implants Market – Global Forecast to 2028, 2023.

105 Virginia Eubanks, 『Automating Inequality: How High-Tech Tools Profile, Police, and Punish the Poor』, 2018.

106 Digiconomist, "Bitcoin Energy Consumption Index", 2024, https://digiconomist.net/bitcoin-energy-consumption

107 Chainalysis, "Crypto Crime Report", 2023.

108 BIS, "Retail Crypto Investors: Who They Are and What Drives Them", BIS Working Paper No. 1039, 2023.

109 UNICEF, "The State of the World's Children 2024", https://www.unicef.org/reports/state-of-worlds-children/2024

110 World Bank, "Digitalizing Government to Person Payments", 2022. / UNDP, "Digital ID and Inclusion: A Rights-Based Approach", 2022.

111 David Yaffe-Bellany, "How Sam Bankman-Fried's FTX Empire Collapsed", The New York Times, 2022.11.14., https://www.nytimes.com/2022/11/14/technology/ftx-sam-bankman-fried-crypto-bankruptcy.html

112 CipherTrace, Cryptocurrency Crime and Anti-Money Laundering Report – 2023 Annual Summary, 2024.

113 World Economic Forum, "Crypto Regulation: Balancing Innovation and Risk", 2023.

114 이밖에도 신기술 또는 새로운 금융·디지털 서비스가 기존 법률에 저촉될 수 있을 경우, 일정 기간 동안 규제 유예 또는 특례 적용을 통해 실증 테스트를 허용하는 제도인 '규제 샌드박스(Regulatory Sandbox)'가 있다.

- 2부 -

1 도지코인은 탈중앙화 구조를 채택했지만 실질적으로는 일론 머스크(Elon Musk)처럼 강력한 영향력을 가진 개인의 발언에 따라 가격이 급등락하는 모습을 자주 보인다. 머스크는 도지코인을 '사람들의 코인(the people's crypto)'이라 언급하며 지속적으로 지지해왔고, 그의 트윗 한 마디에 수십 퍼센트의 시세 변동을 일으킨 사례도 있다. 이러한 점에서 도지코인은 형식적 탈중앙성과 실질적 의존성 간의 간극을 보여주는 예라 할 수 있다.

2 Barry Elad, "XRP Ripple Statistics 2025: Market Insights, Adoption Data, and Future Outlook", CoinLaw, 2025.6.29., https://coinlaw.io/xrp-statistics/ 리플넷은 45개 이상의 국가에서 300개 이상의 금융기관과 제휴하며, 약 40%가 XRP 기반의 ODL(On-Demand Liquidit)y 서비스를 채택하고 있다. 2024년 기준 ODL 거래량은 $15B 이상이며, 2025년 Q1까지 누적 결제액은 $70B를 넘어섰다.

3 Sebastian Sinclair, "Ripple Acquires 40% Stake in Asia Remittance Payments Firm Tranglo", CoinDesk, 2021.9.14., https://www.coindesk.com/markets/2021/03/30/ripple-acquires-40-stake-in-asia-remittance-payments-firm-tranglo

참고자료

4 Crystal Kim, "Ripple acquires Swiss-based custody firm for $250 million", AXIOS, 2023.5.17., https://www.axios.com/2023/05/17/ripple-acquires-swiss-based-custody-firm-for-250-million

5 Elsa Ohlen, "Crypto Firm Ripple To Buy Broker Hidden Road For $1.3 Billion. What It Means For XRP.", BARRON'S, 2025.4.8., https://www.barrons.com/articles/xrp-ripple-crypto-acquisition-hidden-road-5782d1db

6 은행 계좌가 없어도 전 세계 현지 통화를 직접 수령할 수 있는 방법 중 하나로, 스텔라(Stellar) 블록체인과 머니그램(MoneyGram)의 온#오프램프 서비스를 활용하는 방식이 있다. 송금인은 스텔라 네트워크 기반의 USDC를 수취인의 지갑 앱(예: Vibrant, Lobstr)으로 전송하고, 수취인은 해당 앱에서 '현금 인출(Cash Out)' 기능을 이용해 가까운 머니그램 지점을 지정한 뒤, 발급된 수령 코드와 신분증을 제시하여 현지 통화로 즉시 수령할 수 있다. 이 과정에서 스텔라 네트워크의 송금 수수료는 사실상 0원에 가깝고, 머니그램 현금화 수수료만 부담하면 된다. 참고로 머니그램은 미국 텍사스 주 댈러스에 본사를 둔 국제 송금#결제 서비스 기업으로 200개국 이상, 약 34만 개 지점#대리점 네트워크를 통해 은행 계좌가 없는 사람도 전 세계 어디서나 현금을 송금하거나 수취할 수 있도록 지원한다.

7 ① ZK 롤업(Zero-Knowledge Rollup): 거래 데이터를 블록체인 밖에서 모아 처리한 뒤, 암호학적 증명(영지식 증명)만 블록체인에 기록하는 방식. 처리 속도를 크게 높이면서도 데이터의 정확성을 보장한다. ② 옵티미스틱 롤업(Optimistic Rollup): 거래를 모아 블록체인 밖에서 처리하되, 기본적으로는 거래가 올바르다고 '가정(Optimistic)'하고 기록한다. 문제가 있으면 사후 검증을 통해 잘못된 거래를 걸러내는 구조. ③ 사이드체인(Sidechain): 메인 블록체인과 연결된 별도의 보조 체인. 트랜잭션을 독립적으로 처리한 뒤, 최종 결과만 메인 체인과 동기화해 확장성과 유연성을 높인다.

8 Polygon Crypto, https://www.blockchain-council.org/blockchain/polygon-technology-top-10-partnerships-depicting-the-rise-of-layer-2-ethereum-scaling-solution/

9 Todayq News, "Polygon Partners With India's Telangana, Focus on Blockchain Tokenization Standards", BINANCE SQUARE, 2023.12.13., https://www.binance.com/en/square/post/1317980648689

10 레이어 1은 비트코인 · 이더리움처럼 독립적인 블록체인을, 레이어 2는 이러한 기존 블록체인의 속도와 처리량을 높이는 확장 기술을, 레이어 3는 그 위에서 구동되는 디파이 · 게임 · NFT 등 응용 서비스를 의미한다.

11 IOHK, "Why Cardano is built on peer-reviewed research", 2020. 블록체인 분야에서 '논문 기반 개발'이 가지는 강점 중 하나는 바로 피어 리뷰(peer review) 절차를 통한 신뢰성과 객관성 확보다. 논문은 일반적으로 출판 전 해당 분야 전문가들의 동료 검토를 거쳐야 하며, 이를 통해 제안된 기술의 수학적 타당성과 보안 구조, 논리적 정합성이 제3자의 관점에서 과학적으로 검증된다.

12 Akash Sriram, "California DMV puts 42 million car titles on blockchain to fight fraud", Reuters, 2024.7.31., https://www.reuters.com/technology/california-dmv-puts-42-million-car-titles-blockchain-fight-fraud-2024-07-30/

13 AvaCloud, https://www.avacloud.io/blog/how-deloitte-built-disaster-relief-avacloud.

14 Spotlight, https://spotlight.tezos.com/van-gogh-digital-collectibles-herald-new-partnership-between-tezos-foundation-and-musee-dorsay/ / TZAPAC, https://www.tzapac.com/articles/co-create-an-nft-with-ai-art-pioneer-mario-klingemann-at-art-basel-miami-beach-2021-at-the-tezos-nft-exhibition/

15 서브그래프라는 용어는 그래프 생태계에서만 활용하는 특수 용어이기에 이 책에서는 독자가 이해하기 쉽도록 '즐겨찾기'라는 용어로 대체하여 처리하였다.

16 THE INVESTOPEDIA TEAM, "TRON (TRX) Blockchain Platform Explained", Investopedia, 2024.6.12., https://www.investopedia.com/tech/what-tron-trx/

코인 리셋

초 판 발 행	2026년 01월 05일 (인쇄 2025년 09월 30일)
발 행 인	박영일
책 임 편 집	이해욱
저　　　자	남광택
편 집 진 행	김준일 · 백한강 · 권민협
표지디자인	김경모
편집디자인	양혜련
발 행 처	시대인
공 급 처	(주)시대고시기획
출 판 등 록	제10-1521호
주　　　소	서울시 마포구 큰우물로 75 [도화동 538 성지 B/D] 9F
전　　　화	1600-3600
팩　　　스	02-701-8823
홈 페 이 지	www.sdedu.co.kr

I S B N	979-11-434-0024-6(13320)
정　　　가	18,000원

※ 이 책은 저작권법에 의해 보호를 받는 저작물이므로, 동영상 제작 및 무단전재와 복제, 상업적 이용을 금합니다.
※ 이 책의 전부 또는 일부 내용을 이용하려면 반드시 저작권자와 (주)시대고시기획 · 시대에듀의 동의를 받아야 합니다.
※ 잘못된 책은 구입하신 서점에서 바꾸어 드립니다.

시대인은 종합교육그룹 (주)시대고시기획 · 시대교육의 단행본 브랜드입니다.